Köhler/Kratz-Whan
Friedhof Schönhauser Allee

W0035644

Rosemarie Köhler
Ulrich Kratz-Whan

Der jüdische Friedhof
Schönhauser Allee

Haude & Spener

Bildnachweis: *Kohut, A.: S. 73, 98, 124, 145, 150, 158, 169, 186, 189;*
Privatsammlung Klaus Arons: S. 24, 43, 45, 53;
Alle anderen Abbildungen: Archiv der Autoren

Für meine Eltern
U. Kratz-Whan

Gedruckt mit freundlicher Unterstützung durch
Herrn Dr. Martin Arons

© 1992 Haude und Spenersche
Verlagsbuchhandlung GmbH, Berlin
Satz: Digital Design, Berlin
Umschlag: Hauke Sturm, Berlin,
(unter Verwendung eines Fotos von Rosemarie Köhler)
Druck: Ratzlow Druck, Berlin
Bindung: Heinz Stein, Berlin
ISBN 3-7759-0340-2

Inhalt

Einleitung – Vorwort

Die Schönhauser Allee im Berliner Bezirk Prenzlauer Berg gehört zu den vielbefahrenen Straßen der Stadt. Tausende von Fahrzeugen rasen täglich an den Mauern vorbei, die den alten jüdischen Friedhof umschließen. Die wenigen Fußgänger nehmen kaum Notiz, ob das Tor zum „Haus der Gräber" oder zum „Haus des Lebens", wie Juden ihre Friedhöfe nennen, geöffnet oder geschlossen ist. Anwohner am Käthe-Kollwitz-Platz und in der Knaackstraße ignorieren den Friedhof, obwohl die vierstöckigen Mietshäuser direkt an das Friedhofsgelände grenzen, teilweise sogar mit der Friedhofsmauer verschmolzen sind. „Wir wohnen seit 30 Jahren hier. Vom Schlafzimmer sehen wir direkt auf den Friedhof, aber betreten haben wir ihn noch nie."

Es scheint, als verberge sich hinter Mauern und Hinterhöfen ein Geheimnis, das nur von wenigen Menschen ergründet werden will. Tritt man durch das Friedhofstor und wirft einen Blick nach rechts, dann sieht man als einziges Überbleibsel der im Krieg zerstörten Vordergebäude (Abb. S. 12) ein bescheidenes Pförtnerhäuschen. Aus dem kleinen, vergitterten Fenster lugt der Friedhofswärter oder seine Frau, die sofort darauf hinweisen, daß männliche Besucher eine Kopfbedeckung tragen müssen. Hat man sie nicht dabei, geht auch ein geknotetes Taschentuch, oder man leiht sich eine echt jüdische *Kipa*.

So ausgerüstet wird man allein gelassen, auf einem Gräberfeld mit fast 23.000 Toten, einer üppigen Vegetation und einer Unzahl umgestürzter und verwitterter Grabsteine. Am Eingang gibt kein Friedhofsplan Auskunft, wo die Gräber von **Giacomo Meyerbeer** und **Max Liebermann, Gerson von Bleichröder** oder **Eduard Lasker** zu finden sind. Mühsam muß man sich seinen Weg bahnen, rechts und links Ausschau halten nach bekannten Namen oder repräsentativen Grabstätten. Hier muß man forschen, suchen und sich erinnern, welche Bedeutung diese Menschen für die Angehörigen und die Stadt Berlin hatten.

Als wir im Frühjahr 1991 mit Genehmigung der Jüdischen Gemeinde Führungen über den Schönhauser Friedhof in das Programm vom KULTUR BÜRO BERLIN aufnahmen, standen wir zunächst hilflos vor dieser Aufgabe, waren ebenso unwissend wie die meisten Besucher. Die Literatur über den Friedhof war spärlich. Oft hatte man den Eindruck, als schriebe ein Autor immer nur vom anderen ab und so wurden seit Jahren Fehler und Ungenauigkeiten weitergegeben. Sehr hilfreich für unsere Recherchen waren die Hinweise vereinzelter Besucher, die diesen Friedhof als den ‚ihren' betrachten und über

◁ *Friedhofseingang – erhaltener Teil*

Jahre eine Fülle von Informationen erforscht und niedergeschrieben haben. „Irgendwann veröffentliche ich mal einen Bildband", konnten wir hören. Leider ist es uns nicht gelungen, die Hobbyforscher mit ihrem immensen Wissen zu einer Zusammenarbeit zu bewegen.

Wir waren auf uns allein gestellt, konnten aber durch glückliche Umstände gleich zu Beginn unserer Arbeit Kontakte mit Angehörigen einiger auf dem Schönhauser Friedhof beerdigter Personen knüpfen.

In diesem Buch steckt viel Arbeit, und die wurde nicht nur am Schreibtisch erledigt. Viele Stunden und Tage verbrachten wir auf dem Friedhof, haben Grabstein für Grabstein registriert, bemüht, kaum noch Leserliches zu entziffern. Diese Inventarisierung war notwendig, denn nach Angaben der Jüdischen Gemeinde ist der größte Teil des Friedhofsverzeichnisses vernichtet, die wenigen noch existierenden Informationen (ca. 3.500 Gräber) sind in so schlechtem Zustand, daß sie nicht mehr eingesehen werden dürfen. Mit langen Listen ging es in die Bibliotheken, Name für Name wurde nachgeschlagen. Wichtigste Grundlage für unsere Recherchen waren die Judenbürgerbücher Berlins von Jacob Jacobson, sowie sein Verzeichnis jüdischer Trauungen. Hier fanden wir Hinweise, in welche Richtung wir weiterforschen mußten.

Wir entdeckten umfangreiches Material, wurden durch hilfreiche Hinweise ermutigt. Viele Menschen haben uns mit ihren Ratschlägen weitergeholfen; Gespräche auf dem Friedhof und in den Archiven haben motivierend auf uns gewirkt.

Es fand sich ein Verleger – und nun liegt dieses Buch also vor. Wir danken allen, die unsere Arbeit unterstützt haben, im besonderen den Mitarbeitern der Jüdischen Gemeindebibliotheken von West- und ehemals Ostberlin, die uns viele Quellen, oftmals aus dem letzten Jahrhundert, zugänglich machten. Wir danken Herrn Klaus Arons (Langen) für die umfangreichen familiengeschichtlichen Unterlagen, die wir einsehen durften und im besonderen für die bisher unveröffentlichten Photographien der Familien **Arons** und **Bleichröder**, die dazu beitrugen, ein möglichst ‚lebhaftes' Bild der einzelnen Familienmitglieder vermitteln zu können; Herrn Dieter B. Sternweiler (Berlin) und den vielen Angehörigen, die hier nicht genannt sein möchten.

Unser Dank gilt Roland Glomb (Berlin), für die Überprüfung des Manuskripts und Stephen Cassidy (Bristol), der uns bei der Inventarisierung und der Erstellung des Friedhofsplans hilfreich zur Seite stand.

Dieses Buch ist zwangsläufig unvollständig, denn noch immer harren Tausende Grabsteine ihrer Entdeckung, Tausende von kaum noch lesbaren Inschriften müßten entziffert werden, um feststellen zu können, wer hier seine letzte Ruhestätte gefunden hat. Angehörige, die Auskunft geben könnten, haben nur in seltenen Fällen den Holocaust überlebt. Vereinzelte Nachfahren leben heute in den USA oder Israel, kommen aber nur selten auf den Schönhauser Friedhof.

Unseren Lesern sind wir für jede Mitteilung dankbar, die zur Klärung eventuell aufgetretener Irrtümer oder Ungenauigkeiten im Text beitragen können. Vielleicht werden auf diesem Weg auch noch Informationen über die eine oder andere Person oder Familie ausfindig gemacht, die in einer späteren Auflage berücksichtigt werden können.

Mit der Jüdischen Gemeinde Berlin hätten wir uns eine engere Zusammenarbeit gewünscht. Zumal wir – als Nichtjuden – viele Fragen zu stellen hatten, deren Antworten sich die Autoren, in Ermangelung eines kompetenten Ansprechpartners, in langwierigen Recherchen erarbeiten mußten.

Obwohl nahezu ein Jahr intensiver Arbeit in diesem Buch steckt, möchten wir die Zeit nicht missen. Uns sind in vieler Hinsicht ‚die Augen aufgegangen‘. Was wir anfänglich nur ahnten, lag am Ende unserer Arbeit vor uns: welchen großen und wichtigen Anteil die jüdische Bevölkerung – die Intellektuellen, die Künstler und Forscher, Ärzte und Pädagogen, die Industriellen und Bankiers – am kulturellen und wissenschaftlichen, wirtschaftlichen und sozialen Gedeihen der aufstrebenden Residenzstadt Berlin im vergangenen Jahrhundert hatte. Man hat sie und ihre Nachfahren nicht nur real, sondern auch aus dem Gedächtnis der heute Lebenden auszulöschen versucht. Die meisten ihrer Namen sagen uns heute wenig. Aber wenn es uns gelungen ist, einige Verstorbene aus ihrer Vergessenheit zu lösen, dann hat unsere Arbeit einen Sinn gehabt. RK

Zur Geschichte des jüdischen Friedhofes Schönhauser Allee
von der Einweihung 1827 bis zur Schließung 1880

Durch Moses Mendelssohns ‚Aufklärungsphilosophie‘ und das Emanzipationsedikt von 1812 veränderte sich das gesellschaftliche Bewußtsein der jüdischen Bevölkerung Preußens. Nirgendwo läßt sich dies deutlicher ablesen als an der Gestaltung der jüdischen Friedhöfe des 19. Jahrhunderts. Waren die Friedhöfe bis dahin vom religiösen Gebot der Schlichtheit geprägt, hielten nun auch hier Prunk und Pracht Einzug. Einfache, weitgehend schmucklose Grabsteine aus bescheidenem Material standen jetzt neben aufwendigen Familiengrabstätten und kunstvollen Denkmälern aus Granit und kostbarem Marmor. Sollte durch die Gleichförmigkeit der Grabsteine eine Beschämung weniger begüterter Toter vermieden und die zu Lebzeiten bestehenden Klassenunterschiede zumindest nach dem Tode aufgehoben werden, legten

Friedhofsaufsicht

vor allem wohlhabende Juden jetzt Wert darauf, ihre gesellschaftlich erkämpfte Position auch über den Tod hinaus zu manifestieren. Es entstand der ‚jüdische Klassenfriedhof', auf dem nicht nur vereinzelt ‚protzenhafte Geschmacklosigkeiten' (vgl. Melcher, 30) errichtet, sondern auch jüdisch-religiöse Grundgebote, wie das Bildnisverbot, übertreten wurden (vgl. Nr. 159 u. 188).

Der erste Berliner Friedhof, der das gestiegene Selbstwertgefühl der jüdischen Bürger zum Ausdruck brachte, war der Friedhof an der Pankower Chaussee, die 1841 in Schönhauser Allee umbenannt worden ist. In der Chronologie der jüdischen Friedhöfe Berlins steht er nach dem Spandauer ‚Judenkiewer' und dem Friedhof an der Großen Hamburger Straße an dritter Stelle.

Auf dem ‚Judenkiewer', der erstmals 1324 urkundlich erwähnt wird, wurden bis zum Beginn des 16. Jahrhunderts alle Juden aus Berlin und der näheren Umgebung beigesetzt. Als 1510 die Juden aufgrund einer ihnen zur Last gelegten Hostienschändung aus der Mark Brandenburg vertrieben wurden, wurde ihr Gottesacker zerstört, die Grabsteine beim Bau der Spandauer Zitadelle verwendet.

Ein Jahr nach der Gründung der Jüdischen Gemeinde zu Berlin wurde 1672 ein Begräbnisplatz an der Großen Hamburger Straße (vormals Oranienburger Straße) eingeweiht. Auf dem recht kleinen Areal (5.900 m²) fanden in den nächsten 150 Jahren ungefähr 3.000 Juden ihre letzte Ruhestätte; darunter waren der Philosoph Moses Mendelssohn; Giacomo Meyerbeers Vater, der Bankier Jacob Herz Beer; der Münzunternehmer Veitel Heine Ephraim und der Gründer der jüdischen Freischule Daniel Itzig (vgl. Nr. 70). Wie eine Inschrifttafel an der ehemaligen Südwand des Friedhofes belegt, wurde er 1943 auf Befehl der Gestapo systematisch zerstört. Heute befindet sich auf dem damaligen Friedhofsgelände eine innerstädtische Grünanlage, in der nur noch wenige Grabsteine (unter anderem eine Replik des Gedenksteins für Moses Mendelssohn) an die ursprüngliche Nutzung erinnern.

1794 trat ein Gesetz in Kraft, durch das ein bereits 20 Jahre zuvor aufgeworfenes Problem behoben wurde: der Paragraph 184 des „Allgemeinen Preußischen Landrechts" bestimmte, „daß in den Kirchen und bewohnten Gegenden der Städte keine Leichen mehr beerdigt werden sollen". Dieses Gesetz betraf auch den Friedhof an der Großen Hamburger Straße. Ehemals an der Peripherie gelegen, war er durch die städtebauliche Entwicklung immer näher an das Zentrum Berlins gerückt. In seiner Umgebung – der Spandauer Vorstadt – waren prächtige Häuser und Gärten entstanden, „und diese wurden von der höheren und mittleren Classe der Einwohner Berlins bewohnt" (JGB, 16.6.1927, 133). 1799 wurde die Jüdische Gemeinde erstmals ersucht, den Friedhof zu schließen und sich um einen neuen Begräbnisplatz außerhalb der Stadtmauern zu bemühen. Doch erst 25 Jahre später, am 4. September 1824, forderte die preußische Regie-

rung in „einer sehr dringlich gehaltenen Verfügung" (ebd. 134) erneut die Schließung des Friedhofes, der ohnehin „überfüllt und ohne polizeiliche Genehmigung erweitert worden war" (ebd. 133). Im Oktober 1824 fand man ein geeignetes Grundstück. Es gehörte dem Meiereibesitzer Wilhelm Gotthold Büttner, war nahezu fünf Hektar groß und wurde – nach Genehmigung durch das Innenministerium – im April 1825 von der Jüdischen Gemeinde zum Preis von 5.800 Talern erworben. Einige Gemeindemitglieder hielten es für unschicklich, an jener Straße einen Kirchhof anzulegen, auf der oftmals König Friedrich Wilhelm III. zu seinem Lustschloß Schönhausen fuhr. Ihre Einwände wurden zerstreut. Der König fühlte sich tatsächlich von den Leichenbegängnissen belästigt und verfügte später, daß die Trauerzüge das Friedhofsgelände über einen ‚Hintereingang', die sogenannte „Kommunikation" betreten sollten.

Im November 1825 waren die Arbeiten auf dem Friedhof schon weit fortgeschritten. Unter Leitung von Stadtbaurat Friedrich Wilhelm Langerhans wurde das Gelände, das die Form eines ungleichseitigen Fünfecks hat, eingefriedet, durch Wege erschlossen und in Gräberfelder unterteilt. Eine neue „Chewra Kadischa", eine Beerdigungsgesellschaft, wurde gegründet, und ein Reglement vom September 1826 legte fest, wie zukünftig „Leichenbegängnisse von dem Sterbehaus bis zum Beerdigungs-Platze vor dem Schönhauser

Hauptgebäude des jüdischen Friedhofes (um 1896)

Thor statt finden werden" (JGB, 16.6.1927, 136). Da das Innenministerium die Bedingung gestellt hatte, „daß das Tragen der Leichen abgeschafft und ein Leichenwagen eingeführt werde" (JGB, 16.6.1927, 134), schloß die Jüdische Gemeinde mit dem Fuhrunternehmer Simon Kremser (der Erfinder der nach ihm benannten Ausflugskutsche) einen Vertrag über den Transport der Toten.

Am 24. Juni 1827 wurde der alte Friedhof an der Großen Hamburger Straße geschlossen. Am 29. Juni weihte der Rabbiner **Jacob Joseph Oettinger** (Nr. 195) den neuen Friedhof mit der Beerdigung von **Sara Meyer** (Nr. 184) ein. In den folgenden Jahrzehnten wurden mehr als 22.800 Einzelgräber und 750 Familiengrabstätten auf dem Schönhauser Friedhof angelegt. 1890 entstanden nach Plänen des Architekten Johann Hoeninger eine Kapelle, eine Leichenhalle, ein Verwaltungsgebäude mit Dienstwohnungen für den Friedhofsinspektor und den Totengräber, sowie eine Blumenverkaufshalle und Treibhäuser. Bis auf das kleine Pförtnerhäuschen fielen diese Gebäude den Bombenangriffen des 2. Weltkrieges zum Opfer. An ihrer Stelle befindet sich heute das 1961 errichtete Mahnmal von Ferdinand Friedrich, davor ein Steintisch, auf dem die *Tahara*, die rituelle Totenwaschung, vorgenommen wurde.

Obwohl der Friedhof seit 1880 offiziell geschlossen war, wurden noch bis in die siebziger Jahre unseres Jahrhunderts Verstorbene hier beigesetzt, vornehmlich in Erbbegräbnisstätten. Die letzte Beerdigung fand – nach unserer Kenntnis – im September 1976 statt (vgl. Nr. 249). UKW

Zur Geschichte des Schönhauser Friedhofes
von 1939 bis heute

An der Außenmauer des Friedhofes, links vom Eingangstor, ist eine Gedenktafel angebracht:

Dieser jüdische Friedhof wurde
1827 seiner Bestimmung
übergeben
In der Zeit von 1933–1945
wurde er von den Faschisten
zerstört
Der Nachwelt soll er als
Mahnung erhalten bleiben

Diese Inschrift erweckt den Eindruck, als sei die Begräbnisstätte von den Nationalsozialisten systematisch zerstört worden, wie dies ohne Zweifel für den Friedhof an der Großen Hamburger Straße zutrifft. Der Schönhauser Friedhof wurde durch die Kriegsereignisse stark beschädigt, für seine gezielte Zerstörung ließen sich jedoch keine Nachweise erbringen.

Vermutlich schon 1939, sicher aber 1943 wurde der Begräbnisplatz von den Nazis geschlossen. Beerdigungen und Urnenbeisetzungen, die bis dahin nur noch in Ausnahmefällen genehmigt worden waren, durften jetzt nicht mehr stattfinden. Nach der Schließung wurden nahezu alle kunstvollen Metallarbeiten aus Bronze und Gußeisen demontiert und zu Kriegszwecken weiterverwendet. Zahlreiche Bomben- und Granateinschläge – speziell im Gräberfeld J – hinterließen große Krater, in denen sich das Regenwasser sammelte.

Während der letzten Kriegswochen konzentrierten sich die Kampfhandlungen auf die Wohngegend um den Prenzlauer Berg, wodurch weitere Verwüstungen auf dem Friedhofsgelände entstanden.

Während der ersten Nachkriegsjahre blieb der Friedhof geschlossen. In den folgenden Jahrzehnten fanden sich in der Tagespresse vielfältige Zeugnisse und Informationen über den Schönhauser Friedhof. „Eingangsgebäude und Tore des Friedhofs befinden sich in demselben zerstörten Zustand, wie ihn die Bombardierungen Berlins hinterließen. Hier wurde auch bisher die notdürftige Wiederherstellung nicht in Angriff genommen. Die Pforten sind behelfsmäßig mit Draht und verrosteten Eisenträgern verbarrikadiert. Man kann diese Hindernisse mit geringer Anstrengung überwinden", vermerkte die Zeitung „Sonntag" am 24.8.1947. Unter der Überschrift „Pflicht zur Pietät" berichtete der Tagesspiegel am 26.8.1947: „Lange Reihen umgeworfener, teilweise zerschlagener Grabsteine zeugen von den vergangenen zwölf Jahren. Durch die Grenzmauer (...) schlug man während des Krieges an verschiedenen Stellen „Luftschutznotausgänge". Heute füllen alte Ziegelsteine, rostige Bettgestelle und sonstiger Schrott notdürftig die Mauerhöhlen. Zwischen den Gräbern

Mahnmal am Friedhofseingang

sieht man Lauf- und Splittergräben, zu denen Grabsteine und Marmorplatten verwandt worden sind. Heute liegen zwischen den Trümmern schon wieder liebevoll gepflegte Gräber, auf denen frische Blumen blühen." 1956 wurden in der Schönhauser Allee erste Verschönerungsmaßnahmen vorgenommen, in deren Verlauf auch die Ruinenreste der Trauerhalle, der Aufbahrungshalle und der Verwaltungsgebäude des Friedhofes beseitigt wurden. „Die Jüdische Gemeinde denkt daran, den Friedhof später als geschlossene Parkanlage der Bevölkerung zur Verfügung zu stellen" (Berliner Zeitung, 2.10.1956). In dem Artikel „Mahnende Stätte" schrieb „Der Morgen" am 20.1.1961: „Eine Gedenkstätte zu Ehren der dem faschistischen Terror zum Opfer gefallenen Juden wird auf Initiative der Nationalen Front auf dem jüdischen Friedhof in der Schönhauser Allee entstehen." Seit 1968 veranstaltete der Kulturbund in Zusammenarbeit mit der Nationalen Front Führungen über den Schönhauser Friedhof. In dem Bericht über eine Führung war in der „Berliner Zeitung" vom 4.11.1968 zu lesen: „Nach dem Willen der Jüdischen Gemeinde bleibt diese weihevolle Stätte in dem von den Faschisten angerichteten Zustand erhalten – den Überlebenden eine Mahnung." Die Presse in Ost und West berichtete in den folgenden Jahren über Arbeitseinsätze von freiwilligen Helfern des Kulturbundes, Angehörigen der Jüdischen Gemeinde, LDPD-Mitgliedern und Jugendlichen der Aktion Sühnezeichen. 1988 veranstaltete die Gesellschaft für Denkmalpflege eine Konferenz „Jüdische Friedhöfe" und gab Gelegenheit, „grundlegende Aspekte der Pflege und Erhaltung der insgesamt mehr als 100 in der DDR existierenden und weitgehend unter Denkmalschutz stehenden jüdischen Friedhöfe zu erörtern" (Berliner Zeitung, 26.6.1988). Im März des gleichen Jahres erschienen erstmals ausführliche Berichte über Grabschändungen auf dem Friedhof. Fünf Jugendliche im Alter von 16 bis 18 Jahren wurden im Juni 1988 wegen Rowdytums und öffentlicher Herabwürdigung zu Freiheitsstrafen zwischen zweieinhalb und sechseinhalb Jahren verurteilt. Strafverschärfend wurde gewertet, daß sich die Jugendlichen „an durch westliche Medien vermittelten faschistischen und neonazistischen Leitbildern" orientiert hätten. Die antisemitischen Ausfälle seien „Entgleisungen einzelner Personen", denn in der DDR sei „der Faschismus, Rassismus und Antisemitismus für immer mit der Wurzel ausgerottet" (zitiert nach Frankfurter Rundschau, 6.7.1988).

Seit 1990 sind einige Grabstätten durch das Amt für Denkmalpflege, von der Jüdischen Gemeinde oder durch private Spender restauriert worden. Beschäftigte in ABM-Programmen haben Grabsteine freigelegt und aufgerichtet, Wege eingeebnet und die verwilderte Vegetation kultiviert. Die Öffentlichkeit nimmt zunehmend Anteil an den Restaurierungsmaßnahmen. Die Benefizkonzerte, die Bundespräsident Richard von Weizsäcker nach einem Besuch des Schönhauser Friedhofes initiierte, haben wesentlich dazu beigetragen, daß diese historisch bedeutsame Stätte wiederhergerichtet wird. RK

Jüdische Bestattungsriten

Juden betrachten den menschlichen Körper als einen Aufenthaltsort Gottes, als eine fleischliche Hülle, die während des irdischen Lebens die menschliche Seele umschließt. Der Tod beendet das irdische Dasein, in dem der Mensch lediglich auf den Eintritt in sein ‚Ewiges Leben' vorbereitet werden soll (vgl. de Vries, 272 ff). Durch diese ‚Lebensanschauung' wird verständlich, wieso die Ehrung der Toten einen zentralen Wert im Judentum darstellt.

Die Unverletzbarkeit der ewigen Totenruhe ist eine Grundvoraussetzung. Daher sind jüdische Friedhöfe (im Gegensatz zu christlichen) unauflösbar; jüdische Gräber dürfen nicht nach Ablauf einer bestimmten Frist umgepflügt und neu belegt werden.

In jeder jüdischen Gemeinde gibt es eine Beerdigungsbrüderschaft, die „Heilige Vereinigung" oder hebräisch „Chewra Kadischa". Die Mitglieder dieser Brüderschaft entlasten im Sterbefall die Hinterbliebenen und führen alle rituellen Handlungen aus, die mit der Bestattung in Zusammenhang stehen. Die ehrenamtliche Aufgabe der „Chewra-Mitglieder" beginnt bereits am Krankenbett. Sie pflegen die Erkrankten, stehen den Sterbenden in ihrer letzten Stunde bei und geben ihnen Kraft durch ihre Gebete.

Nach Eintritt des Todes bereiten sie den Leichnam für die Beisetzung vor. Wie bei seiner Geburt, so wird der Verstorbene auch beim Eintritt in sein ‚neues' Leben gewaschen. Dazu wird der

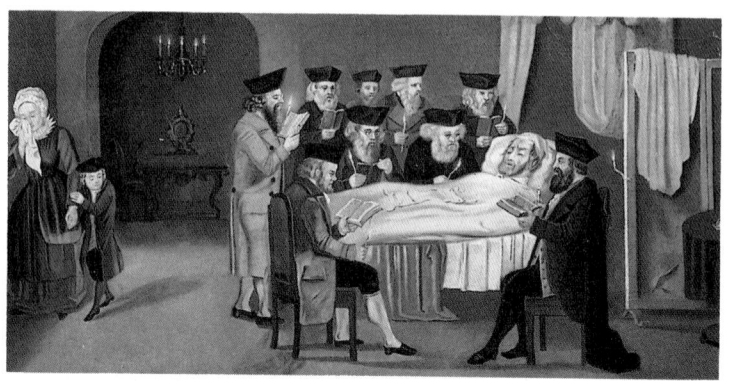

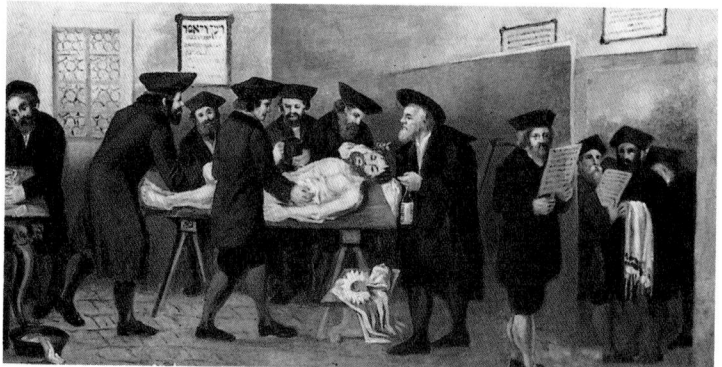

Tätigkeiten der Begräbnisbrüderschaft (Chewra Kadischa) – Gemäldezyklus,
Prag, um 1780
Oben: Beten am Sterbebett
Mitte: Totenwaschung (Tahara)
Unten: Anlegen der Grabstelle

Tote auf einen Steintisch oder den Fußboden gelegt, mit einem Tuch bedeckt und mit warmem Wasser gereinigt. Anschließend erfolgt die rituelle Waschung, die *Tahara*, durch die der Verstorbene von seinen Sünden befreit wird. Dreimal wird die Leiche mit Wasser begossen, das ursprünglich von der Jerusalemer Tempelanlage stammte; dreimal wird dazu folgender Bibelvers gesprochen: „Denn an diesem Tage geschieht eure Entsühnung (Versöhnung), daß ihr gereinigt werdet; von allen euren Sünden werdet ihr gereinigt vor dem Herrn" (3. Mose 16, 30).

Nun legt man dem Toten die *Tachrichin*, die Totenkleider an. Dem Schlichtheitsgrundsatz entsprechend bestehen sie aus weißem Leinen, sind handgenäht und schmucklos. Ebenso einfach ist der *Aron*, der aus ungehobeltem Holz gefertigte Sarg. (Es war aber durchaus nicht unüblich, die Verstorbenen nur in Tücher gewickelt zu begraben.) Männliche Tote werden in ihren *Tallith*, den Gebetsmantel gehüllt.

Kann ein Toter nicht im „Land seiner Väter" beigesetzt werden, wird doch zumindest symbolisch eine Verbindung zum Land Israel hergestellt. Dazu benutzt man Erde oder Sand aus dem Heiligen Land. Regional unterschiedlichen Gebräuchen zufolge, wird der Staub, in dem der Tote „bis zum Tag des großen Erwachens" (de Vries, 294) schlafen soll, im Sarg und über Gesicht und Körper des Toten verstreut oder in einem kleinen Beutel unter seinen Kopf gelegt. Dann wird der Sarg geschlossen und zum Friedhof gebracht.

In früherer Zeit wurde der Tote vom Trauerhaus zum Begräbnisplatz getragen. Dadurch wurde eine Verbindung zwischen dem Sarg und der Bundeslade hergestellt, jenem heiligen Schrein, in dem die Zehn Gebotstafeln aufbewahrt und befördert wurden. Der Weg zum Friedhof führte oftmals an der Synagoge vorbei, „damit der Tote dem Haus gleichsam seinen letzten Gruß darbringen" (de Vries, 298) konnte. In der Trauerhalle des Friedhofes wird eine Andacht abgehalten, und die Trauernden nehmen als Zeichen ihres Schmerzes die *Kerija* vor. Dabei wird ein Kleidungsstück – meist in der Nähe des Herzens – eingerissen. Diese symbolische Geste soll deutlich machen, daß durch den Tod ein geliebter Mensch aus den Herzen seiner Angehörigen und Freunde gerissen wurde. Angeführt vom Kantor der „Chewra Kadischa" wird der Sarg nun zum Grab geleitet, das immer erst am Tage der Beerdigung ausgehoben wird. „Das Grab soll nichts anderes sein, als ein frisch gemachtes Bett, auf das die Gebeine eines teuren Verstorbenen so sanft und liebevoll wie möglich gelegt werden" (de Vries, 300).

Das Tragen des Sarges gilt als besondere Ehre, die möglichst viele Trauergäste dem Verstorbenen erweisen wollen. Daher wird der *Aron* auf dem Weg zur Ruhestätte dreimal abgesetzt und die Träger wechseln. Die Trauergemeinde spricht dazu den Psalm 91, mit dem sie den ‚Schutz des allmächtigen Gottes' für den Verstorbenen erbittet. Nachdem der Sarg in die Grube gesenkt wurde, wirft jeder Trauergast drei Schaufeln Erde ins Grab. Dies geschieht in feierlicher Ruhe bis das Grab ganz gefüllt ist. Dann beschließt das Kaddisch-Gebet die Zeremonie.

Die Beisetzungsrituale werden in verschiedenen Ländern und Gemeinden unterschiedlich gehandhabt, und auch die Veränderungen des kulturellen Lebens haben zum Wandel der Bestattungssitten beigetragen.

UKW

Was man beim Besuch des jüdischen Friedhofes wissen und beachten sollte

Jüdische Friedhöfe sind besondere Orte, die nicht nur dem Andenken an die Toten gewidmet sind, sondern den Lebenden auch „die Bedeutung des Todes und seine Allgegenwart vor Augen führen (sollen)" (JGB, 1.6.1927, 149). Für den Besuch eines jüdischen Friedhofes gelten bestimmte Regeln und Gebräuche, die nach alter Tradition überliefert wurden und deren Ursprünge oftmals in der Bibel oder im Talmud liegen. Das Nichteinhalten dieser Regeln verletzt die Ehre der Verstorbenen und wird als Geringschätzung derselben gedeutet.

Männlichen Besuchern ist das Betreten eines jüdischen Friedhofes nur mit einer Kopfbedeckung gestattet. Ähnlich wie in der Synagoge – im Angesicht des Herrn – soll man auch auf dem Friedhof – im Angesicht des Todes – sein Haupt verhüllen.

Es kommt einer Entweihung des geheiligten Ortes gleich, wenn man auf Gräber tritt, sich auf Grabsteine setzt oder auch nur unbedacht auf dem Friedhof umhergeht. Auch das Essen ist auf einem jüdischen Friedhof nicht erlaubt (vgl. Gotzmann, 63).

Anders als auf christlichen wird man auf jüdischen Friedhöfen keinen Blumenschmuck finden. Es ist unüblich, Schnittblumen niederzulegen oder die Gräber zu bepflanzen. Dahinter steht die jüdische Anschauung, daß die Erde, in der ein Toter ruht, sein Eigentum ist und die sterbliche Hülle bis zum ,jüngsten Gericht' schützen soll. Pflanzen, die mit ihren Wurzeln in die Erde eindringen, entziehen ihr jene Kraft, die der Verstorbene für seine Wiederauferstehung braucht. Auch birgt eine Bepflanzung die Gefahr des Nutznießes. „Alles was dem Toten und seinem Grab gehört, ist für den Nutzen der Lebenden nicht erlaubt" (zit. nach Gotzmann, 70, Anm. 25). Weder das geschnittene Gras, das eine Grabstelle überwuchert, noch das Holz eines gefällten Baumes, der ein Grab zu zerstören droht, darf genutzt werden.

Will man bei seinem Besuch einen Toten ehren, so legt man einen Stein auf sein Grab. Dieser Brauch geht zurück bis in die Zeit, als das Volk Israel aus ägyptischer Knechtschaft ins ,gelobte Land' aufbrach. Auf der langen, beschwerlichen Reise starben vie-

le Israeliten, die am Wegesrand beigesetzt werden mußten. Um ihre Leichen vor wilden Tieren zu schützen und gleichzeitig die Gräber für die Nachwelt kenntlich zu machen, brachte jeder Trauernde einen Stein mit, den er nach der Beisetzung auf das Grab legte.

Auf vielen Grabsteinen des Schönhauser Friedhofes sind die Lebensdaten der Verstorbenen nach dem jüdischen Kalender verzeichnet. Die jüdische Zeitrechnung beginnt mit der Erschaffung der Welt im Jahre 3761 vor Beginn der christlichen Zeitrechnung. Zieht man von der jüdischen Jahresangabe 3761 ab, so erhält man die Jahreszahlen des christlichen Kalenders. UKW

Hinweise zur Benutzung des Buches

Die im Folgenden aufgeführten Toten wurden in alphabetischer Reihenfolge numeriert. Die Nummern entsprechen den Gräbern, die im Friedhofsplan (siehe hintere Umschlagklappe) eingezeichnet sind. Um dem Besucher das Auffinden einer Grabstelle zu erleichtern, wurden die Nummern mit den Buchstaben des jeweiligen Gräberfeldes (A–L) bzw. der Friedhofsmauern (W1–W4) kombiniert.

Verstorbene ohne Kennzeichnung sind verbürgtermaßen auf diesem Friedhof beigesetzt worden, jedoch konnten ihre Gräber nicht mehr oder noch nicht lokalisiert werden. Sofern im Text nicht anders vermerkt, steht jeweils das Familienoberhaupt an erster Stelle der Auflistung, gefolgt von der Ehefrau und den Kindern.

Bei Familien, die eine große Zahl ihrer Toten auf dem Schönhauser Friedhof beigesetzt haben (Arons, Liebermann, Schönlank u.a.), wurde die Numerierung in alphabetischer Reihenfolge nicht beibehalten. Aus Gründen der Übersichtlichkeit beginnen die einzelnen Familienzweige mit dem jeweils ältesten Familienmitglied, dem die Angehörigen entsprechend der Geburtsdaten folgen.

Der jüdische Friedhof befindet sich im Bezirk Prenzlauer Berg, Schönhauser Allee 23–25, nahe U-Bahnhof Senefelder Platz. Er kann montags bis donnerstags von 10 bis 16 Uhr, freitags von 10 bis 13 Uhr besucht werden. Am Samstag und Sonntag, sowie an jüdischen Feiertagen bleibt der Friedhof geschlossen. (Stand Mai 1992) UKW

UKW = *Text: Ulrich Kratz-Whan*
RK = *Text: Rosemarie Köhler*

1/H
Abarbanell, Eduard
(5.5.1818–28.2.1865)
Abarbanell, Henriette
(Daten nicht entzifferbar)

Zwei schlichte weiße Stelen im Gräberfeld H, gegenüber der Erbbegräbnisstätte **Moritz Manheimers** (Nr. 170), sind dem Andenken von Sanitätsrat Dr. **Eduard Abarbanell** und seiner Ehefrau **Henriette** gewidmet. Die Ursprünge der Familie **Abarbanell** reichen zurück bis ins 15. Jahrhundert. **Eduard Abarbanell**, der in Berlin als praktischer Arzt arbeitete, wies immer mit Stolz darauf hin, ein direkter Nachfahre des berühmten Religionsphilosophen Don Jizchak Abravanel zu sein (vgl. Simon, 68). Don Jizchak oder auch Isaac wurde vermutlich 1437 in Spanien geboren, wo er als Staatsmann, aber auch als Gelehrter und Bibelexeget hohes Ansehen genoß. [Das Bildnis von **Eduard Abarbanell** war Teil der Ausstellung „Unsere Ahnen", die am 8. November 1936 im Jüdischen Museum in der Oranienburger Straße er

Sanitätsrat Dr. Eduard Abarbanell

öffnet wurde. Anlaß dieser Ausstellung war unter anderem der 500. Geburtstag Don Jizchak Abravanels.] UKW

2/L2
Abraham, Adolph
(18.9.1826–22.9.1904)
Abraham, Anna Sophie geb. **Waldeck**
(21.2.1836–8.7.1898)

Nach einer Notiz in den Jahresberichten des Virchow-Instituts arbeitete **Adolph Abraham** in Berlin als praktischer Arzt. Er trug den Titel Geheimer Medizinalrat und gehörte zu den Mitbegründern der Berliner Medizinischen Gesellschaft. UKW

3/W3
Arnheim, Simon Joel
(April 1802–13.7.1875)
Arnheim, Johanna geb. **Weyl**
(29.6.1807–14.1.1864)

In Margonin (Posen) geboren, ist **Simon Joel Arnheim** schon vor 1834 als Kunstschlosser in Berlin nachzuweisen. Er avancierte zum Ehrenmitglied der „Gesellschaft Jüdischer Handwerker" und war wiederholt Mitglied der Repräsentantenversammlung der Jüdischen Gemeinde. Ob die Tatsache, daß **Arnheim** als Erster eiserne Geldschränke herstellte, ihm den Titel eines „Hofkunstschlossermeisters" eintrug, ist – wenn auch nicht bewiesen – so doch zumindest wahrscheinlich. UKW

4/K
Arnhold, Adolph
(17.12.1808–15.7.1876)
Arnhold, Mathilde geb. **Cohn**
(8.3.1825–22.1.1905)

Mit demselben Eifer, mit dem sich der in Anhalt geborene **Adolph Arnhold** seinen medizinischen Studien und späterhin seiner Arbeit als praktischer Arzt widmete, nahm er auch am politischen Leben seiner Heimatstadt teil. Sein ausgeprägtes soziales Engagement trug ihm während der Revolutionswirren des Jahres 1848 für einige Tage sogar einen Ministerposten im Anhalter-Kabinett ein. Mit seiner Frau **Mathilde** hatte **Arnold** drei Söhne. Zwei dieser Söhne, Max und Georg, gründeten 1864 das bedeutende Bankhaus Gebr. Arnhold, Dresden. Der dritte, Eduard trug den Titel „Königlicher Kaufmann". In den siebziger Jahren des letzten Jahrhunderts handelte er mit dem damals wichtigsten Rohstoff des modernen Industriezeitalters, der Steinkohle, und wurde in kurzer Zeit zu einem der „Kohlenkönige Deutschlands" (Zielenziger, 160). UKW

5/H
Arnim, Dorothea geb. **Boas**
(18.5.1797–3.8.1878)

Dorothea Arnim wurde in Schwerin an der Warthe geboren. Nach dem Tod ihres Ehemannes Salomon, der als Pferdehändler sein Geld verdiente, machte sie sich in Berlin als Posamentierwarenhändlerin selbständig, d.h., daß sie Besatzartikel – Spitzen, Borten, Knöpfe u.ä. – verkaufte. Es ist zu vermuten, daß **Dora Arnim** Analphabetin war, da sie eine Spendenbescheinigung in Höhe von 10 Silbergroschen an das Nicolai-Bürger-Hospital mit drei Kreuzen unterzeichnete (vgl. JBB, Nr. 2771). UKW

Ohne Nummer
Aron, David
(29.11.1829–20.1.1890)

David Aron verließ seine Heimatstadt Margonin in Posen, um in Berlin am Zunz'schen Seminar zu studieren. Im Jahre 1850 bestand er die Prüfung am Seminar für Stadtlehrer. Nach ersten praktischen Erfahrungen an einer Schule in Seesen kehrte **Aron** 1859 wieder nach Berlin zurück. Hier stellte er über dreißig Jahre hinweg seine pädagogischen Fähigkeiten in den Dienst der Jüdischen Knabenschule. UKW

6/B
Aron, Joseph
(20.3.1818–30.11.1874)
Aron, Henriette geb. **Cahn**
(27.4.1831–19.1.1876)
Aron, Siegfried
(24.2.1860–30.12.1881)

Als Fabrikant lebte der gebürtige Berliner **Joseph Aron** in der Anhaltstraße 16. Seit 1850 war er mit der Frankfurter Kaufmannstochter Henriette Cahn verheiratet. UKW

7/B
Aron, Levin Abraham
(7.4.1812–20.1.1871)
Aron, Fanny geb. **Loew**
(3.7.1816–29.3.1889)
Aron, Felix
(14.10.1840–12.4.1903)

Wie aus den Judenbürgerbüchern Berlins hervorgeht, war **Levin Abraham Aron** seit April 1840 eingetragener Bürger dieser Stadt. Als Sohn eines Kaufmanns in Kallies geboren, besaß **Aron** in Berlin eine Baumwollfabrik und war Mitglied der Korporation der Kaufmannschaft. UKW

Familie Levin Arons

8/W1
Arons, Levin
(15.11.1773–7.4.1840)
Arons, Lea geb.
Wartenberg-Wolff
(1.1.1797–24.6.1837)

9/J
Arons, Albert
(20.10.1826–13.2.1897)

Arons, Clara geb. **Goldschmidt**
(6.1.1837–7.5.1867)
Arons, Rosa geb. **Salomon**
(12.6.1832–19.5.1905)
Ohne Nummer
Arons, Leo
(15.2.1860–10.10.1919)
Arons, Johanna geb. **Bleichröder**
(18.1.1861–20.9.1938)

10/W1
Arons, Paul Ruben
(9.8.1861–30.4.1932)
Arons, Gertrud geb. **Bleichröder**
(9.4.1865–4.12.1917)

9/J
Arons, Ernst
(30.8.1863–2.1.1864)

Familie Lazarus Arons

11/W3
Arons, Lazarus
(5.8.1775–24.1.1848)
Arons, Rebecca geb. **Beermann**
(1784– ?)

176/W4
Meyer, Pauline geb. **Arons**
(4.2.1814–15.4.1896)

12/H
Behrend, Babette geb. **Arons**
(24.1.1815–15.8.1861)

13/W3
Arons, Barthold (Baruch)
(3.10.1818–10.12.1849)

14/H
Arons, Amalie geb. **Friedeberg**
(4.2.1820–4.4.1882)

13/W3
Arons, Ernst Joseph
(? –20. Nissan 5604/1843)

Familie Seelig Arons

Ohne Nummer
Arons, Seelig
(Juli 1774–5./7.9.1830)

15/C
Arons, Heymann
(5.8.1823–11.10.1901)

Arons, Sophie geb. **Herz**
(ohne Daten)

So zahlreich wie sonst nur noch die Familie **Liebermann** ist die Familie **Arons** auf dem Schönhauser Friedhof vertreten.

Gegen Ende des 18. Jahrhunderts kamen die Brüder **Levin, Lazarus** und **Seelig Arons** nach Berlin. Sie wurden in Strausberg in der Mark Brandenburg als Söhne von Simon Aron und seiner Frau Hendel bas Mosche geboren.

Seelig Arons betrieb in Berlin ein Wechselgeschäft, während seine Brüder kaufmännischen Tätigkeiten nachgingen. Schon vor Ablegung des Berliner Bürgereides (**Seelig** 1809, **Levin** und **Lazarus** 1813) eröffneten sie gemeinsam im Jahre 1800 eine Stoffhandlung und ein Bankhaus in der Behrenstraße 49, Ecke Friedrichstraße. Neben den Geldinstituten von **Joseph Mendelssohn** (Nr. 175) und der Gebrüder Schickler gehörten die „Gebrüder Arons" zu den ersten Privatbankiers der preußischen Reichshauptstadt. Noch 1935 war das Unternehmen mit Sitz in der Jägerstraße 24 in Berlin registriert.

Levin Arons kam als erster der drei Brüder um 1786 nach Berlin und wurde später Mitglied der Kaufmannskorporation. Im „Berliner Intelligenz-Blatt" No. 293 vom 8. Dezember 1831 veröffentlichten die Ältesten der Kaufmannschaft von Berlin folgende Stellungnahme: „Herr **Levin Arons**, (...) ist von der, infolge eines Zusammentreffens unglücklicher Umstände, ihm Schuld gegebenen Theilnahme an einer widergesetzlichen Handlung, durch ein rechtskräftiges Erkenntnis des hiesigen Stadtgerichts, unter Niederschlagung der Untersuchungs-Kosten völlig freigesprochen, und wird demzufolge an den Versammlungen unserer Börse wieder, wie früher, Theil nehmen." Um welche Beschuldigung es sich handelte, ist nicht überliefert, jedoch machte

*Clara Arons geb. Goldschmidt
mit Sohn Leo*

Albert Arons

der Ältestenrat deutlich, daß seine Mitglieder aufgrund „von dem Herrn **Levin Arons** stets bewährtem, vorteilhaftem Ruf nur mit Widerstreben dem Gedanken an die Möglichkeit der Wahrheit der ihm gemachten Beschuldigung Raum gegeben haben."

Als Seniorchef des Unternehmens tat sich **Levin Arons** 1834 mit dem Justiz-Commissarius Robert zusammen und unterbreitete der Königlichen Staatsregierung den Vorschlag, die erste Dampf-Eisenbahnverbindung Preußens – zwischen Berlin und Potsdam – einzurichten und zu finanzieren. Als 1835 dem Projekt die behördliche Genehmigung erteilt wurde, begann die Oberbaudeputation unter Leitung des Geheimen Baurats Crelle mit der Erstellung eines Bauplanes und der Kalkulation. Sechsmal täglich verkehrte die eingleisige Schienenbahn (mit Ausweichmöglichkeiten) zwischen der ‚Potsdamer Brücke' (damals Schafsbrücke) in Berlin und der ‚Langen Brücke' in Potsdam. „Verlust an

Schönheit und Ansehen der Gegend dürfte jedoch nicht entstehen und wegen des evtl. Scheuens der Pferde auf den Landstraßen mußte der Schienenstrang 50 Ruthen = 188 Meter von diesen abbleiben" (Berliner Börsen-Zeitung, o.D.).

Seit 1816 war **Levin Arons** mit Lea Wartenberg-Wolff verheiratet. Ihr einziger Sohn **Albert** wurde mit seinen beiden Ehefrauen und einem seiner Söhne in unmittelbarer Nähe des Friedhofeingangs begraben. **Albert Arons** war Buchhalter und später ebenfalls Bankier. Lange Jahre war er Mitglied der Repräsentantenversammlung der Jüdischen Gemeinde. Nachdem seine erste Frau **Clara**, eine Tochter des Kattunfabrikanten Alexander Goldschmidt, mit nur 30 Jahren starb, heiratete er **Rosa Salomon**. Diese Ehe blieb kinderlos. Aus seiner ersten Ehe stammen drei Söhne: der bekannte Physiker Leo Arons (nicht auf dem Friedhof beerdigt), **Paul Ruben** und der als Säugling verstorbene **Ernst**.

Stammtafel der Angehörigen der Familie Arons, die auf dem Friedhof beerdigt wurden

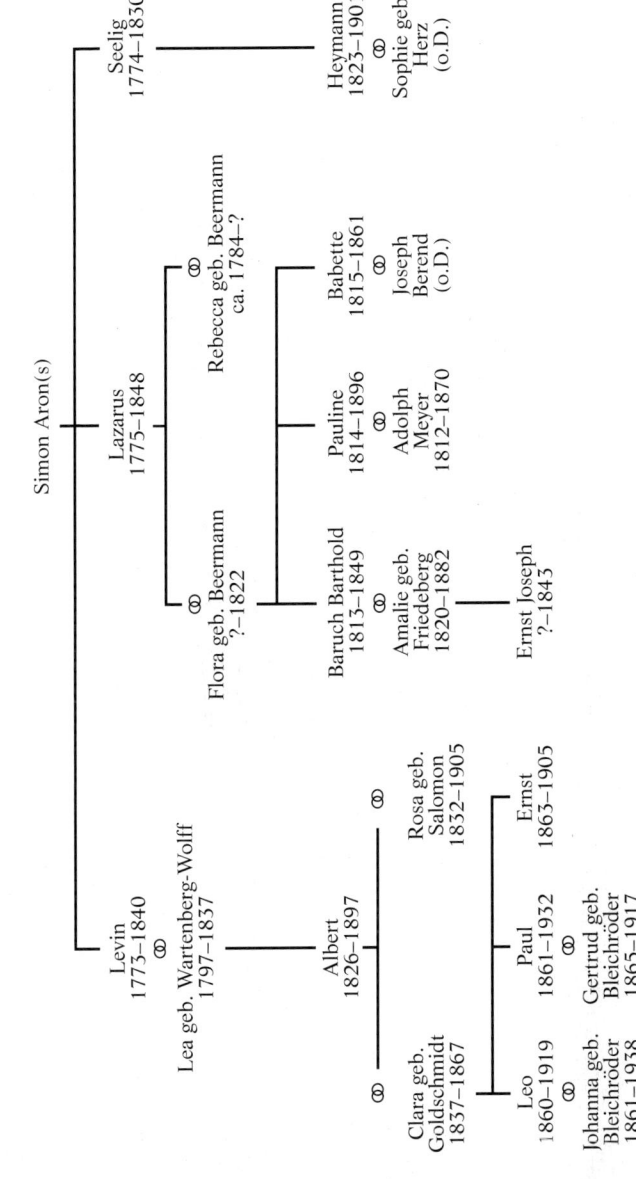

Simon Aron(s)

Seelig
1774–1830

Levin
1773–1840
⚭
Lea geb. Wartenberg-Wolff
1797–1837

Lazarus
1775–1848
⚭
Rebecca geb. Beermann
ca. 1784–?

⚭ Flora geb. Beermann ?–1822

Heymann
1823–1901
⚭
Sophie geb. Herz
(o.D.)

Babette
1815–1861
⚭
Joseph Berend
(o.D.)

Pauline
1814–1896
⚭
Adolph Meyer
1812–1870

Baruch Barthold
1813–1849
Amalie geb. Friedeberg
1820–1882

Ernst Joseph
?–1843

Albert
1826–1897
⚭
Rosa geb. Salomon
1832–1905

Clara geb. Goldschmidt
1837–1867

Ernst
1863–1905

Paul
1861–1952
⚭
Gertrud geb. Bleichröder
1865–1917

Leo
1860–1919
⚭
Johanna geb. Bleichröder
1861–1938

Obwohl **Leo Arons** nicht auf dem Schönhauser Friedhof beerdigt ist, sei dieses wohl bedeutendste Mitglied der Familie hier erwähnt. Mit achtzehn Jahren begann **Leo Arons** ein Physikstudium, das er 1884 mit der Promotion an der Universität Straßburg abschloß. Fünf Jahre war er Assistent am Physikalischen Institut Straßburg, ehe er 1889 in seine Geburtsstadt Berlin zurückkehrte, um sich als Privatdozent an der Universität zu habilitieren. Der Schwiegersohn des Bankiers **Julius Bleichröder** (Nr. 37) – er war mit dessen Tochter Johanna verheiratet – zeigte schon früh Interesse für soziale Fragen. Er studierte den Marxismus, vertrat die Ideen des „Bundes deutscher Bodenreformer" und wurde schließlich Mitglied der Sozialistischen Partei. „Es war dem Kaiser Wilhelm II. (...) ein Dorn im Auge, daß ein Mitglied der Sozialistischen Partei, die er als Vaterlandszerstörer und Verräter bezeichnete, eine offizielle Stellung an der Königlichen Universität hatte" (Familienchronik). Ein erster Versuch, den Physiker aufgrund seiner SPD-Mitgliedschaft 1894 aus seiner Stellung als Privatdozent zu entfernen, scheiterte. **Arons** setzte sich weiterhin für die Arbeiterklasse ein. Er gründete die Berliner Arbeiter-Bildungsschule, beteiligte sich an einer Ausstellung zur Bekämpfung der Schundliteratur und regte Weihnachtsfeiern für Handwerksburschen an. „1897 reiste er nach London, wo er den naturwissenschaftlich-mathematischen Nachlass von Karl Marx und Friedrich Engels sichtete" (Familienchronik). Er finanzierte die „Sozialistischen Monatshefte", war Mitbegründer der Volksbühne und veranstaltete sogenannte „Rote Salons". Im November 1898 rief er eine Gesellschaft ins Leben, die den Bau des ersten Berliner Gewerkschaftshauses (Engeldamm 62) zum Ziel hatte. **Arons** steuerte aus seinem eigenen Vermögen 50.000 Mark als Stammkapital bei und gewährte ein Hypothekendarlehen in Höhe von 500.000 Mark. All diese Aktivitäten führten dazu, daß die preußische Regierung 1899 ein Sondergesetz erließ, das sogenannte „Lex Arons", das letztendlich dazu führte, daß **Leo Arons** am 20. Januar 1900 von der Hochschule verwiesen wurde. Wilhelm II. ignorierte eine Solidaritätsbekundung von 53 ordentlichen Professoren, wonach **Arons'** SPD-Zugehörigkeit nicht als Bekenntnis zum Umsturz gewertet werden könne und der Nachweis revolutionärer Absichten erbracht werden müsse.

Arons, der als Erfinder der Arons'schen Schwingungsröhre (Neon) und der Quecksilber-Dampflampe gilt, starb im Jahre 1919. Seine Urne wurde im Berliner Gewerkschaftshaus beigesetzt, über ihren Verbleib ist jedoch nichts bekannt.

Paul Ruben Arons und seine Frau **Gertrud**, eine Tochter des Bankiers **Julius Bleichröder** (Nr. 37) wurden neben den Großeltern **Levin** und **Lea Arons** bestattet.

Paul Arons war promovierter Jurist. Einer Familienchronik zufolge übernahm er nach dem Tod von **Albert Arons** das väterliche Bankgeschäft, das er „mit Geschick und Klugheit" leitete. **Paul Arons** war ein sprachbegabter und hochmusikalischer Mensch; täglich spielte er auf seiner Violine. Mit seiner Frau und seinen drei Söhnen bewohnte er ein Haus im Berliner Bankenviertel, das – erbaut vom Architekten Adolph Messel – zwar sehr vornehm war, aber Kälte und Düsternis ausstrahlte. In diesem Haus „fehlte nicht nur die Sonne, sondern auch der Frohsinn; es bestand kein herzliches Verhältnis zwischen Eltern und Kindern" (Familienchronik).

Als **Paul** an Tuberkulose erkrankte, war die Besorgnis der Familie groß, waren doch schon seine Mutter **Clara** und sein Bruder **Ernst** an dieser Krankheit gestorben. Ein Kuraufenthalt in Ägypten heilte **Pauls** Erkrankung, jedoch hatte sich sein Sohn Heinz mit Nierentuberkulose infiziert. Er wurde von **James Israel** (Nr. 119) operiert, der erfolgreich eine erkrankte Niere entfernte.

Gertrud Arons führte ihr Haus mit einem Perfektionismus, der ihren Mitmenschen viel abverlangte. „Trudchen gab sich größte Mühe, alles richtig zu machen, aber ihr fehlte der Humor" (Familienchronik). Als **Gertrud Arons** im Dezember 1917 an Krebs starb, waren zwei ihrer Söhne als Soldaten an den Kämpfen des 1. Weltkrieges beteiligt. Sie erhielten Fronturlaub, um an der Beisetzung teilnehmen zu können. Als Beispiel für die patriotische Gesinnung, die nicht nur die **Arons**, sondern viele Juden für ihr Vaterland hegten, sei erwähnt, daß **Paul Arons** beim Begräbnis seiner Frau „von seinen drei hochgewachsenen Söhnen, zwei davon in feldgrauer Uniform und blanken Helmen, umgeben war" (Familienchronik).

Außer der bereits erwähnten Tätigkeit im gemeinschaftlichen Unternehmen ließ sich über **Lazarus Arons** lediglich in Erfahrung bringen, daß er Mitglied in der Korporation der Kaufleute war. Er wurde unmittelbar neben dem hinteren Eingang zum Friedhofsgelände beigesetzt. Es ist unwahrscheinlich, daß der umgestürzte Grabstein neben dem von **Lazarus Arons** für seine erste Frau Flora geb. Beermann errichtet wurde, verstarb sie doch bereits fünf Jahre vor Eröffnung des Friedhofes am 1. April 1822. Vermutlich wurde hier ihre Schwester **Rebecca** begraben, mit der **Arons** am 25.3.1823 seine zweite Ehe einging. Auch für **Rebecca**, die „kurz vorher von ihrem Mann Moses Joseph Liepmann geschieden worden war" (JBB, Nr. 346, 102) war es die zweite Heirat. Drei der vier Kinder von **Lazarus Arons** sind auf dem Schönhauser Friedhof beerdigt. Seine Tochter **Pauline** heiratete **Adolph Meyer** (Nr. 176). **Babette** war mit Joseph Beh-

rend verheiratet. Beide Töchter wurden neben ihren Ehemännern begraben.

Sein Sohn **Barthold (Baruch) Arons** trat in das Bankhaus der Familie ein und avancierte später zum Königlich Niederländischen Hofbankier (JBB, Nr. 1831, 356). **Bartholds** Tochter **Clara**, die aus seiner Verbindung mit **Amalie Friedeberg** (Nr. 14) stammte, heiratete **Naphthali Philippi**. Ihre Gräber (Nr. 200) findet man in der Ehrenreihe.

Die Grabstelle von **Seelig Arons**, die sich nach Angaben eines Familienangehörigen auch auf dem Schönhauser Friedhof befinden muß, konnte bisher nicht lokalisiert werden. **Seelig Arons** gehörte erst der Börsenkorporation, später der Berliner Kaufmannskorporation an. 1808 heiratete er Esther Beer, Tochter des Elias Urschel. Ihre Ehe wurde nach zwölf Jahren geschieden, woraufhin Esther sich aus Berlin zurückzog. „Angeblich um die Erinnerung an ihre Ehe auszulöschen" (Jacobson, Jüd. Trauungen Nr. 965, 499) nannte sie sich fortan – ohne behördliche Genehmigung – Ernestine Alberti. Nach Bekanntwerden dieser Tatsache wurde ihr 1832 von Amts wegen das Tragen dieses Namens verboten, später aber doch gestattet. Aus ihrer Ehe stammen drei Kinder, von denen bisher nur das Grab von **Heymann Arons** auf dem Schönhauser Friedhof gefunden wurde. Dieser war Handlungsbuchhalter und seit 1847 anerkannter Berliner Bürger. In der Großen Friedrichstraße 160 betrieb er eine Baumwollfabrik. Er war Ehrenmitglied der Gesellschaft jüdischer Handwerker und engagierte sich mit großem Eifer in der „Gesellschaft zur Vertretung der Handwerke und des Ackerbaus unter den Juden im Preußischen Staate". Er starb im Alter von 78 Jahren. Ob seine Frau Sophie, eine Tochter des Ölfabrikanten Salomon Herz und Schwester von **Wilhelm Herz** (Nr. 102) an seiner Seite beerdigt wurde, ist unsicher. Einer der vielen umgestürzten und zerborstenen Steine im Umfeld von **Heymann Arons** Grab ist wahrscheinlich der ihre. UKW

16/B
Aub, Joseph
(4.12.1804–22.5.1880)
Aub, Ida geb. **Ismund**
(1.9.1821–7.10.1871)

Joseph Aubs gesamtes Leben war geprägt von der Hingabe an seinen jüdischen Glauben und die theoretische Auseinandersetzung mit der mosaischen Religion. Selbst Mitglied einer traditionellen Rabbinerfamilie, übernahm auch er – nur 25jährig – dieses ehrenvolle Amt. Als Synagogenprediger in seiner Heimatstadt Erlangen in Mittelfranken war er einer der Ersten, die sich im Gottesdienst der deutschen Sprache bedienten. **Aub** verfaßte auch jüdisch-pädagogische Schriften. Sein „Biblisches Sprachbuch für den vorbereitenden Unterricht in der

mosaischen Religion" und die „Grundlagen zu einem wissenschaftlichen Unterricht in der mosaischen Religion" waren sehr erfolgreich, wohingegen der Monatszeitschrift „SINAI", die **Aub** 1846 zum ersten Mal herausgab, nur ein kurzes Dasein beschieden war. Nach 25jähriger Tätigkeit als Rabbiner in Bayreuth und weiteren 15 Jahren in Mainz, wurde **Aub** 1865 nach Berlin berufen. Als Vorsitzender der Rabbinerversammlung wurde ihm hier die Ehre zuteil, die neuerrichtete Synagoge in der Oranienburger Straße feierlich einzuweihen.

Joseph Aub starb mit 75 Jahren und fand seine letzte Ruhestätte verdientermaßen in der Ehrenreihe des Schönhauser Friedhofes. UKW

17/A
Auerbach, Baruch
(14.8.1793–22.1.1864)
Auerbach, Emma geb. **Heller**
(22.3.1816–21.9.1878)

Ehrenreihe: rechts Joseph Aub (Rabbiner), daneben Leopold Zunz und Ehefrau, James und Meta Israel, Heymann und Rebecca Wolfsohn

Mit 24 Jahren verließ **Baruch Auerbach** 1817 seine Heimatstadt Jnowraclaw im Großherzogtum Posen, wo er in ärmlichsten Verhältnissen aufgewachsen war. Er folgte seinem älteren Bruder I.L. (Isaac Levin ?) nach Berlin. Hier widmete er sich humanistischen Studien und fand eine Anstellung als Lehrer an der Jüdischen Knabenschule. 1829 übernahm er als Nachfolger von **Leopold Zunz** (Nr. 274) die Leitung dieser Lehranstalt, deren Direktor er bis 1851 bleiben sollte. Wahrscheinlich war seine eigene, entbehrungsreiche Kindheit ein Grund dafür, daß **Baruch Auerbach** sich besonders für die Belange jüdischer Waisenkinder einsetzte. Obwohl er selbst über keinerlei Vermögen verfügte, eröffnete er 1833 in der Schönhauser Allee 162 ein Waisenhaus für Knaben und elf Jahre später eines für Mädchen. Bis zum Jahr 1925 fanden in diesem „Elternhaus für Waisen" (ADB, 638) 820 elternlose Kinder ein Zuhause. Gemeinsam mit seiner Frau **Emma** hatte er sich das Ziel gesetzt, diesen Kindern nicht nur Brot und Obdach, sondern vor allem elterliche Liebe zu geben. Spenden, Stiftungen und Sammlungen trugen dazu bei, daß die „Baruch-Auerbach'schen-Waisen-Erziehungsanstalten" beim Tod ihres Gründers über das schuldenfreie Grundstück in der Schönhauser Allee, sowie ein Gesamtvermögen von 300.000 Talern verfügten. UKW

18/L4
Bamberger, Louis Levin
(28.2.1837–20.2.1917)
Bamberger, Minna geb.
Poppelauer
(17.1.1838–19.10.1911)

Louis Levin Bamberger war viele Jahre Mitglied im Aufsichtsrat des Reichenheim'schen Waisenhauses. Von 1894 bis 1899 war er Vorsitzender dieses Gremiums. UKW

19/A
Bamberger, Ludwig
(22.7.1823–14.3.1899)

„Den deutschesten aller Deutschen", so nannte der Geschichtsforscher Theodor Mommsen (1817–1903) in einer Trauerrede seinen Freund, den Wirtschaftsfachmann, Bankier und liberalen Politiker **Ludwig Bamberger**.

In Mainz geboren, nahm **Bamberger** an der Revolution von 1848 in Hessen, Baden und der Pfalz teil; nicht nur als Kämpfer auf Seiten der Aufständischen, sondern auch als radikal demokratischer Agitator, der in der Redaktion der „Mainzer Zeitung" die „keckste und schärfste Feder der hessischen Demokratie" (Achterberg, 211) führte. Nach der Niederschlagung der Aufstände konnte **Bamberger** sich seiner Bestrafung nur durch die Flucht ins Ausland entziehen. Achtzehn Jahre mußte er im unfreiwilligen Exil in der Schweiz, Belgien, England, Holland und Frankreich verbringen. Für seine Teilnahme an den Umsturzversuchen verurteilten ihn deutsche Gerichte – in Abwesenheit – zu zwei Jahren Gefängnis (1849), vier Monaten Korrektionshaus (1850), acht Jahren Zuchthaus (1851) und 1852 schließlich zum Tode, „vollziehbar auf dem Marktplatz von Zweibrücken" (Achterberg, 205). Familiäre Beziehungen erleichterten dem promovierten Juristen **Bamberger** im Ausland seinen beruflichen Einstieg. Im Londoner Bankhaus „Bischoffsheim, Goldschmidt & Avigdor" (die Bischoffsheims waren Brüder von **Bambergers** Mutter) wurde er 1849 Kommis (kaufmännischer Angestellter). Bereits 1851 machte er sich selbständig und gründete in Rotterdam das Bankgeschäft „L.A. Bamberger & Co". Als dies zwei Jahre später aufgrund wirtschaftlicher Mißerfolge wieder schließen mußte, trat er erneut in das Bankhaus „Bischoffsheim & Goldschmidt" ein und übernahm die Leitung der Pariser Nieder-

Der Bankier und Politiker Ludwig Bamberger

lassung. Eine Amnestie im Jahre 1866 ermöglichte **Bamberger** die Rückkehr nach Deutschland, wo er als Bankier und Politiker sehr bald Fuß faßte. Seit März 1867 gehörte er dem Reichstag des Norddeutschen Bundes an, wurde 1868 in das Mainzer Zollparlament gewählt und zog 1871 in den Deutschen Reichstag ein. Hier war **Bamberger** Abgeordneter der Nationalliberalen Partei, die er 1866 gemeinsam mit **Eduard Lasker** (Nr. 19) gegründet hatte. Seine fundierten finanzpolitischen Kenntnisse, die er im Exil gesammelt hatte, kamen ihm nun im Parlament zugute, wo **Bamberger** als Währungsexperte eine unumstrittene Autorität besaß. Die überaus erfolgreiche „Banque de Paris et des Pays Bas", zu deren Urhebern **Bamberger** während seiner Zeit in Frankreich gehörte (1864), prädestinierten ihn, auch das deutsche Münz- und Bankwesen zu reformieren. Ab 1868 schuf er die Grundlagen zur Errichtung der Deutschen Bank, die 1870 ihre Arbeit aufnahm. **Bam-**

berger wurde Aufsichtsratsmitglied dieses Geldinstituts, gab seine Position aber 1872 wieder auf, da er als Reichstagsabgeordneter politische Interessenkonflikte vermeiden wollte.

Nach der Reichsgründung trat **Bamberger** entschieden für die Abschaffung der 32 Notenbanken ein und forderte die Gründung einer zentralen Reichsbank. **Bambergers** gleichzeitige Forderung nach Einführung einer Goldwährung führte zu heftigen parlamentarischen Kontroversen zwischen ihm und **Gerson von Bleichröder** (Nr. 36). **Bleichröder** befürwortete zwar die Schaffung einer Reichsbank, lehnte aber eine Geldpolitik ab, die sich streng an Goldreserven orientierte. Für **Bamberger**, der nur gedecktes Papiergeld für beständig und kaufkräftig hielt, war die Goldwährung die einzig akzeptable Alternative. Sowohl **Bamberger** als auch **Bleichröder** unterhielten gute Beziehungen zu Bismarck und versuchten, ihren finanzpolitischen Einfluß auf den Reichskanzler geltend zu machen. Letztendlich obsiegte jedoch keiner von beiden. Zwar wurde 1876 die Reichsbank offiziell eröffnet, doch auch die Notenbanken bestanden weiter. Und die am 1. Januar 1876 durch kaiserliche Verordnung eingeführte Reichswährung war nur eine Kompromißlösung. Die „Doppelwährung", spöttisch „hinkende Goldwährung" (Achterberg, 201) genannt, wurde durch Gold- und Silberreserven gedeckt. Zu Beginn der parlamentarischen Zusammenarbeit war **Bamberger** ein verläßlicher Partner für Bismarck. Als der Reichskanzler jedoch 1878 die Sozialistengesetze verabschiedete und die Freihandelspolitik durch Schutzzölle einschränkte, kam es zum offenen Bruch. **Bamberger** und **Lasker** verließen die Nationalliberale Partei, die Bismarcks Gesetzesvorlagen mitgetragen hatte. **Bamberger** schloß sich den „Secessionisten" an und war von 1883 bis zu seinem Ausscheiden aus dem Reichstag 1893 Mitglied der Deutschfreisinnigen Partei.

Bamberger war nicht nur Bankier und Politiker, sondern auch Journalist und Schriftsteller. Er schrieb für die „Deutsche Rundschau", „Die Nation" und die „Deutsche Nationalzeitung". Im Exil wirkte er an den „Demokratischen Studien" und den „Deutschen Jahrbüchern für Politik und Literatur" mit. Sein schriftstellerisches Werk umfaßt neben seinen „Gesammelten Schriften" (fünf Bände), Kriegstagebücher und die nach seinem Tod erschienenen „Erinnerungen". Auch ein Schlaganfall, den er 1898 erlitt, hinderte den 76jährigen nicht daran, noch in seinem letzten Lebensjahr schriftstellerisch zu arbeiten. Einer seiner letzten Texte „Bismarck posthumus" ist eine respektvolle Würdigung seines langjährigen Freundes und späteren Gegners.

Unter großer Anteilnahme wurde **Ludwig Bamberger** auf dem Schönhauser Friedhof in einem gemeinsamen Grab mit seinem 1884 verstorbenen Freund und politischen Weggefährten **Eduard Lasker** beigesetzt. *„Hier liegen im Tode vereint, die im Leben gemeinsames Streben für Deutschlands Einheit und Freiheit verband"* – so lautete der Text einer bronzenen Inschrifttafel, die nationalsozialistischen Plünderungen zum Opfer fiel. UKW

Grab der Märzgefallenen Barthold und Goldmann

ner **Simon Barthold** ein Opfer der Kämpfe; nur 18 Jahre alt war **Alexander Goldmann**. Das Sandsteindenkmal, das von einer klassizistischen Amphore und Akroterien bekrönt wird, zeigt unter den Namen der Verstorbenen einen Eichenlaubkranz mit der Inschrift *„Märzgefallene"*. UKW

20/M
Barthold, Simon
(ohne Daten)
Goldmann, Alexander
(ohne Daten)

Die Märzrevolution von 1848 forderte auch unter der jüdischen Bevölkerung viele Opfer. An zwei Gefallene der Unruhen erinnert eine Grabstele, die sich an der Rückseite des **Seligsohn-Grabes** (Nr. 237) befindet. Im Alter von 21 Jahren wurde der in Schiefelbein geborene Handlungsdie-

21/W3
Baswitz, Meyer Samuel
(9.4.1807–4.4.1870)
Baswitz, Lisette geb. **Oppenheimer**
(8.10.1812–23.7.1866)
Baswitz, Jette geb. **Itzig**
(1781–26.3.1865)

„Dem Gemeindeältesten Herrn M.S. Baswitz in dankbarer Anerkennung seines hingebenden segensreichen Wirkens." Mit dieser Grabsteininschrift ehrte die Berliner Jüdische Gemeinde den in Frankfurt an der Oder

geborenen Manufakturwarenhändler **Meyer Samuel Baswitz**. Neben der erwähnten Tätigkeit als Gemeindeältester war **Baswitz** leitendes Mitglied im Vorstand des Jüdischen Krankenhauses und der Altersversorgungsanstalt. Er war Nestor der Berliner Kaufmannschaft, gehörte dem Verwaltungsrat der Diskontogesellschaft an und engagierte sich ferner in verschiedenen gemeinnützigen Einrichtungen. Im Auftrag der Nachfahren von **Giacomo Meyerbeer** (Nr. 22) verwaltete **Baswitz** die nach dem Tod des Komponisten eingerichtete Familienstiftung. An der Seite von **Baswitz** wurden seine Frau **Lisette** und vermutlich seine Mutter **Jette** beigesetzt. UKW

Amalie Beer

22/W 1
Beer, Amalie geb. **Wulff**
(10.2.1767–27.6.1854)
Meyerbeer, Giacomo
(5.9.1791–2.5.1864)
Meyerbeer, Minna geb. **Mosson**
(8.4.1804–28.6.1886)
Beer, Heinrich
(6.7.1794–21.10.1842)
Beer, Betty geb. **Meyer**
(ohne Daten)
Beer, Ludwig
(10.3.5581/1820–20.9.5591/183)
Beer, Wilhelm
(4.1.1797–27.3.1850)
Beer, Doris geb. **Schlesinger**
(24.12.1800–2.7.1859)
Beer, Michael
(19.8.1800–22.3.1833)

23/W 1
Meyerbeer, Eugenie
(16.8.1827–9.12.1827)
Meyerbeeer, Alfred
(31.10.1828–29.4.1829)

Die Erbbegräbnisstätte der Familie **Beer** wurde 1991 aus Anlaß des 200. Geburtstages von **Giacomo Meyerbeer** restauriert. Außer dem großen Komponisten fanden hier weitere, nicht weniger bedeutungsvolle Familienmitglieder ihre letzte Ruhestätte.

Bereits zu Beginn des 19. Jahrhunderts spielte die Familie **Beer** im wirtschaftlichen und gesellschaftlichen Leben Berlins eine herausragende Rolle. Das Familienoberhaupt Juda Jacob Herz Beer starb 1825 vor Eröffnung des Schönhauser Friedhofes und wurde daher nicht im Familiengrab beigesetzt. In Frankfurt an der Oder geboren, kam er 1789 nach Berlin. Aufgrund der erheblichen Gewinne, die er als Bankier und Besitzer von Zuckerraffinerien in Berlin und Italien erwirtschaftete, konnte er „um 1815 als reichster Berliner Bürger gelten" (Zimmermann, 12). Seine Frau **Amalie Beer** war die Tochter von Liepmann Meyer Wulff, der gemeinhin als „Crösus von Berlin" bekannt war. Während Jacob Herz Beer in großzügiger Weise als Theatermäzen wirkte – unter anderem gründete er 1824 das Königstädtische Theater – führte **Amalie** in ihrem Haus am Exercierplatz einen Künstler-Salon. An diesem „glänzendsten gesellen

Restaurierte Erbbegräbnisstätte der Familie Beer (1991)

Vereinigungspunkt" (Streckfuß, II, 269) verkehrte „was bei Hofe strahlte, was im Staate waltete, was vom Lehrstuhle unterrichtete, was in Leben, Wissen und Künsten glänzte" (Wessing, 33). Für ihr wohltätiges Wirken, im besonderen für die Pflege Verwundeter während der Befreiungskriege, wurde **Amalie Beer** von Friedrich Wilhelm III. mit dem Luisenorden in Medaillenform ausgezeichnet, eine für eine Jüdin außergewöhnliche Ehrung.

Jacob Herz und **Amalie Beer** hatten vier Söhne.

Der bekannteste Sohn von Jacob Herz und **Amalie Beer** war Jacob Liepmann Meyer Beer, besser bekannt unter seinem Künstlernamen **Giacomo Meyerbeer**, wie er sich –

aus Verehrung für Italien – seit 1822 nennen durfte.

Auf den Tag genau drei Monate vor dem Tod von Wolfgang Amadeus Mozart wurde **Meyerbeer** am 5. September 1791 in Tasdorf (heute Rüdersdorf) geboren. Am Dorfgasthof, in dem er während einer Reise seiner Mutter nach Frankfurt/Oder das Licht der Welt erblickte, erinnert noch heute eine Gedenktafel an den großen Komponisten. Die kunstverständige **Amalie Beer** hatte für ihren ältesten Sohn eine Musikerausbildung vorgesehen. Nach seinem ersten öffentlichen Klavierkonzert (1801) trat der Zwölfjährige in Zelters Singakademie ein und studierte von 1810 bis 1812 – gemeinsam mit Carl Maria von Weber – in Darmstadt beim

Komponisten Abbé Vogler. Er sollte Konzertpianist werden, jedoch schon früh stellte sich heraus, daß sein Talent auf dem Gebiet des Komponierens lag. Von früher Kindheit an den Besuch von Theatern und Opernhäusern gewöhnt, galt **Meyerbeers** besonderes Interesse der musikalischen Bearbeitung dramatischer Stoffe. Bereits 1812 wurde seine Oper „Jephtas Gelübde" in München uraufgeführt. Besonderen Einfluß auf sein späteres Schaffen hatte die italienische Oper. Acht Jahre (1816 bis 1824) hielt sich **Meyerbeer** in Italien auf, wo er sechs Opern schuf, die ihm an den Opernhäusern von Genua, Padua, Venedig und Mailand erste Triumphe bescherten. Beflügelt vom Erfolg, ging er 1825 nach Paris, um auch hier die Opernbühnen im Sturm zu erobern. Alle seine Meisterwerke – „Robert le Diable" (1831), „Les Huguenots" (1836), „Le Profète" (1849) und „L'Africaine" (1865, nach seinem Tod) – wurden an der Pariser Opéra uraufgeführt.

Erst spät erlangte **Meyerbeer** auch in seiner Heimat Deutschland die ihm gebührende Anerkennung. Nach der gefeierten Aufführung der „Hugenotten" am 20. Mai 1842 in Berlin, erhielt der Komponist den Orden Pour le mérite und wurde von Friedrich Wilhelm IV. als Nachfolger von Gaspare Spontini zum Preußischen Generalmusikdirektor ernannt. 1844 wurde das abgebrannte Berliner Opernhaus mit **Meyerbeers** „Feldlager in Schlesien" wiedereröffnet. Während er in den folgenden Jahren abwechselnd in Paris und Berlin arbeitete, traten seine Werke ihren Siegeszug um die Welt an, standen auf den Spielplänen der Opernhäuser von New York, Kalkutta und Rio de Janeiro.

1839 hatte **Meyerbeer** den noch unbekannten Richard Wagner kennengelernt. Beeindruckt von dessen Talent, machte er ihn zu seinem Protégé. Er unterstützte Wagner finanzi-ell und setzte sich für die Aufführung seiner Frühwerke ein. Trotz **Meyerbeers** Fürsprache blieb der ersehnte Erfolg für Wagner aus. Wagners Bewunderung für seinen Gönner schlug in Haß um. 1850 veröffentlichte er unter dem Pseudonym K. Freigedank in der „Neuen Zeitschrift für Musik" seinen Aufsatz „Über das Judentum in der Musik", in dem er die Behauptung vom allgemeinen künstlerischen und speziell musikalischen Unvermögen der jüdischen Rasse aufstellte. Obwohl **Meyerbeer** eindeutig das Ziel von Wagners antisemitischen Angriffen war, enthielt er sich jeden Kommentars.

Zahlreiche Ehrungen wurden **Giacomo Meyerbeer** zuteil. Er wurde mit hohen in- und ausländischen Orden dekoriert, war Ehrendoktor der Philosophischen Fakultät der Universität Jena und gehörte dem Senat der Berliner Kunstakademie an. Sein Ersuchen, in den Adelsstand erhoben zu werden, lehnte Friedrich Wilhelm IV. jedoch ab. Wahrscheinlich hätte der König anders entschieden, wenn **Meyerbeer** konvertiert wäre. Jacob Herz Beer hatte seine Söhne zwar im Sinne der jüdischen Aufklärung erzogen, das führte aber keineswegs dazu, daß sie sich später von ihrem Glauben abwendeten, wie es die Nachfahren anderer assimilierter Juden getan haben (vgl. Bleichröder).

1826 heiratete **Meyerbeer** seine Cousine **Minna Mosson**, die Tochter von **Amalie Beers** jüngerer Schwester Johanna. Von ihren fünf Kindern starben die Tochter **Eugenie** und der Sohn **Albert** (beide Nr. 23) bereits im Säuglingsalter.

Giacomo Meyerbeer starb im Alter von 73 Jahren in Paris. Eine Grabstelle auf dem Prominentenfriedhof Père-Lachaise war schon vorbereitet, doch hatte **Meyerbeer** in seinem Testament verfügt, daß er in Berlin beigesetzt werden wollte. Sein Begräbnis auf dem Schönhauser Friedhof fand unter großer Anteilnahme der Bevöl-

Leichenbegängnis für Giacomo Meyerbeer

kerung und der hohen Berliner Gesellschaft statt. Der lange Trauerzug bestand aus „unzähligen Equipagen, darunter vier Hofequipagen des Königs, der Königin und des Kronprinzenpaares. (...) Drei Cavalleriecorps in Civil mit umflorten Instrumenten (und) zwölf Kammermusiker mit großen Friedenspalmen begleiteten den Sarg. Vom Opernhaus wehte eine Trauerfahne herab und vor seinen Stufen empfing der Opernchor den Leichenconduct mit dem Choral „Was Gott tut, das ist wohlgetan" (zit. nach Ausst.Kat. Meyerbeer, 200).

An den Wänden der hohen, dreiflügeligen Grabanlage findet man kunstvoll gestaltete Gedenktafeln, auf denen in poetischen Worten Leben, Talente und Charaktereigenschaften der Verstorbenen beschrieben werden. Der Grabspruch für den zweiten Sohn **Heinrich Beer** lautet vieldeutig:

> *Ruhe sanft*
> *Die Erde sei dir leichter als das*
> *Leben*
> *und dein Grab soll nicht ohne*
> *Blumen sein,*
> *wenn es auch deine Tage waren.*

Gemeinsam mit seinem Bruder **Giacomo** erhielt **Heinrich Beer** eine musikalische Ausbildung an Zelters Singakademie, später – ab April 1810 – beim Komponisten Abbé Vogler in Darmstadt. Im Gegensatz zu seinen Brüdern besaß **Heinrich** weder künstlerisches noch kaufmännisches Talent. Durch seine „ebenso kriminellen wie unergiebigen Geldtransaktionen" (Wessling, 33) wurde er zum ‚schwarzen Schaf' der Familie. Heinrich Heine berichtet 1853, daß

Heinrich **Beer** sein beträchtliches Erbteil für „läppische Schnurrpfeifereien" ausgab und „späterhin von seiner Familie für blödsinnig erklärt und unter Kuratel gestellt (entmündigt) wurde" (Zimmermann, 14).

Auch **Heinrich Beers** Ehe mit **Betty Meyer**, der der im Kindesalter verstorbene Sohn **Ludwig** entstammte, scheint nicht besonders glücklich gewesen zu sein, worauf der Grabspruch für die Ehefrau schließen läßt:

Am Throne des himmlischen Vaters
wirst du
Ruhe und Frieden finden,
wonach du dich auf Erden vergeblich
gesehnt.

Vielseitig begabt war der 1797 geborene dritte Beer-Sohn, **Wilhelm**, der als Bankier, Politiker und Wissenschaftler hervortrat. Nach Abschluß des Joachimsthaler Gymnasiums meldete er sich freiwillig zu einem zweijährigen Militärdienst im Brandenburgischen Dragonerregiment, das er nach den Befreiungskriegen 1815 mit einem Offizierspatent verließ. Im selben Jahr trat er in das Unternehmen seines Vaters ein. Nach dessen Tod 1825 führte **Wilhelm Beer** die Familiengeschäfte erfolgreich weiter und wurde Vermögensverwalter seines Bruders **Giacomo**. Als **Wilhelm Beer** am 21. Februar 1828 die Berliner Bürgerrechte erhielt, wurde ihm der bis dahin nicht verzeichnete Titel ‚Herr' verliehen (JBB, Nr. 1066, 223). Als Mitglied des Ältestenkollegiums der Berliner Kaufmannschaft wurde er 1836 in das Direktorium der Potsdam-Magdeburger und der Niederschlesisch-Märkischen Eisenbahngesellschaft gewählt. Seit 1846 gehörte er dem Zentral-Ausschuß der Preußischen Bank an.

Nicht nur in der Berliner Finanzwelt genoß **Wilhelm Beer** hohes Ansehen; seit Mitte der vierziger Jahre war er auch auf politischem Gebiet tätig. Er wurde Mitglied des preußi-

Grabtafel Wilhelm Beer

schen Herrenhauses, der ersten Kammer des preußischen Landtages. 1849 wurde er Geheimer Kommerzienrat und unbesoldeter Stadtrat. Während der Zeit als aktiver Politiker verfaßte er die finanzpolitisch bedeutsame Schrift „Bemerkungen über Zettelbanken und Papiergeld", sowie die Flugschrift „Die Dreikönigsverfassung in ihrer Gefahr für Preußen" (1849).

Durch sein ererbtes Vermögen und sein finanzielles Geschick war es **Wilhelm Beer** möglich, sich auch seinem von Jugend an betriebenen Steckenpferd widmen zu können: der Astronomie. Auf der Beer'schen Villa am Exercierplatz im Tiergarten ließ er ein Observatorium einrichten, in dem er mit dem berühmten Astronomen Johann Heinrich Mädler astro-physikalische Forschungen betrieb. Neben den „Physikalischen Beobachtungen des Mars in Erdnähe" (1830) und den „Beiträgen zur physikalischen Kenntnis himmlischer Körper im Sonnensystem" (1941) veröffentlichten **Beer** und Mädler die „Mapa selenographica", die erste vollständige und detaillierte Generalkarte des sichtbaren Teils der Mondscheibe.

1818 heiratete **Wilhelm Beer** die Tochter des Kaufmanns Jacob Schlesinger, **Doris**, mit der er zwei Töchter, Julie Angelika und Elise, und die Söhne Georg und Julius hatte.

Michael Beer, im Alter von nur 32 Jahren verstorben, war der jüngste Sohn der Familie. Er ist nicht auf dem Schönhauser Friedhof, sondern in München beigesetzt worden, jedoch wurde ihm im Zentrum der Familiengrabstätte eine große Gedenktafel gewidmet. **Michael Beer** war einer der vielverprechendsten jungen Dramatiker des frühen 19. Jahrhunderts, „den die zeitgenössische Presse viel häufiger nannte als den kaum beachteten Grillparzer"! (Winninger, 278).

An den Universitäten von Berlin und Bonn studierte er Philologie und Geschichte. Im Salon seiner Mutter **Amalie** lernte er zahlreiche bedeutende Schriftsteller und Schauspieler kennen, die „in Michael die Lust zur dramatischen Produktion geweckt und genährt (haben)" (Winninger, 278). Noch nicht 20jährig verfaßte er sein erstes Drama „Klytämnestra", das aufgrund der einflußreichen Stellung seiner Eltern am 8. Dezember 1819 im Berliner Hoftheater uraufgeführt und begeistert aufgenommen wurde. Während ausgedehnter Reisen nach Italien und Frankreich schrieb er das romantische Trauerspiel „Die Bräute von Aragonien" (1822), das der Dichter selbst 1829 als „die ärgste seiner gedruckten Sünden" (zit. nach Kohut, 362) bezeichnete. Eine gelungene dramatische Auseinanderetzung mit der gesellschaftlichen Stellung seiner jüdischen Glaubensbrüder, war der im Dezember 1823 uraufgeführte Einakter „Paria", den Goethe später ins Französische übersetzte. Nach längeren Aufenthalten in Italien, Bonn und bei seinem Bruder **Giacomo** in Paris, lebte **Michael Beer** ab 1827 in München. Hier schrieb er sein wohl bedeutendstes Drama „Struensee", dem er eine Widmung für König Ludwig I. voranstellte, die dieser dankend annahm. Das Stück, zu dem **Giacomo Meyerbeer** die musikalische Untermalung lieferte, hatte am 27. März 1828 in München Premiere. Heinrich Heine rühmte die Erstaufführung im Cotta'schen Morgenblatt: „**Michael Beer** erscheint uns am meisten hervorragend aus dem Trosse jener sogenannten Theaterdichter, jener Schwulstlinge, deren bildreiche Jamben sich wie Blumenkränze oder Bandwürmer um dumme Gedanken herumringeln. Es war uns unendlich erquickend, in jener dürren Sandwüste, die wir deutsches Theater nennen, wieder eine reine frische Labquelle hervorspringen zu sehen" (zit. nach Kohut, 362).

Nach offizieller Verlautbarung starb **Michael Beer** 1833 an den Folgen einer Hirnentzündung. Der wahre Grund soll jedoch seine persönliche Diskriminierung durch den bayrischen König gewesen sein. Obwohl nicht adlig, war **Beer** von Herzog Max von Bayern zu einem Hoffest eingeladen worden, bei dem er als Herold die Reihe der Quadrillen leiten sollte. Die Liste der Ballgäste wurde König Ludwig I. vorgelegt, der **Beers** Namen strich, gleichzeitig aber die Teilnahme eines bürgerlichen Engländers, der allerdings Christ war, genehmigte.

Als **Michael Beer** in München zu Grabe getragen wurde, „war der Zug der Leidtragenden (...) so zahlreich, rührend und feierlich, als ob ihn aller kirchliche und amtliche Pomp umgeben hätte, und die Reihe von Fackeln, die seinen Leichenwagen umgaben, bestrahlte viele Tränen, die dem edlen Dichter nachgeweint wurden" (zit. nach Kohut, 365). UKW

24/W1
Benda, Liepmann (Leffman)
Alexander
(7.2.1784–18.4.1859)
Benda, Johanna geb. Riess
(19.7.1786–19.2.1867)

Liepmann Alexander Benda war der
Sohn des Berliner Lederhändlers David Alexander. Erst im Alter von fast
fünfzig Jahren wurde **Benda** 1833
Mitglied der Berliner Bürgerschaft.
Als anerkannter preußischer Staatsbürger glaubte er, daß die Eintragung
in die Bürgerbücher der Stadt Berlin
überflüssig sei. **Benda** war Grund-
stücksbesitzer und gehörte als Kaufmann der Berliner Korporation an.
UKW

25/W1
Benda, Moses David
(20.6.1772–9.3.1843)
Benda, Glückel (Henriette)
(1767–9.2.1833)

Im Alter von 40 Jahren änderte der
Kaufmann Moses David Alexander
seinen Namen in **Moses David
Benda.** Er war gebürtiger Berliner
und gehörte der Korporation der
Kaufmannschaft an. Vermutlich mit
seinem jüngeren Bruder **Liepmann
Alexander Benda** (Nr. 24) besaß er
die Fabrik „Gebrüder Benda".
Als Delegierter der Beerdigungsgesellschaft Chewra Kadischa unterzeichnete **Benda** am 30. Juli 1828 die
Gründungsurkunde der ersten Altersversorgungsanstalt der Jüdischen Gemeinde Berlins. Diese Institution
wurde „aus dem zinsbar anzulegen-
den Vermögen der Beerdigungsan-
stalt" eingerichtet (JGB, 1929, 170).
Das Altersheim, das anfänglich nur
acht Insassen hatte, bezog im Oktober 1829 ein Haus in der Oranienburger Straße 8, nachdem es bis dahin
im Jüdischen Krankenhaus unterge-
bracht war.
Bendas Frau **Glückel** war eine der
Ehrendamen der Altersversorgungs-

anstalt. Mit anderen Damen der Gesellschaft beaufsichtigte sie Küche
und Bewirtschaftung, erstellte Speise-
zettel und betreute die „Pensionäre".
Ihrer Grabinschrift zufolge waren
Moses und **Henriette Benda** „Vorsteher (bzw. Vorsteherin) in mehreren
Wohltätigkeits-Anstalten". UKW

26/A
Bendavid, Lazarus
(8. Cheschwan 5525–26.
Adar Scheni 5592)

Geht man vom Pyramidengrab **Seligsohn** (Nr. 237) in Richtung Ehrenreihe, so stößt man etwa auf halbem
Weg – im Gräberfeld A – auf das
Grab von **Lazarus Bendavid.** Der
Grabstein wurde 1869 von der Jüdischen Gemeinde erneuert.
Der gebürtige Berliner **Bendavid**
war Philosoph, Bibelkritiker und Ma-
thematiker. Er gehörte zum Kreis um
Moses Mendelssohn (1729–1786).
Seine intensiven Studien der Schriften Immanuel Kants (1724–1804) be-

fähigten ihn, an der Berliner Universität Vorlesungen über die „Kritik der reinen und praktischen Vernunft" und „Über die Kritik der Urteilskraft" zu halten. Als er in Wien ebenfalls über Kant referieren wollte, wurden seine Vorträge verboten. In Berlin erhielt **Bendavid** für seine Schrift „Über den Ursprung unserer Erkenntnis" einen Preis der Akademie der Wissenschaften. Zur Zeit der napoleonischen Besetzung arbeitete er als Redakteur bei der „Haude & Spenerschen Zeitung". Nach dem Tod von Isaac Daniel Itzig übernahm er im Juli 1806 die Verwaltung der Jüdischen Freischule, an deren Umwandlung zur Gemeindeknabenschule (1826) er richtungweisend mitwirkte. Für **Bendavid**, der zu einem wichtigen Vertreter der Aufklärung wurde, gab es vier Kategorien von Juden:

Die **Rechtsgläubigen**, die versteinert und nicht anpassungsfähig seien, aber ausstürben.

Die **Wüstlinge**, die sich taufen ließen, aber von den Christen verachtet würden.

Die **Halbgebildeten** und schließlich die **Gebildeten**, die zur Herstellung der reinen Religion berufen seien (Adler, 45). UKW

27/W1
Bendix, Kaufmann
(13.2.1800–24.2.1871)
Bendix, Henriette geb.
Goldschmidt
(2.12.1806–16.7.1871)

Kaufmann Bendix wurde in Ballenstedt (Anhalt) geboren und erwarb in Berlin als Besitzer einer Seifenfabrik ein beträchtliches Vermögen. Wie viele wohlhabende Juden war sich auch **Bendix** seiner sozialen Verpflichtungen bewußt, und so spendete er der Jüdischen Lehrerbildungsanstalt eine Summe von 30.000 Mark. Er war Mitglied der Korporation der Berliner Kaufleute. 1836 heiratete er

Henriette, eine Tochter des Bankiers **Baer Phillip Goldschmidt** (Nr. 86). **Bendix** wohnte in der Brüderstraße 15 und besaß ein Grundstück an der Großen Potsdamer Chaussee, Ecke Lützower Weg. UKW

Ohne Nummer
Bendix, Moritz
(21.6.1812–22.11.1873)
Bendix, Friedericke geb.
Cahnheim
(ohne Daten)

Nach den Aufzeichnungen im Berliner Judenbürgerbuch war **Moritz Bendix** erst als Händler, später als Fabrikant von Leinewandwaren tätig. Am 19. Februar 1843 heiratete er **Friederike Cahnheim**, mit der er ein Haus in der Bischofstraße 6 bewohnte. UKW

28/H
Berend, Heimann Wolff
(29.11.1809–25.6.1873)
Berend, Bertha geb. **Hirsch**
(1.1.1817–27.9.1897)
29/H
Berend, Albert
(2.8.1843–20.2.1864)
29/H
Berend, Emil
(27.1.1841–20.4.1900)

Der Kaufmannssohn **Heimann Wolff Berend** aus Landsberg an der Warthe studierte Medizin an der Berliner Universität. Nach Erlangung der Doktorwürde (1832) arbeitete er fünf Jahre als praktischer Arzt, um sich danach an der Charité medizinischen Forschungen zu widmen. Von 1837 bis 1840 war er Assistent bei Dieffenbach. Da **Berend** aufgrund seines jüdischen Glaubens kaum Aussichten auf einen Lehrstuhl hatte, gab er seine wissenschaftliche Laufbahn auf und eröffnete 1840 ein „Gymnastisch-Orthopädisches Institut" in der Rosenthaler Straße 44. Hier entwickelte er Heilmethoden, mit denen er überaus erfolgreich Klumpfüße, Schiefhälse und Verkrümmungen behandelte. Außerdem experimentierte er mit der damals umstrittenen Methode, Operationen unter Narkose durchzuführen. Noch bevor in der Charité ähnliche Verfahren angewendet wurden, operierte **Berend** am 6. Februar 1847 erfolgreich ein dreizehnjähriges Mädchen, das er unter Äthernarkose von einer Versteifung im Kniegelenk befreite. Der Geheime Sanitätsrat **Berend** betätigte sich auch als wissenschaftlicher Schriftsteller. Nur 24jährig, verfaßte er zusammen mit M. Eulenburg das Buch „Situs sämtlicher Eingeweide der Schädel-, Brust- und Bauchhöhle" (Berlin 1833). Nach einer längeren Reise durch Großbritannien erschienen 1863 seine „Medizinischen Reiseskizzen aus England im Sommer 1862". Den deutsch-französischen Krieg nahm **Berend** zum Anlaß, um „Über den Nutzen der Heilgymnastik zur Beseitigung der durch Verletzung mittels Kriegswaffen entstandenen Gebrechlichkeiten" (1871) zu schreiben.

Hinter den Gräbern der Eheleute **Berend** findet man auch die Gedenksteine ihrer beiden Söhne. Dr. **Emil Berend** arbeitete als Jurist; **Albert Berend** starb im Alter von nur 20 Jahren. UKW

30/W1
Berend, Samuel Bacher
(20.12.1772–11.1.1828)

Von Efeuranken halb verdeckt, findet man am Fuß des Grabes Nr. 56 den folgenden Spruch:

Nicht der Leichenstein
Sein Leben ist sein Denkmal.

Hier fand **Samuel Bacher Berend** seine letzte Ruhestatt.

Als eingetragener Bürger der Stadt Tirschtiegel in Brandenburg erhielt er eine kaufmännische Ausbildung im

Samuel Bacher Berend

Stoffhandel. 1792 ließ er sich in Potsdam als Heereslieferant nieder. Bis zu seiner Übersiedlung nach Berlin, wo er 1814 Unter den Linden 34 eine Seidenhandlung eröffnete, war er Oberlandesältester der Juden in der Kurmark. In Berlin trat er der Kaufmannschaft der Tuch- und Seidenhändler bei und wurde in die Korporation der Kaufleute aufgenommen. Sein verdienstvolles Wirken für das „Wohl seiner Mitmenschen" (Grabinschrift) trug ihm das Amt des jüdischen Gemeindeältesten ein – ein Amt, das er bis zu seinem Tod bekleidete. UKW

31/E
Bernhardt, Hirsch (Hermann)
(18.12.1812–2.8.1887)

Hirsch (Hermann) Bernhardt wurde in Tangermünde an der Elbe als Sohn des Kaufmanns Philipp Joel Bernhardt geboren. Eine Lehre als „Goldarbeiter" in Salzwedel schloß er

21jährig am 13. August 1830 mit Erhalt seines Lehrbriefes ab (JBB, Nr. 1938). Danach leistete er im 20. Infanterieregiment in Torgau, 35 Kilometer nordöstlich von Leipzig, einen 18monatigen Militärdienst. Hier wurde **Bernhardts** vorbildlicher Einsatz von den Vorgesetzten mit „Sehr gut" bewertet.

Der große Erfolg, mit dem er später in Berlin seine Goldschmiedewerkstatt betrieb, ließ ihn zum Hofjuwelier aufsteigen, wie die Inschrift auf seinem Grabstein belegt. UKW

Ohne Nummer
Bernstein, Aaron David
(6.4.1812–12.2.1884)

Wie das Grab von **Leiser Landshut** ist auch das von **Aaron David Bernstein**, der verbürgtermaßen auf dem Schönhauser Friedhof beigesetzt wurde, heute nicht mehr auffindbar (vgl. Etzold, 75).

Als Sohn eines Danziger Rabbiners war auch für **Aaron David Bernstein** dieses Gelehrtenamt vorgesehen. Mit zwölf Jahren begann er ein fünfjähriges Talmud- und Bibelstudium in Fordan an der Weichsel. Sein hier erworbenes Wissen vertiefte er von 1830 bis 1832 an einer Talmudschule in Danzig. „Die Sehnsucht nach Erweiterung seines Wissens" (Kohut, 366) führte **Bernstein** 1832 nach Berlin, wo er sich zuerst ausschließlich religiösen Themen zuwandte, später aber mehr und mehr auch auf politischem und naturwissenschaftlichem Gebiet arbeitete. Er eröffnete eine Buchhandlung und Lesehalle, mit denen er sich bald eine solide finanzielle Grundlage geschaffen hatte. Nach seiner Teilnahme an der Revolution von 1848 wurde **Bernstein** Journalist. Er gründete die „Urwähler-Zeitung", die 1853 unter dem Namen „Berliner Volkszeitung" in den Franz-Duncker Verlag überging. Über drei Jahrzehnte verfaßte **Bernstein** die Leitartikel dieses freisinnig-

sten Presseorgans der Reichshauptstadt. Neben theoretischen Schriften, wie der „Revolutions- und Redaktionsgeschichte von den Märztagen bis zur neusten Zeit" und den „Naturwissenschaftlichen Volksbüchern" (1855) schrieb **Bernstein**, der seit 1876 Ehrendoktor der Universität Tübingen war, auch Romane, Erzählungen und Kurzgeschichten. Seine Prosatexte, die er unter dem Pseudonym „Rebenstein" veröffentlichte, schildern häufig das Leben in jüdischen Ghettos. Im Mittelpunkt von „Vögele der Maggid" und „Mendel Gibbor" stehen die Posener Juden „mit all ihren großen Leiden und kleinen Freuden, psychologisch meisterhaft dargestellt und mit dem Duft der alles verklärenden Poesie umgeben" (Kohut, 367). UKW

32/H
Bernstein, Gerson
(26.10.1820–4.11.1887)
Bernstein, Friederike geb.
Schlesinger
(5.10.1827–16.3.1883)

Nachdem er aus seiner Heimatstadt Danzig nach Berlin gezogen war, war der gelernte Schriftsetzer **Gerson Bernstein** zunächst als Buchdrucker angestellt, bevor er um 1850 das Wagnis einging, als selbständiger Unternehmer Druckerzeugnisse zu verlegen. Am 7. Mai 1850 heiratete er die Kleiderhändlerstochter **Friederike Schlesinger**, mit der er in der Mauerstraße 53 wohnte. **Bernstein** starb 67jährig im Rang eines Kommissionsrates. UKW

33/W2
Beschütz, Wolff Levin
(28.10.5534/1773–29.5.5603/1845)
Beschütz, Henriette geb.
Mollheim
(ohne Datum –9.3.1868)
Beschütz, Louis Wolff
(21.6.1814–26.12.1887)

Beschütz, Pauline geb.
Nathan-Ascher
(10.11.1819–13.9.1906)
Beschütz, Hermann Sigismund
(25.2.1855–10.4.1870)

Der gebürtige Berliner **Wolff Levin Beschütz** war Pfandleiher. Sein Sohn **Louis Wolff** handelte mit englischem Baumwolltwist, war Hausbesitzer und wohnte in Neukölln, Am Wasser 4. UKW

34/W1
Bing, Moritz
(1798–1839)
Bing, Abraham Herz
(7.10.1769–14.1.1835)
Bing, Alexander
(20.7.1771–5.12.1832)

Wie eine Metalltafel an der Friedhofmauer belegt, wurde für die „Gebrüder Bing" das „Erbbegräbnis No. 19" errichtet. Im Zuge der Aufräumungsarbeiten im Herbst 1991 wurden auch die umgestürzten Steine dieser Grabstätte wieder aufgerichtet. Die drei „Gebrüder Bing" führten überaus erfolgreich ein Konfektionsunternehmen, das sogar eine Filiale am Broadway in New York unterhielt.

Dr. **Herz Abraham Bing** war praktischer Arzt und eines der ersten Mitglieder der „Gesellschaft der Freunde". Während seines Studiums in Frankfurt/Oder und Göttingen wurde **Bing** von Wilhelm von Humboldt aufgrund seines „außerordentlichen Fleißes" gelobt (Jacobson, Jüd. Trauungen, Nr. 830, 440). UKW

35/W1
Bleichröder, Samuel
(17.7.1779–30.12.1855)
Bleichröder, Johanna geb.
Aron Meyer
(11.10.1799–23.7.1846).

36/L4
Bleichröder, Gerson von
(22.12.1822–19.2.1893)

Bleichröder, Emma
geb. **Guttentag**
(17.10.1830–30.11.1881)

37/J
Bleichröder, Julius
(27.4.1828–17.2.1907)
Bleichröder, Adelheid
geb. **Salomon**
(19.9.1838–5.3.1910)
Bleichröder, Paul
(7.5.1869–6.4.1891)
Bleichröder, Richard
(22.5.1866–26.2.1874)

In dem kleinen Harzstädtchen Bleicherode in der Grafschaft Hohenstein waren die Vorfahren der Familie **Bleichröder** über mehrere Generationen als Metallwarenhändler ansässig. Das erste in Berlin nachweisbare Familienmitglied war der um 1740 geborene Gerschon Blechank, der „zu dem gewöhnlichen Handel, mit welchem sich seine Nation beschäftigte, niemals Neigung gehabt (hatte)" (Zielenziger, 65). Um 1780 erhielt er in Berlin „die Aufenthaltsgenehmigung, weil die jüdische Gemeinde einen Totengräber brauchte" (Stern, 27). Nicht lange jedoch ging er dieser Tätigkeit nach, sondern versuchte sich als selbständiger Unternehmer. Er nahm – wahrscheinlich in Anlehnung an seinen Geburtsort – den Familiennamen **Bleichröder** an und gründete in der Kronengasse eine Parfümeriefabrik, die ihm rasch ein beachtliches Vermögen und hohes Ansehen einbrachte. Am 9. Juli 1795 wurde er von Friedrich Wilhelm II. zum Königlichen Hofparfümeur ernannt.

Bedeutsam für die künftige Stellung, die die Familie **Bleichröder** in der Berliner Gesellschaft einnehmen sollte, war Gerschons Heirat mit Suse Aron, der Tochter eines Berliner Schutzjuden. Als Schutzjude genoß man eine Vielzahl von Privilegien, unterlag weniger strengen staatlichen Reglements, zahlte geringere Abgaben und durfte sich freier bewegen.

*Baron Gerson
von Bleichröder*

Besonders wohlhabende Juden wurden oft die Finanziers der Regenten und erhielten somit Zugang zu den höchsten, nicht-jüdischen Kreisen.

Samuel Bleichröder, ein Sohn von Gerschon Bleichröder, hatte keine Ambitionen, das väterliche Geschäft weiterzuführen. Er eröffnete 1803 in der Rosenthaler Straße eine Wechselstube, in der er mit staatlicher Konzession auch Lotterielose verkaufen und einlösen durfte. In den Jahren nach der napoleonischen Besetzung wurde Berlin zu einem neuen wichtigen finanzpolitischen Standort. **Bleichröder** profitierte von dieser Entwicklung, konnte seinen Kundenkreis vergrößern und verlieh sich selbst den Titel eines Bankiers. Die Gunst der Stunde, sein wirtschaftspolitisches Gespür und das Erbe seines 1808 verstorbenen Vaters machten **Samuel Bleichröder** zu einem der vermögendsten Männer Berlins. 1828 wurde das international erfolgreiche Bankimperium Rothschild auf den jungen Bankier aufmerksam. Mit seiner Unterstützung nahm das Frankfurter Familienunternehmen, das bereits über Niederlassungen in Paris, Wien, London und Neapel verfügte, auch an der wirtschaftlichen Entfaltung Preußens teil. Nachdem **Bleichröder** anfänglich nur Wertpapiere für die Rothschilds gekauft und wieder verkauft hatte, vermittelte er später

Rothschild-Anleihen an den preußischen Staat, investierte Rothschild-Gelder in vielversprechende Industrieprojekte wie den Bau von Eisenbahnlinien. **Bleichröder** war der erste Bankier, der die Verflechtung von Kapitalgeber und Industrie gewinnbringend zu nutzen wußte. 1845 wurde **Bleichröder** der Gesellschaftsbankier der Rheinischen- und der Köln-Mindener-Eisenbahnlinie.

Seit 1815 war **Samuel Bleichröder** mit **Johanna Aron** verheiratet, einer Tochter des Wechslers Israel Lewin. Zwei ihrer acht Kinder, die Söhne **Gerson** und **Julius,** wurden mit ihren Angehörigen ebenfalls auf dem Schönhauser Friedhof beerdigt.

Gerson von Bleichröder war eine der wichtigsten, aber auch umstrittensten jüdischen Persönlichkeiten im Berlin des 19. Jahrhunderts. Hatte sein Vater die Beziehungen zum Hause Rothschild aufgebaut, gepflegt und finanziell zu nutzen gewußt, so war **Gerson** von dem Ehrgeiz besessen, eine ähnliche gesellschaftliche Stellung wie die Rothschilds zu erringen. Auf finanziellem Gebiet sollte ihm dies auch gelingen – er wurde der reichste Mann Deutschlands –, jedoch war sein gesellschaftliches Ansehen mit dem der Rothschilds nicht zu vergleichen.

Viele profitierten zwar von **Bleichröders** Vermögen und seinen guten Verbindungen, jedoch die wenigsten erkannten ihn als ihresgleichen an. „Die Berliner Gesellschaft ist in zwei Lager gespalten; in jene, die zu **Bleichröder** gehen und sich über ihn lustig machen, und die anderen, die sich über ihn lustig machen, aber nicht hingehen" (zit. nach Stern, 660). Die prachtvollsten Feste, die teuersten Geschenke an einflußreiche Persönlichkeiten, selbst die enge persönliche Beziehung zu Reichskanzler Bismarck konnten daran nichts ändern, ließen **Bleichröders** Ansehen nicht steigen, eher im Gegenteil. Als „Mustergestalt" des Reichtums und

(...) Symbol für die Ungerechtigkeit eines durch soziale Konflikte gespaltenen Systems" (Stern, King-Kongo, 129) blieb **Bleichröder** bis an sein Lebensende zahlreichen antikapitalistischen und antisemitischen Angriffen ausgesetzt.

Gerson von Bleichröders Karriere begann im väterlichen Bankhaus, in das er 17jährig eintrat. Mit 21 Jahren erhielt er Prokura, 1847 wurde er Teilhaber, und 1855 – nach dem Tod **Samuel Bleichröders** – übernahm er die Unternehmensführung. Neben den Beziehungen zur Rothschild-Bank sollte die Bekanntschaft mit Otto von Bismarck zu einer der tragenden Säulen des **Bleichröder**-Imperiums werden. 1858 lernten sich der Bankier und der altmärkische Junker kennen. Während Bismarck als preußischer Abgesandter in St. Petersburg und Paris war, verwaltete und investierte **Bleichröder** dessen Einkünfte und vergrößerte das „noch karge Kapital" (Stern, King-Kongo, 126) des späteren Reichskanzlers. Als Gegenleistung wurde er von Bismarck über wichtige politische Neuigkeiten aus erster Hand informiert. **Bleichröder** avancierte zum Bankier der preußischen Krone, beriet den ‚Eisernen Kanzler' in allen wirtschaftspolitischen Fragen. Da **Bleichröder** niemals ein politisches Amt bekleidete, konnte Bismarck ihn für geheime Auslandsmissionen einsetzen, mit denen er niemals einen Politiker hätte betrauen können.

Zwei Kriege festigten die Position **Bleichröders**. Als 1866 der Finanzminister von Bodelschwingh dem König und Bismarck die Finanzierung der Mobilmachung gegen Österreich verwehrte, beschaffte **Bleichröder** die notwendigen Gelder, indem er den Aktienanteil des preußischen Staates an der Köln-Mindener Eisenbahngesellschaft liquidierte.

Nach Beendigung des deutsch-französischen Krieges nahm **Bleichröder** im Februar 1871 in Versailles an

Adelheid Bleichröder geb. Salomon

Julius Bleichröder

den Verhandlungen über eine französische Kriegsentschädigung teil. Für das Aushandeln der Summe von 5 Milliarden Francs, zuzüglich der anfallenden Zinsen, sowie den reibungslosen Transfer dieses immensen Betrages von Frankreich nach Deutschland wurde er mit dem Eisernen Kreuz ausgezeichnet. Am 8. März 1872 wurde **Bleichröder**, der seit 1867 den Titel eines Geheimen Kommerzienrates trug, eine besondere Ehrung zuteil: er wurde in den erblichen Adelsstand erhoben und durfte sich Baron **Gerson von Bleichröder** nennen. Unrichtig ist jedoch die vielfach publizierte Information, daß er der erste adlige Jude Deutschlands war. „Der erste war Freiherr Abraham von Oppenheim in Köln, der aber keine direkten Nachfahren hatte, die den Titel geerbt hätten" (Stern, 247).

Bleichröder und seine Bank hatten inzwischen Weltruhm erlangt. Er förderte nicht nur deutsche Industrieunternehmen, im besonderen Eisenbahngesellschaften, sondern beteiligte sich auch an so sensationellen Vorhaben wie dem Bau des Gotthardttunnels. Auch international weitete er seine Tätigkeit aus. Nach Gründung der Banca Commerciale Italiana in Mailand wurde **Gerson von Bleichröder** italienischer Staatsbankier und Großritter des italienischen Königreiches. Er beteiligte sich am Ausbau der rumänischen Petroleumindustrie und der Gründung der rumänischen Banca Generale, an der Tabakregiegesellschaft in Konstantinopel und der Banque de Crédit in Sophia. Seit Mitte der 1870er Jahre betrieb er mit dem belgischen König Leopold II. die Kolonialisierung des afrikanischen Kongogebietes.

Seit 1851 war **Bleichröder** mit der gebürtigen Breslauerin **Emma Guttentag** verheiratet. Sie entstammte einer begüterten Bankiersfamilie, war „weder schön noch geistreich, (...) zugleich eitel, anspruchsvoll und linkisch" (Stern 181, 653). „Sie ist ganz anders als ihr Mann und keineswegs ihrem phantastischen Vermögen ebenbürtig" – so beschrieb sie 1878 der englische Premierminister Disraeli in einem Bericht an Queen Victoria (zit. nach Stern, 661). **Gerson** und **Emma von Bleichröder** hatten drei Söhne – Hans, Georg und James –, die gemeinsam mit den Nachfahren von **Julius Leopold Schwabach** (Nr. 235) das Bankhaus **Bleichröder** bis zur Arisierung durch Hitler 1938 weiterführten.

Als **Gerson von Bleichröder** im Februar 1893 – fast erblindet – an einem Lungenödem starb, war sein Name „wie einst der Name Rothschild, zum Inbegriff des Reichtums geworden" (JGB, 16.6.1935). Auch über seinen Tod hinaus wollte sich **Bleichröder** Würde und Ansehen bewahren, und so beauftragte er schon zu Lebzeiten den Berliner Bildhauer Reinhold Begas mit dem Entwurf für ein Familienmausoleum. Doch selbst dem Multimillionär **Bleichröder** waren die veranschlagten Kosten für ein solches Monument zu hoch: 75.000 Mark, zu einer Zeit in der das Jahreseinkommen von Dreivierteln der Bevölkerung bei 900 Mark lag. Und so findet man auf dem Schönhauser Friedhof im Gräberfeld L4 für jenen Mann, der „häufig als der letzte Hofjude angesehen (wird)" (Stern, 28) ein eher bescheidenes, aber dennoch sehr schönes Grabmal aus carrarischem Marmor.

Julius war der jüngste Sohn **Samuel Bleichröders**. Im Stammhaus der Rothschilds in Frankfurt begann er 16jährig eine Banklehre und wurde danach Junior-Sozius im Unternehmen seines Vaters. **Julius** war „ein beschaulicher, ruhiger Charakter, er war kräftig und hochgewachsen (...), ein schwarzer Bart umrahmte sein Gesicht: ein schöner Mann, der sich nicht anzustrengen brauchte, um die Sympathie seiner Umgebung zu gewinnen" (Familienchronik). Nicht nur äußerlich, auch von ihrem Wesen und ihren Anschauungen unterschieden sich die **Bleichröder**-Brüder. Im

Gegensatz zu **Gerson**, der „selbstsicher, ehrgeizig, von einer etwas unangenehmen Überheblichkeit (war)" und „es liebte, sich in den Vordergrund zu stellen" (Familienchronik), war **Julius** ein eher zurückhaltender Mensch. „Er war bei weitem nicht so intelligent wie **Gerson**, ohne jeden geschäftlichen und gesellschaftlichen Ehrgeiz" (Familienchronik). Während sein Bruder immer nach öffentlicher Anerkennung strebte, den „Kampf eines Kapitalisten um Aufnahme in die Elite (führte)" (Stern, 244), war **Julius** allen äußerlichen Ehrungen abgeneigt, lehnte 1898 sogar den ihm zuerkannten Titel eines Kommerzienrates ab. Nach dem Tod des Vaters, der **Gerson** „zum alleinigen Zeichnungsberechtigten der Firma S. Bleichröder machte" (zit. nach Stern, 167), waren die so ungleichen Brüder nur noch wenige Jahre gemeinsam im Familienunternehmen tätig. 1860 schied **Julius** aus und gründete ein eigenes Bankhaus in der Voss-Straße 8. Auch politisch beschritten die Brüder unterschiedliche Wege. **Gerson** – konservativ und regierungstreu – beteiligte sich sogar an einer Kampagne gegen Linksliberale und Sozialisten, obwohl diese Parteien als einzige den antisemitischen Strömungen entgegenwirkten. **Julius** hatte sich der liberalen Richtung angeschlossen. Er war mit **Eduard Lasker** (Nr. 19) befreundet, für dessen Nationalliberale Partei er finanzielle Unterstützung durch wohlhabende Juden erwirkte. **Julius** war fest in seinem jüdischen Glauben verwurzelt. Im Unterschied zu **Gersons** Nachfahren, die später alle zum Christentum übertraten, blieben **Julius'** Kinder auch in schwersten Zeiten bekennende Juden. Einem Komitee, in dem sich angesehene Persönlichkeiten zur Verteidigung der Juden gegen antisemitische Anfeindungen zusammengeschlossen hatten, trat **Julius Bleichröder** 1880 bei.

Seit 1860 war er mit **Adelheid**, einer Tochter von Isaac Salomon, verheiratet, mit der er vier Töchter und drei Söhne hatte. **Adelheid** „war eine sehr schöne Frau, die gewohnt war die Erste und Herrschende zu sein; sie war mit vollem Herzen Mutter und freute sich an ihrer Kinderschar" (Familienchronik). Im Alter von 37 Jahren erkrankte sie – nach der Geburt ihres siebten Kindes Fritz – an der damals unheilbaren Gicht. Erst auf Krücken, später auf einen Rollstuhl angewiesen, verlor sie dennoch nie den Glauben an ihre Heilung. Sie starb 1910 im Alter von 71 Jahren.

Zwei Töchter der Eheleute **Bleichröder, Gertrud** (Nr. 10) und **Johanna** (o. Nr.), heirateten die Brüder **Paul** (Nr. 10) und **Leo Arons** (o. Nr.). Auch zwei Söhne sind in der Familiengrabstätte beigesetzt: **Richard**, der im Alter von nur acht Jahren starb, und **Paul Bleichröder**. **Paul** war „ein schöner, hochgewachsener Mensch, äußerlich das Ebenbild seines Vaters, doch ein reicherer, frohsinniger Charakter" (Familienchronik), der ein großes künstlerisches Talent bei der Ausrichtung effektvoller Familienfeste (Kostümbälle) bewies. Er war ein mittelmäßiger Schüler. Nach dem Abitur nahm er ein Architekturstudium in München auf. 1889 zog er sich eine Infektion zu, an deren Folgen er nach monatelangem Krankenlager im Januar 1890 im Alter von nur 21 Jahren starb. Selbst Professor **James Israel** (Nr. 119), der schon öfter von der Familie konsultiert worden war (vgl. Nr. 10), konnte ihn nicht retten. **Adelheid Bleichröders** ohnehin schlechter Gesundheitszustand verschlimmerte sich nach dem Tod ihres Sohnes **Paul** bedenklich.

Die Grabstätte der Familie **Julius Bleichröder** befindet sich am Weg zwischen den Gräberfeldern J und K. Alle Grabsteine sind umgestürzt oder zerbrochen. UKW

38/C
Boas, Julius
(2.11.1832–12.1.1922)
Boas, Emma geb. **Noah**
(28.4.1839–26.4.1883)
Boas, Anton
(9.5.1869–26.9.1919)

Wie die Fassade eines kleinen Tempels der griechischen Antike ist das Grabmal der Familie Boas gestaltet. Zwei glatte Pfeiler und zwei dorische Säulen tragen das klassische Gebälk, auf dem der Familienname eingemeißelt ist. Ein spitzer Giebel schließt die Marmorfassade ab. Die Inschriften der teils umgestürzten Grabsteine, die zu diesem Erbbegräbnis gehören, konnten nicht festgestellt werden. Es ist jedoch zu vermuten, daß hier der Sanitätsrat Dr. **Julius Boas**, der in Berlin einen guten Ruf als Magenspezialist hatte, beerdigt wurde. Bei **Emma** und **Anton Boas** handelt es sich wahrscheinlich um Ehefrau und Sohn. UKW

39/C
Bodenstein, Moses Jacob
(19.2.1819–16.5.1890)
Bodenstein, Marianne geb.
Grünwald
(21.5.1820–17.9.1849)

Im Gräberfeld E steht das Ädikula-Grab für **Moses Jacob Bodenstein** und seine Frau **Marianne**.

Zwei glatte Säulen mit Kelchkapitellen stützen einen Rundbogen, dessen Tympanon (Bogenfeld) ein vergoldeter, vielstrahliger Davidstern ziert. Die Grabanlage – ganz aus schwarzem Granit – findet ihren oberen Abschluß in einem profilierten Giebel. Auf dessen abgeflachtem Scheitelpunkt sind Tafeln mit den Zehn Geboten angebracht.

Der Malergehilfe **Bodenstein** stammte aus Danzig und arbeitete in Berlin als Stuben- und Schildermaler. Durch sein künstlerisches Talent wurde er zu einem renommierten De-

korationsmaler und brachte es zu beachtlichem Wohlstand. So konnte er dem orthodoxen Lehrinstitut „Beth Hamidrasch" eine Spende in Höhe von 15.000 Reichsmark zukommen lassen. Gemeinsam mit dem Maurermeister Joseph Fränkel gründete er 1884 die „Stiftung für die Gesellschaft zur Verbreitung der Handwerke und des Ackerbaus unter den Juden im preußischen Staate". Am 6. Juni 1845 heiratete er **Marianne Grünwald.** Dieser Verbindung entstammt der 1847 geborene spätere Landschaftsmaler Julius Bodenstein. **Marianne Bodenstein** starb, nur 29jährig, *„einen Tag nach dem Tode ihrer Tochter"* (Grabinschrift). UKW

40/W2
Borchardt, Abraham
(8.8.1784–21.7.1845)
Borchardt, Johanna geb. **Salomon**
(4.2.1781–Oktober 1847)

Abraham Borchardt war in seiner Heimatstadt Königsberg als Kaufmann tätig und gehörte seit 1814 der dortigen Bürgerschaft an. Auch in Berlin behielt er die Bürgerrechte seiner Heimatstadt, mußte allerdings auch die Berliner Bürgerrechte erwerben, da man ihm hier ansonsten seine Tätigkeit als Fondshändler an der Börse verwehrt hätte.
   Abraham Borchardt war vermutlich der ältere Bruder von **Moritz Borchardt** (Nr. 43). Ihre Grabsteine stehen nebeneinander. UKW

41/H
Borchardt, Heimann Mendel
(24.5.1815–17.6.1866)
Borchardt, Auguste (Fahle)
geb. **Cohn**
(9.2.1824–3.1.1875)

Geboren in Köslin als Sohn eines Lotterieeinnehmers und Tabakwaren-

händlers, war der Kaufmann **Heimann Borchardt** bis 1849 Bürger von Stettin. Als Produktenhändler ließ er sich später in Berlin, Sophienstraße 14, nieder und heiratete **Auguste,** Tochter des Wattefabrikanten Salomon Cohn. **Borchardt** starb 73jährig als Besitzer eines Rittergutes. UKW

42/D
Borchardt, Moritz
(7.6.1781–16.6.1866)
Borchardt, Julie (Judith) geb.
Hellborn, vw. **Ewald**
(22.2.1786–17.3.1867)

Bis 1812 wurde **Moritz Borchardt** in der Kurmärkischen Namensannahmeliste unter dem Vornamen **Mendel** geführt. Sein Vater unterhielt mit seiner zweiten Ehefrau Hanna Stern, Witwe des Frankfurter Bankiers Aron Seligmann, in Halberstadt eine Nesseltuchfabrik. Die Familie führte den hebräischen Beinamen „Köslin", was dazu führte, daß die Ortschaft Köslin fälschlicherweise als Heimatstadt der Familie in den Meldeunterlagen auftauchte.
   Borchardt war von Beruf Kaufmann und wohnte in der Königsstraße 10. Er war in erster Ehe mit Emma Hellborn verheiratet und ehelichte drei Jahre nach ihrem Tod 1822 deren jüngere Schwester **Judith,** die ihrerseits die Witwe des zum Christentum konvertierten Bankiers Anton Martin Ewald war. UKW

43/W2
Borchardt, Moritz
(26.10.1785–11.8.1859)
Borchardt, Betty geb. **Saling**
(27.3.1796–6.10.1859)

In seiner Heimatstadt Stettin war **Moritz Borchardt** Mitglied der Korporation der Kaufleute. Er war einer der Gründer der 1816 eingerichteten

◁ *Grabstätte Familie Bodenstein*

Synagogengemeinde und arbeitete als Agent der Pommer'schen General-Landschaft. In Berlin, wo er mit seiner Frau **Betty** in der Spandauer Straße 32 gemeldet war, bekleidete er viele Jahre die Ämter des Vorstehers und Kassenverwalters der beiden Waisenanstalten der Jüdischen Gemeinde. UKW

44/W3
Borchardt, Moses
(19.8.1802–10.3.1864)
Borchardt, Roeschen geb. **Magnus**
(22.7.1816–4.1.1857)

Der Handlungsdiener **Moses Borchardt** zog mit seinem Vater Israel Moses im Alter von drei Jahren von Schwerin nach Berlin. Hier war er zwölf Jahre bei der Firma Jean Benda angestellt. 1834 heiratete er **Roeschen Magnus** und eröffnete mit ihr einen Schnittwarenhandel in der Heiligegeiststraße 26. UKW

45/W3
Burchardt, Baruch Elias
(30.9.1797–25.6.1859)
Burchardt, Henriette geb. **Hirsch**
(13.12.1798–11.10.1865)

Baruch Elias Burchardt war ein direkter Nachkomme von David Elias, dessen Schutzjuden-Privileg auf den 27.8.1717 datiert ist. In seiner Geburtsstadt Sonnenburg, wo er ein Rittergut besaß, war **Burchardt** als Kaufmann tätig. In Berlin, wohnhaft in der Neuen Friedrichstraße 40, ging er als Mitglied der Korporation der Kaufleute vielfältigen Beschäftigungen nach. Er arbeitete als Bankier, Wachstuchfabrikant und Eigentümer der Firma B. Burchardt & Söhne. Während der Märzrevolution 1848 stellte **Burchardt** seine regierungstreue Gesinnung unter Beweis. Er unterzeichnete eine Proklamation, die zur Versorgung der Arbeitslosen durch freiwillige Spenden aufrief. Die

Unterstützung sollte bewirken, daß diese sozial niedrig gestellte und deshalb unkalkulierbare Bevölkerungsschicht auch weiterhin an „ihrer ruhmreichen Zurückhaltung" während des Umsturzversuches festhalte (A. Wolff, Berliner Revolutionschronik, 1898). UKW

46/H
Burchardt, Hermann
(18.11.1857–18.12.1908)

Nach dem Tod seines Vaters, dem zuliebe er widerwillig eine Kaufmannsausbildung absolvierte, ging **Hermann Burchardt** auf eine fast zehnjährige Erkundungsreise, die ihn über Lappland und Spanien erst nach Nordafrika, später sogar bis in den Vorderen Orient führte. Seine Erfahrungen in den arabischen Ländern – die Eindrücke beim Anblick der Ruinen von Persepolis, des Sonnentempels von Baalbek (Heliopolis) und der fruchtbaren Bergregionen des südlichen Jemen – bewogen ihn, die um-

Der Orientforscher
Hermann Burchardt

fassende Erforschung Vorderasiens zu seinem Lebensziel zu machen. Um seine Forschungen möglichst effektiv betreiben zu können, kehrte er nach Berlin zurück und studierte von 1890 bis 1892 die arabischen Sprachen. Abgesehen von kurzen Aufenthalten in Berlin, lebte er danach ausschließlich im Orient. Nicht nur kulturhistorische Aspekte und die Gebräuche der Eingeborenen wurden Gegenstand seiner Forschungen, sondern auch deren volkstümliche Sagen- und Märchenwelt. Auf seinen Reisen, die ihn oft in für Europäer unbekannte Gegenden brachten, machte sich **Burchardt** besonders verdient um die bis dahin unerforschte Geschichte und die Lebensweise der jemenitischen Juden. Da er „nur schwer zum Niederschreiben seiner Beobachtungen zu bewegen" war (Heppner, 77), sind seine Reisetagebücher sehr lückenhaft. Jedoch pflegte er als passionierter Photograph noch unter widrigsten Umständen, manchmal unter Einsatz des Lebens, seine Entdeckungen „auf der Photoplatte festzuhalten" (Heppner, 77). Der Plan, seine Forschungsergebnisse in Berlin auszuwerten und für die Nachwelt niederzuschreiben, wurde am 18. Dezember 1909 zunichte gemacht. **Burchardt** und sein Reisegefährte, der italienische Vizekonsul Benzoni, fanden auf dem Weg zur jemenitischen Hauptstadt Sana bei einem Überfall von Eingeborenen den Tod.

Seine Aufzeichnungen und die wertvolle, viele tausend Photos umfassende Sammlung vermachte **Burchardt** dem orientalischen Seminar seiner Heimatstadt Berlin. UKW

47/W2
Burg, Jacob Moses
(1787–1840)

Geht man an der östlichen Begrenzungsmauer des Friedhofes entlang, so findet man in der äußersten linken Ecke, eingelassen in die Wand, die gußeiserne Gedenktafel für **Jacob Moses Burg**. Die Inschrift dieser Tafel, von Rost nahezu zerfressen, läßt sich heute nur noch mit Mühe entziffern:

Jacob Moses Burg
Ihrem treuen unermüdlichen
Vorsteher
Dem Vater der Armen
deren jetzige Verwaltung er begründet
und geleitet
dem thätigen Ordner
bei der Anlegung dieses
Gottes-Ackers
widmete diese Ruhestätte
die dankbare Gemeinde

Jacob Moses Burg, der ältere Bruder des „Judenmajors" **Meno Burg** (Nr. 48), war von Beruf Lotterie-Obereinnehmer. Neben Stadtbaurat Friedrich Wilhelm Langerhans und Moritz Norrmann, der den Grundbesitz der Jüdischen Gemeinde verwaltete, war **Burg** einer der maßgeblichen Organisatoren bei der Einrichtung und später auch bei der Verwaltung des Begräbnisplatzes an der Schönhauser Allee. UKW

48/W1
Burg, Meno
(9.10.1789–26.8.1853)
Burg, Julie geb. **Riess**
(27.5.1802–23.6.1831)

In einfachen Verhältnissen aufgewachsen – sein Vater war Buchhalter, seine Mutter Näherin – sollte der „Judenmajor" **Meno Burg** in der preußischen Armee eine Karriere machen, wie es vor ihm noch keinem Juden gelungen war.

Er besuchte die Jüdische Freischule, später das Gymnasium zum Grauen Kloster und schließlich die Bauakademie, an der er 1807 erfolgreich das Feldmesser-Examen ablegte. Bei Ausbruch der Befreiungskriege folgte er dem Aufruf Friedrich Wilhelms III.

„An mein Volk" und meldete sich freiwillig bei einem Berliner Garderegiment. Kurz vor Ablegen des Fahneneides wurde jedoch bekannt, daß **Burg** Jude war, was zu seinem sofortigen Ausschluß aus dem Regiment führte. Ein nochmaliger Versuch, in der Armee Fuß zu fassen, war nur durch den persönlichen Einsatz des Prinzen August möglich, der damals General-Inspecteur der Artillerie war. Von **Burgs** pädagogischen und fachlichen Fähigkeiten überzeugt, holte der Prinz ihn 1814 an die Artillerie-Brigadeschule. Im September 1816 erhielt der „Secondlieutenant **Burg**" eine Anstellung als „Lehrer im Artillerie-Zeichnen" an der neugegründeten Vereinigten Artillerie- und Ingenieurschule zu Berlin. In rascher Folge stieg **Burg** bis 1826 zum Premierlieutenant auf. Jede weitere Beförderung machte der König jedoch von **Burgs** Übertritt zum Christentum abhängig, eine Forderung, die dieser kategorisch ablehnte. Auch **Burgs** hochgelobtes theoretisches Werk – „Die geometrische Zeichenkunst oder die vollständige Anweisung zum Linearzeichnen, zur Construction der Schatten und zum Tuschen für Künstler, Technologen und zum Selbstunterricht" (1826) – konnte den König nicht umstimmen. Er war der Meinung, „daß von einer gewissen Bildungs- und Rangstufe an jeder Preuße sich zur christlichen Religion bekennen müsse" und „daß die Emanzipation der führenden Schicht unter den Juden zwangsläufig in die Taufe einmünden müsse" (LBI, 20 Fischer). Erst nach dem Tod des Königs 1840 wurden **Burg** die verdienten Ehrungen zuteil. So wurde ihm 1841, anläßlich des Geburtstages von Friedrich Wilhelm IV., der Rote Adlerorden verliehen, eine Auszeichnung, die ihm Friedrich Wilhelm III. über mehrere Jahre standhaft verweigert hatte. 1842 übernahm **Burg** den Vorsitz im Ehrenrat der Offiziere. Im März 1847 wurde er dann schließlich zum ersten und einzigen preußischen Artilleriemajor mit jüdischer Konfession befördert.

Meno Burg war mit der Schwester des Physikers Prof. Dr. **Theophil Riess** (Nr. 212) – Julie – verheiratet. Im Spätsommer 1853 wurde der 64jährige **Meno Burg** Opfer einer Choleraepidemie. UKW

49/J
Cahen, Anna
(12.1.1862–21.3.1939)

Fast versteckt zwischen den Gräbern der Familie **Julius Bleichröder** (Nr. 37) liegt ein kleiner weißer Grabstein, der auf die letzte Ruhestätte von **Anna Cahen** hinweist. Als Tochter eines wohlhabenden Kaufmannes wurde sie in Elberfeld geboren. Durch den wirtschaftlichen Bankrott ihres Vaters, dem auch ihre Mitgift zum Opfer fiel, war **Anna Cahen** gezwungen, für ihren Lebensunterhalt selbst zu sorgen. Sie hatte zwar eine gute Schulbildung genossen, jedoch keinen Beruf erlernt. Als standesgemäße Beschäftigung blieb ihr nur die einer Gouvernante übrig. Sie trat in den Dienst von **Julius Bleichröder** und seiner Frau **Adelheid** (Nr. 37) in deren Haus sie viele Jahre die ‚gute Geist' war. Als Gesellschafterin für die Erwachsenen, als Erzieherin für Kinder und Enkel, erwarb sie sich das Vertrauen und die Zuneigung der gesamten Familie. Annas selbstlose Aufopferung honorierten die **Bleichröders**, indem sie ihr eine Altersrente aussetzten, die ihr einen sorgenfreien Lebensabend ermöglichte. Auch nachdem „Cahenne" – so wurde Anna von allen liebevoll genannt – aus Altersgründen ihre Tätigkeit im Hause **Bleichröder** aufgeben mußte, nahm sie weiterhin regen Anteil am Schicksal der Familie. Als der Druck der Nationalsozialisten immer stärker wurde, stand **Anna Cahen** einigen Famili-

*Julius Bleichröder
(Mitte),
Anna Cahen
und
Fritz Bleichröder*

enmitgliedern bei deren Auswanderung hilfreich zur Seite. Ihrer eigenen Deportation durch die SS entzog sie sich durch den Freitod. Mit Gift, das der Bleichröder-Enkel Peter Arons, ein Sohn von **Leo** und **Johanna Arons** (o. Nr.) ihr besorgt hatte, setzte die 77jährige ihrem Leben selbst ein Ende. UKW

**50/L4
Cassirer, Hugo**
(5.12.1869–19.7.1920)

Gemeinsam mit seinem Vater Louis Cassirer (1839–1904) und seinem Bruder Alfred (1868–1925) gründete

Hugo Cassirer die Firma Dr. Cassirer & Co., Kabelwerke in Berlin. UKW

**51/L4
Cohn, Isidor Gustav**
(Daten nicht entzifferbar)

Im Gräberfeld L, unweit der Grabstätte von **Salomon Haberland** (Nr. 92), findet man eine Grabplatte aus Metall, die so stark korodiert ist, daß nur noch der Name **Isidor Gustav Cohn** auszumachen ist. Wahrscheinlich handelt es sich dabei um den 1823 in Stolpe, Kreis Köslin geborenen **Isidor Cohn** (JBB, Nr. 2804). Dieser war als Manufakturwarenhändler am Schloßplatz 8 ansässig. UKW

52/L1
Cohn, Julius
(8.5.1828–10.2.1880)

„Seine Liebe wird unvergessen sein."
Diese Widmung findet sich auf dem
Grabstein des Königlichen Baumei-
sters **Julius Cohn**. UKW

53/D
Cohn, S.M.
(29.10.1802–27.12.1886)
Cohn, Philippine geb. **Markuse**
(29.10.1802–5.5.1876)
Am Anfang des Weges, der vom Erbbegräbnis **Seligsohn** (Nr. 237) zum
Grab von **Giacomo Meyerbeer** (Nr.
22) führt, stößt man auf den Grab-
stein für **S.M. Cohn**, der durch seine
poetische Inschrift auffällt:
Dir gab Natur den klaren Sinn,
des Herzens Gradheit gab sie Dir;
So war Dein Leben ein Gewinn
Dir selbst, den Deinen eine Zier.
In Deiner Tage Blütezeit,
da hob empor Dich eig'ne Kraft,
Dich schmückt des Weisen Heiterkeit,
im Alter, wo die Kraft erschlafft.
Dein Bild uns stets das Herz erhebt,
ein Muster, wie man würdig lebt.
UKW

54/L3
Cohn, Wolff
(29.10.1823–16.1.1893)
Wolff Cohn studierte Medizin an der
Berliner Universität. Für seine Ver-
dienste wurde er 1884 mit dem Titel
Geheimer Medizinalrat geehrt. UKW

55/H
Cohnstein, Isidor
(1.8.1841–25.7.1894)
Cohnstein, Rosalie geb. **Zippert**
(2.1.1865–1918)

Isidor Cohnstein war ein in Theorie
und Praxis anerkannter Gynäkologe.
Der Dozent an der Universität Heidelberg schrieb ein Lehrbuch der Geburtshilfe sowie einen Grundriß der
Gynäkologie. UKW

56/L4
Croner, Dorothee
(ohne Daten)

In unmittelbarer Nähe zur Grabstätte
Gerson von Bleichröders (Nr. 36)
steht ein repräsentatives Grabmal aus
poliertem schwarzen Granit, das an
seiner Rückseite den Namenszug **Croner** trägt. Die Namenstafeln an der
Vorderseite fehlen, aber mit großer
Wahrscheinlichkeit handelt es sich
um die Grabstätte von **Dorothee Croner** und ihrer Familie. **Bleichröder**
und **Dorothee Croner** hatten eine
‚Affaire' miteinander, von der
Bleichröder Biograph Fritz Stern
(„Blut und Eisen") meint, „die unbe-
streitbaren Fakten sind wenig zahlreich, einfach und unsauber" (Stern,
735).

1868 stellte die geschiedene **Dorothee Croner** finanzielle Forderungen
an **Bleichröder** mit der Begründung,
ihre Ehe sei zerbrochen, nachdem ihr
Mann **Bleichröder** in seinem Haus
entdeckt habe. Später wurde festgestellt, daß die Ehe wegen Ehebruchs
des Mannes aufgelöst wurde. Den
Geldforderungen versuchte sich
Bleichröder mit Hilfe der Berliner Po-
lizei zu entziehen. Man vereinbarte
schließlich, daß Frau **Croner** in Be-
gleitung des Kriminalbeamten Hugo
von Schwerin – von dem später noch
zu berichten sein wird – nach Kopenhagen ziehen sollte. Vermutlich wurden auch Gelder gezahlt, um einen
öffentlichen Skandal zu vermeiden.
Anfang 1870 kehrte Frau **Croner** jedoch nach Berlin zurück und stellte
erneut Ansprüche auf regelmäßige
Zahlungen. „Sie ... benutzte jede Gelegenheit, die ihr bekannt gewordene,
für ihre Absichten günstige nervöse
Aufregung des Herrn von **Bleichröder** fortgesetzt zu unterhalten und zu
stützen, indem sie täglich einmal,

auch wohl zweimal längere Briefe an ihn schrieb, oder bei seinen Spaziergängen sich plötzlich neben ihm sehen ließ." (zit. nach: Stern, 735) **Bleichröders** Reaktionen reichten von großzügigen Geschenken bis zu rigoroser Verweigerung.

Im April 1880 klagte **Dorothee Croner** vor dem Zivilgericht auf Zahlung von 18.000 Mark, die ihr **Bleichröder** versprochen habe, falls seine Frau nichts von ihrem Verhältnis erführe. Die ‚angebliche‘ schriftliche Zusage des Beklagten sei ihr jedoch abhanden gekommen. Der Skandal entwickelte sich zu einer folgenschweren Tragödie, da **Bleichröder** zu dem behaupteten Sachverhalt eidesstattlich erklärte, daß er kein Exemplar des Vertrages besitze und er schwor, „die Thatsache ist nicht wahr, daß ich eine Urkunde des Inhalts, daß ich der Klägerin für die Geheimhaltung ihres behaupteten Verhältnisses zu mir vor meiner Ehefrau lebenslänglich in monatlichen Raten von 30 Thalern und an jedem der vier jüdischen Hauptfeiertage 25 Thaler, sowie eine Abfindung für ihre Kinder zu zahlen versprochen habe, unterzeichnet habe." (zit. nach: Stern, 736)

Der Staatsanwalt lehnte Frau **Croners** Klage ab und betonte, „daß einer der hervorragendsten Geschäftsmänner der Gegenwart ... hätte ... nicht so thöricht sein können, seine angeblichen Beziehungen zu Frau **Croner**, deren Geheimhaltung sein besonderer Wunsch sein sollte, urkundlich zu machen und der Frau **Croner** ein Exemplar dieser Urkunde mitzuteilen." (ebd.) Die Beeidungen **Bleichröders** beendeten zwar den Prozeß, waren aber der Anfang endloser, immer komplizierterer Verwicklungen. Frau **Croner** schloß sich mit dem ihr aus Kopenhagen bekannten Hugo von Schwerin, der mittlerweile wegen angeblichcr Komplicnschaft mit Glücksspielern aus dem Polizeidienst entlassen worden war, zu einer Front

Grabmal Gerson von Bleichröder, links im Hintergrund Grabstätte Croner

gegen **Bleichröder** zusammen. Gegen einen Anteil von 10% der zu erwartenden Zahlungen von **Bleichröder** wollte er die **Croner** unterstützen. Gemeinsam forderten sie die Eröffnung eines Meineidsverfahrens gegen **Bleichröder**. Die Bestätigung dieser schweren Anschuldigung hätte **Bleichröder** ins Zuchthaus gebracht, sein Leben und Geschäft ruiniert. Der Staatsanwalt sah von einer Strafverfolgung in Ermangelung von Beweisen ab. **Croner** und Schwerin appellierten an die höchste Berufungsinstanz, das Kammergericht. Doch schon während der Voruntersuchungen zogen die Kläger ihre Anzeige zurück. Das plötzliche Umschwenken läßt sich nur durch großzügige Zahlungen – es sollen 75.000 Mark gewesen sein (Stern, 738) – erklären. Damit war die Affaire aber keinesfalls zu Ende. Frau **Croner** verweigerte ihrem Mitstreiter die versprochene Beteiligung, und Schwerin startete jetzt eine regelrechte Verleumdungskampagne.

Eingaben richteten sich gegen Staatsanwälte, Richter, den Justizminister, sogar gegen Wilhelm I. und Kronprinz Friedrich Wilhelm. Selbst Bismarck wurde eingeschaltet. **Bleichröders** Ansehen litt stark unter diesen Anschuldigungen, die von den Antisemiten mit Pamphleten wie „Der Eid eines Juden" bedacht wurden. Bis zu seinem Tod rissen die Vorwürfe gegen **Bleichröder** wegen Meineids und Deckung durch die Justizbehörden nicht ab. **Dorothee Croner** unternahm immer wieder Erpressungsversuche, zuletzt gemeinsam mit ihrer Tochter. Über Jahre war die Affaire Gegenstand zahlreicher Presseberichte, Volksversammlungen und schlüpfriger Klatschgeschichten.

In Fritz Sterns Biographie findet man eine kurze Beschreibung von **Dorothee Croner**: sie sei weder schön noch charmant gewesen, dafür aber schon 1850 wegen Erpressung verurteilt worden. Stern kommt zu den Schluß: „Geschmack scheint bei Untreue ohne Bedeutung zu sein, und man darf annehmen, daß **Bleichröder** nur einen diskreten Seitensprung im Sinn hatte. Diskret war nur Frau **Croner** nicht, und für einen kurzen Fehltritt büßte **Bleichröder** mit Jahren der Erpressung, des Klatsches und einer skurilen Publicity. Ein weniger reicher, weniger prominenter Bürger wäre glimpflicher davongekommen."
RK

57/B
Demuth, Hermann
(5.2.1801–18.5.1879)
Demuth, Philippine geb. **Flatau**
(29.12.1806–12.9.1883)

Hermann Demuth, dessen hebräischer Vorname Hirsch lautete, war der Sohn des Pfandleihers Joseph Demuth. In Berlin geboren, diente ein Jahr im Freiwilligen Detachement des 20. Landwehr Infanterie-Regiments. Er wohnte in der Weinmeisterstraße 18, arbeitete als Manufakturwarenhändler und war Mitglied der Repräsentantenversammlung der Jüdischen Gemeinde. Aus welchem Grund der Kaufmann **Demuth** Ehrenmitglied der Gesellschaft Jüdischer Handwerker war, ließ sich nicht ermitteln.
UKW

58/H
Deutsch, Felix
(27.11.1845–22.5.1881)
Deutsch, Eugenie geb. **Lion**
(13.2.1856–3.4.1877)
Lion, Max
(5.5.1829–21.9.1890)
Lion, Cäcilie geb. **Loeser**
(5.8.1835–27.8.1919)

Das Grabmal der Familien **Lion** und **Deutsch**, gehört zu den kunsthistorisch bemerkenswerten Grabstätten des Schönhauser Friedhofes. Das nach einem Entwurf von August Wilhelm Cordes ausgeführte Grab greift die in der Gotik und Renaissance beliebten Architekturformen von Tabernakeln, Baldachinen und Ziborien auf, Formen, die als dekorativer Überbau von Heiligengräbern und Altären Verwendung fanden. Auf den mit vegetabilen Ornamenten reichverzierten Würfelkapitellen zweier schlanker Säulen und zweier ebensolcher Pfeiler ruht eine Rundbogenkonstruktion, die ein flaches Satteldach trägt. Niedrige Balustraden mit Davidsternen verbinden jeweils einen Pfeiler mit einer Säule. In die geschlossene Rückwand des Grabhäuschens sind die Namenstafeln eingesetzt, die von einem großen Rundfenster in Form einer gotischen Maßwerkrose überfangen werden.
UKW

Tabernakelgrab der Familien Lion-Deutsch ▷

59/M
Donath, Anna (ohne Daten)
Donath, Alice (ohne Daten)
Donath, Erna (ohne Daten)

Rechts neben dem Denkmal für die Märzgefallenen (Nr. 20) steht ein kleiner schwarzer Grabstein, der das Andenken an die drei Schwestern **Donath** wachhalten soll. **Anna, Alice** und **Erna Donath** leiteten, nicht weit vom Friedhof entfernt in der Schönhauser Allee, einen privaten Kindergarten. Wie auf ihrem Grabstein zu lesen ist, wurden sie *„im Frühjahr 1943 von der Gestapo verschleppt und (sind) seitdem verschollen"*. UKW

Ohne Nummer
Dr. Ephraim
(ohne Daten)

Über 40 Jahre seines Lebens hat der Geheime Sanitätsrat Dr. **Ephraim** in den Dienst der leidenden Menschen gestellt. Mit seinem Vermögen, das er in seinem Testament der Jüdischen Gemeinde vermachte, errichtete diese für wohltätige Zwecke die „Ephraimsche Stiftung". UKW

60/W4
Flatau, Joseph Jacob
(15.10.1812–28.2.1887)

Es läßt sich kaum vermuten, daß unter dem schlichten, vergilbten Grabstein neben der Erbbegräbnisstätte **Moritz Manheimer** (Nr. 170) der zu seiner Zeit sehr wohlhabende, mit nationaler und internationaler Anerkennung bedachte „Hopfen-König Preußens" (Etzold, 71) **Joseph Jacob Flatau** begraben liegt. Mit großem Ehrgeiz und weitreichendem Sachverstand betrieb er den Hopfenanbau und verhalf „Preußen zu einem wichtigen Zweig des Nationalreichtums" (von Saher, 26).

Flatau vertiefte seine kaufmännischen Kenntnisse durch volkswirtschaftliche Studien und Auslandsreisen. In Belgien lernte er den Hopfenanbau kennen. In klarer Einschätzung der künftigen Entwicklung beschloß er, auch in Preußen Hopfen anzubauen. 1838 führte er Wurzelsprossen und Stecklinge (Fechser) aus Böhmen und Bayern ein und legte in Neutomysl/Posen eine Hopfenzucht an. Seinen Bemühungen ist es zu verdanken, daß „zwanzigtausend Menschen durch den Hopfenanbau ihren Erwerb finden, daß der letzte Ernteertrag auf 2.200.000 Thlr. geschätzt wird und daß der früher ärmste Kreis der Provinz (Neutomysl) sich eines wachsenden Wohlstandes erfreut" (Flatau, 6).

In der Schrift „Der praktische Hopfenanbau und Hopfenhandel", die der Königliche Landrat von Saher 1862 verfaßte, heißt es: „Für den Neutomysler Hopfen war das Erscheinen des Kaufmanns **Joseph Jacob Flatau** im Jahre 1837 von großem Erfolge. Derselbst erkannte nicht allein die Güte der um Neutomysl produzierten Waren, sondern er war auch bemüht, uneigennützig und mit manchen Opfern eine Vermehrung der Produktion herbeizuführen und auf die immer noch mögliche Verbesserung der Ware hinzuwirken. In landwirtschaftlicher, so wie überhaupt in wissenschaftlicher Beziehung, durch Einführung ausländischer Fechser, durch Belehrungen in der Cultur und durch die Einführung des Neutomysler Hopfens auf dem Weltmarkt hat sich der Banquier **J.J. Flatau**, gegenwärtig in Berlin wohnhaft, um den Neutomysler Hopfen große Verdienste erworben" (9). **Flataus** Hopfen erhielt aufgrund seiner hohen Qualität zahlreiche Auszeichnungen, unter anderem auf der Pariser Weltausstellung das Diplom Seiner Kaiserlichen Hoheit des Prinzen Napoleon Bonaparte. Hopfen wurde für die deutschen Brauereien überwiegend aus dem

Ausland, auch aus Amerika, importiert. Der clevere **Flatau** schob dem einen gewinnbringenden Riegel vor. „Aus Erfahrung wohl wissend, daß der amerikanische Hopfen auf den Preis drückend wirken muß, war auch die Beschleunigung des Verkaufs des Neutomysler Hopfens geboten, bevor der amerikanische Hopfen auf dem Festland anlangt, wozu sechs Wochen nach der Ernte nötig sind. Es ist mir dieses auch gelungen, denn sechs Wochen nach der Ernte war das Produkt aus den Händen der Produzenten. Der jetzige Bestand um Neutomysl dürfte nur noch höchstens 2.000 Centner sein, welche zu billigerem Preis verkauft werden müssen, 18.000 Centner sind verkauft" (Flatau, 12).

Später wurden die preußischen Bierbrauer von Einfuhren nicht nur weitgehend unabhängig, **Flatau** konnte sogar einen Großteil seines hochwertigen Hopfens exportieren. Da Hopfen nur begrenzt lagerfähig war und nach der Ernte schnell verarbeitet werden mußte, bemühte sich **Flatau**, Konservierungsmethoden zu erproben. Offenbar war er erfolgreich, denn um seine Abnehmer von der Qualität des konservierten Hopfens zu überzeugen, nahm er auf seine Vortragsreisen hermetisch verschlossene Blechbüchsen mit, in denen sich zwanzig Jahre zuvor eingeschlossener Hopfen befand. „Ich stelle die Öffnung der Büchse anheim, um zu beurteilen, ob auf diese Weise die Conservierung des Hopfens durch so viele Jahre einigermaßen möglich ist." (Flatau, 13).

Flatau war immer bemüht, neue Interessenten, meist Gutsbesitzer, für den Hopfenanbau zu gewinnen. Seine Broschüre „Über den Hopfenanbau" (1861) erwies sich im In- und Ausland als Bestseller. Auch in der Mark Brandenburg wurde nach **Flataus** Vorbild Hopfen angebaut. Der Wohlstand der Region Posen vermehrte auch sein persönliches Vermögen.

Unermüdlich experimentierte **Flatau**, um die empfindlichen Pflanzen gegen Krankheiten, Wetterstürze und unsachgemäße Behandlung zu schützen. Am 3.12.1860 hielt **Flatau** einen Vortrag beim ‚Landwirtschaftlichen Central-Verein' in Potsdam. Als Protektor des Vereins waren der preußische Kronprinz und Minister Graf von Pückler anwesend. In dieser Versammlung wurde eine Prämie von 150 Talern für denjenigen ausgesetzt, der innerhalb einer Zeit von drei Jahren die beste und umfangreichste Hopfenernte vorweisen könne. Vermutlich erhielt **Flatau** diesen Preis, denn in seinem Vortrag konnte er schon auf seine bisherigen Erfolge hinweisen: „Bald nach der Ernte wurde der Hopfen in Neutomysl mit 45 Talern pro Centner angeboten, da die Produzenten die ungünstigen Endresultate des Auslandes noch nicht kannten und das Ausland von den Ernteresultaten um Neutromysl noch nicht unterrichtet war. Zwei Tage darauf stieg derselbe jedoch auf 60, dann auf 90, 100 und so binnen 14 Tagen auf 160 Taler pro Centner und fand zu diesen Preisen seinen Absatz nach Bayern, Böhmen, Frankreich und England. Nehmen wir den Durchschnittspreis nur auf 110 Taler pro Centner an, so hat die diesjährige Hopfenernte um Neutomysl einen Brutto-Ertrag von 2.200.000 Talern geliefert." (Flatau, 16) RK

61/H
Flatau, Theodor Jacob
(26.8.1801–27.10.1871)
Flatau, Rosalie geb. **Meyer**
(15.6.1812–29.12.1889)

Geboren in Breslau, war **Theodor Jacob Flatau** seit 1848 eingetragener Berliner Bürger. Der Mitbegründer und Inhaber der Chemiefabrik Dr. Pieper und Flatau war Kommerzienrat und kurzzeitig Mitglied der Repräsentantenversammlung der Jüdischen Gemeinde. RK

62/K
Fränkel, Adele geb. **Unger**
(3.7.1827–9.2.1874)

Als die Juden aus ägyptischer Knechtschaft ins gelobte Land zogen, lag vor ihnen ein langer, beschwerlicher Weg, den viele mit dem Tod bezahlten. Um die Gräber der am Weg Beigesetzten für die Nachwelt kenntlich zu machen, errichtete man Steinhügel oder bepflanzte die Grabstelle mit einem natürlichen Zeichen, einem Baum oder einem Strauch. Diesen Zeichen am Wegesrand, *Zijun* genannt, ist der steinerne Baum auf dem Grab von **Adele Fränkel** nachempfunden, den der Breslauer Bildhauer L. Seegall (Namenszug unterhalb der Schlange) aus einem Sandsteinblock meißelte.

Grabmal (Zijun) für Adele Fränkel

Der abgebrochene Eichenbaum, dessen symbolische Bedeutung mit der einer geborstenen Säule verglichen werden kann (vgl. Nr. 181), befindet sich in der nordwestlichen Ecke vom Gräberfeld K. Bemerkenswert sind die detailreichen Tierdarstellungen. Eine Schlange, die sich an einem blattreichen Ast emporwindet, ist im Begriff, ein Vogelnest auszurauben, das jedoch von der verteidigungsbereiten Vogelmutter mit ausgebreiteten Flügeln beschützt wird.

Biographische Angaben über **Adele Fränkel** waren nicht zu ermitteln. UKW

63/H
Fränkel, Hermann
(11.2.1806–5.3.1870)

Der kaufmännische Angestellte **Hermann Fränkel** aus Breslau arbeitete seit 1833 als Fondshändler an der Berliner Börse. Später betätigte er sich als Bankier, wurde in die Korporation der Kaufleute aufgenommen und war Mitinhaber der Firma A.H. Heymann & Compagnie. UKW

64/A
Fränkel, Michael Levy
(1760–10.1.1840)

Wie aus einer biographischen Notiz hervorgeht, arbeitete der jüngste Sohn **Fränkels**, der Schnittwarenhändler Hirsch Fränkel (17.7.1797–31.12.1864), als Gehilfe im väterlichen Geschäft. Daher ist anzunehmen, daß auch **Michael Levy Fränkel** in Berlin mit Stoffen handelte. Er muß es dabei zu einigem Wohlstand gebracht haben, wird er doch seit 1815 stets nur als Rentier bezeichnet. UKW

65/W1
Frankenberg, Vera
(6.2.1929–22.4.1945)

Aus mündlichen Überlieferungen von Anwohnern des Friedhofes läßt sich das tragische Schicksal von **Vera Frankenberg** rekonstruieren. Sie entstammte einer sogenannten „Mischehe", ihre Mutter war Jüdin. In den letzten Kriegstagen, als die Kämpfe in der Innenstadt tobten, fand sie – gerade 16jährig – in der Nähe des Friedhofes den Tod „durch Granatbeschuß", wie auf dem schmalen, hohen Granitgrabstein zu lesen ist. An einer freien Stelle vor dem Grab von **Samuel Bleichröder** (Nr. 35) soll ihr Vater sie heimlich begraben haben. RK

66/L3
Frenkel, Hermann
(21.5.1850–26.5.1932)
Frenkel, Henriette geb. **Pinkuss**
(23.6.1859–9.2.1934)
Frenkel, Caroline geb. **Meyer**
(16.8.1821–11.2.1901)

Im Jahre 1870 trat **Hermann Frenkel** in die Deutsche Bank ein. Er war Mitinhaber der Bankfirma Jaquiers und seit 1872 Direktoriumsmitglied der Berliner Commerz- und Wechselbank. Seit 1902 gehörte er dem Ältestenkollegium der Berliner Kaufmannschaft an. Sowohl auf kulturellem wie sozialem Gebiet hat er sich einen Namen gemacht. Als großzügiger Mäzen förderte er die Kunst und war Schatzmeister des „Kaiserin-Auguste-Victoria-Hauses" zur Bekämpfung der Säuglingssterblichkeit". In Friedrichsthal bei Oranienburg besaß **Frenkel** ein Rittergut. Sein Berliner Haus in der Tiergartenstraße 18 d bewohnte er mit seiner Frau **Henriette** und seiner Mutter **Caroline**, die beide an seiner Seite beigesetzt wurden. UKW

67/SF
Friedeberg, Samuel
(6.3.1780–28.1.1845)
Friedeberg, Henriette geb.
Jacoby
(27.3.1780–26.2.1860)
Friedeberg, Wilhelm
(20.10.1815–8.12.1883)
Friedeberg, Regine
geb. **Wertheimer**
(4.1.1825–7.7.1910)
Friedeberg, Heinrich
(12.5.1819–2.8.1892)
Friedeberg, Bernadine
geb. **Oppenheim**
(20.5.1822–4.4.1893)

Samuel Friedeberg stammte aus Danzig, ging vor 1815 nach St. Petersburg und betrieb seit seiner Rückkehr nach Berlin ein Geschäft Unter den Linden 34, in dem er vermutlich mit Juwelen handelte. Von seinen sieben Kindern waren zwei Söhne ebenfalls in Berlin als Juweliere tätig. **Wilhelm** und **Heinrich Friedeberg** hatten ihre Geschäftsräume Unter den Linden 40/41. Der Kommerzienrat **Wilhelm Friedeberg** war Hofjuwelier des Prinzen von Preußen und seit 1854 mit **Regine Wertheimer** aus Wien verheiratet.

Die Judenbürgerbücher der Stadt Berlin verzeichnen, daß **Heinrich Friedeberg** Hofjuwelier, Hausbesitzer und „sehr wohltätig" war (JBB, Nr. 2763, 500). Seine Frau **Bernadine** war die Schwester von **Heinrich Bernhard Oppenheim** (Nr. 197), der an ihrer Seite beerdigt wurde. **Bernadine Friedeberg** führte in Berlin einen Salon, in dem neben ihrem Bruder, der als politischer Schriftsteller tätig war, häufig politische Prominenz, darunter auch **Eduard Lasker** (Nr. 19) zu Gast war.

Nach dem Tod von **Heinrich Friedeberg** im Jahre 1892 wurde das Unternehmen von den Nachfahren **Zadig Levin Friedländers** (Nr. 72) übernommen. UKW

Grabmaltempel der Familie Fried-heim

68/E
Friedheim, Ison
(16.12.1816– ?)
Friedheim, Julie geb. **Baum**
(Grabstein umgestürzt)
Friedheim, Bernhard
(2.1.1855–11.2.1868)

69/L4
Friedheim, Moritz
(6.10.1811–4.10.1880)
Friedheim, Pauline geb. **Pollack**
(16.6.1820–1.10.1894)

Gegenüber der Familiengrabstätte **Schönlank** (Nr. 232) befindet sich eine kleine, tempelähnliche Grabanlage, die sich durch einfache strenge Formen auszeichnet. Sie wurde zum Andenken an **Ison Friedheim** und sei-ne Familie errichtet. Drei Stufen führen zum Innenraum, in dem sich drei Grabsteine befinden. Die beiden äußeren – vermutlich die von **Ison** und **Julie Friedheim** – sind umge-stürzt. Dazwischen steht ein kleinerer Stein für den Sohn **Bernhard**, der im Alter von nur 13 Jahren verstarb.

Die Brüder **Ison** und **Moritz Friedheim** stammten aus Wörlitz bei Dessau. In Berlin führten sie als Kaufleute ein Geschäft in der Span-dauer Straße 72. **Moritz Friedheim**, der mit seiner Frau unweit des Grab-males für **Gerson von Bleichröder** (Nr. 36) beerdigt wurde, war Konsul und gehörte 1869 dem „Komitee zur Linderung der Not unter den Juden Westrußlands" an. UKW

70/W1
Friedländer, David Joachim
(6.12.1750–25.12.1834)

71/W1
Friedländer, Moses
(27.8.1774–24.2.1840)

David Joachim Friedländer kam im Alter von etwa zwanzig Jahren nach Berlin. Er wurde in Königsberg geboren, wo sein Vater Joachim Moses Friedländer als Silberlieferant der dortigen Münzprägeanstalt tätig war. In Berlin gründete er – vermutlich mit seinem Bruder Abraham (1752–1838) – eine Seidenfabrik. Er schloß Bekanntschaft mit dem Hofbankier Friedrichs des Großen, Daniel Itzig, dessen Tochter Blümchen Margarete er 1772 heiratete. Gemeinsam mit deren Bruder, Isaak Daniel Itzig, rief **Friedländer** 1778 die Berliner Jüdische Freischule ins Leben, eine Institution, die Vorbild für viele ähnliche Lehranstalten werden sollte. Sprachen, Naturwissenschaften, aber auch Buchführung und die Lehre von Bibel und Talmud standen auf dem Lehrplan dieser Schule, an der arme Judenkinder kostenlos, Kinder begüterter Eltern für ein Schulgeld von monatlich zwei Talern – auch von christlichen Lehrern – unterrichtet wurden. **Friedländer** gehörte zum Kreis um Moses Mendelssohn (1729–1786), mit dem er gemeinsam ein Schulbuch verfaßte, das erste „von Juden für Juden (...) in hochdeutscher Sprache mit deutschen und lateinischen Buchstaben geschrieben." (Knoblauch, 331) Als begeisterter Anhänger der Mendelssohn'schen Aufklärungsphilosophie machte sich auch **Friedländer** die Gleichberechtigung seiner Glaubensbrüder zum Lebensziel. Er war sich jedoch bewußt, daß diese Gleichsetzung nur erreicht werden konnte, wenn „besondere Nationalität, besondere Speisegesetze, besondere Erziehung (...) – nicht nur der Glaube des Judentums selbst und seine Erschei-

David Friedländer (Stich um 1790)

nung im Kultus – dem vollen Eintritt in den Staat und der vollen Pflichterfüllung als Bürger weichen." (Adler, 66) Als Vorsteher der Jüdischen Gemeinde lehnte **Friedländer** einen Gesetzentwurf, der 1790 dem preußischen König überreicht wurde, als vollkommen unzureichend ab. Darin wurde davon ausgegangen, daß die Juden in „etwa 60–70 Jahren (...) bis auf wenige, dem Staat ganz unschädliche und gleichgültige Religionsdifferenzen den Christen durchaus gleich sein werden." (Dubnow, S.M., Bd. I, 184) Auch auf der politischen Bühne Berlins nahm **Friedländer** eine hervorragende Stellung ein, war er doch gemeinsam mit Salomon Veit, dem Onkel von **Moritz Veit** (Nr. 257), als erster Jude 1809 in den Magistrat eingezogen; wenn auch nur als unbesoldeter Stadtrat. In den Jahren seiner Zugehörigkeit zum Stadtparlament (1809–1814) wurde das wohl folgenreichste Gesetz für die Juden verabschiedet: das Emanzipationsedikt vom 11. März 1812, durch das Friedrich Wilhelm II. alle im Lande ansässigen Juden als Staatsbürger anerkannte.

Der Mann, der auf einem Kupferstich aus dem Jahre 1790 Zufriedenheit und Ruhe, aber ebenso Aufgeschlossenheit und Verständnis ausstrahlt, spielte auch im kulturellen Leben der Jüdischen Gemeinde Berlins eine nicht unbedeutende Rolle. Er gründete die „Gesellschaft zur Förderung des Guten und Edlen", die sich der Pflege der Literatur widmete und sich auf kulturellem und sozialem Gebiet engagierte. **David Friedländer** verstarb im hohen Alter von 84 Jahren. Einer seiner Söhne, **Moses**, wurde an seiner Seite beigesetzt. **Moses Friedländer** war Bankier und Besitzer einer Tuch- und Seidenhandlung. 1795 bekleidete er das Amt eines Pflegevaters der „Gesellschaft der Freunde". Ein zweiter Sohn **Friedländers**, **Benoni** (1773–1858), trat ein Jahr nach dem Tod seines Vaters (1835) zum Christentum über. UKW

72/W4
Friedländer, Zadig (Zadeck) **Levin**
(27.6.1801–1.3.1861)
Friedländer, Rosalie geb. **Jacoby**
(27.2.1810–10.6.1893)

73/L3
Friedländer, Julius Martin
(13.3.1837–26.3.1907)
Friedländer, Clara geb.
Manheimer
(24.9.1846–3.2.1919)

73/L3
Friedländer, Leopold
(16.12.1832–2.11.1896)
Friedländer, Helene geb. **Noether**
(26.4.1843–24.4.1894)

73/L3
Friedländer, Theodor
(17.4.1841–22.9.1893)
Friedländer, Cäcilie
geb. **Manheimer**
(29.1.1848–27.1.1927)

Trotz weitgehenden Verzichts auf künstlerische Ornamentik bietet die Erbbegräbnisstätte von **Zadig Levin Friedländer** (und der Familie Robert Lehfeld) allein schon wegen ihrer Größe ein beeindruckendes Bild. Das Wandgrab aus schwarzem Granit ist in Form einer Nische gestaltet und befindet sich an der kurzen, südlichen Umgrenzung des Friedhofes. Zwei schmucklose Pilaster tragen ein gestuftes Gesims, auf dem ein Bogenfeld mit Inschrift ruht. Die Grabtafeln sind aus dem Wandfeld herausgebrochen und stehen auf dem massiven Sockel der Grabanlage. An beiden Seiten wird das Grab von Kolonnaden gerahmt, zwischen deren Pfeilern weitere Gedenktafeln eingestellt sind. Die Tafeln der linken Kolonnade sind unbeschriftet und waren wahrscheinlich für die Söhne von **Zadig Levin** und **Rosalie** vorgesehen, denen jedoch ein eigenes, nicht minder auffälliges Denkmal an anderer Stelle des Friedhofes errichtet wurde (Nr. 73). Die Grabtafeln der rechten Kolonnade wurden zum Andenken an Justizrat Dr. **Robert Lehfeld** und (vermutlich) dessen Sohn **Hans** angebracht. Es ließen sich keine Informationen über die **Lehfelds** und ihre Beziehungen zur Familie **Friedländer** ermitteln.

Zadig Levin Friedländer war der Gründer eines der traditionsreichsten Goldschmiedebetriebe Berlins. Im Alter von 28 Jahren eröffnete er am 30. März 1829 die „Gold und Silber Waaren Fabrik Friedländer & Co.", die ihren Sitz über lange Jahre am Schloßplatz 13 hatte, genau dort, wo später Schinkels Marstall errichtet werden sollte. Bereits zu Beginn des 18. Jahrhunderts waren die Vorfahren **Friedländers** in Berlin erfolgreich als Stampiglienschneider (Stempelschneider) tätig. Unter Friedrich Wilhelm I. und Friedrich II. bekleideten sie das angesehene Amt eines Münzwardeins (Münzprüfer). Als **Zadig Levin** 1861 starb, gehörte sein Unter

*Juwelier-
geschäft Gebr.
Friedländer
Unter den
Linden 28*

nehmen zu den führenden Juwelierbetrieben Berlins und wurde von zweien seiner Söhne, Siegmund und **Theodor**, mit noch größerem Erfolg weitergeführt. Die **Friedländers** wurden die Hofjuweliere der Prinzessin Luise von Preußen, später sogar die von Kaiser Wilhelm I. Sie standen in dem Ruf, nicht nur herrliche Schmuckstücke aus edelsten Materialien anzufertigen, sondern auch „Dosen, Marschallstäbe in schönster Ausführung und Silbersachen nach erlesenen Mustern in bester Verarbeitung". (Friedländer, M.J., 6) Kein Wunder, daß nicht nur die wohlhabenden Bürger Berlins – Diplomaten, Großindustrielle, Finanzmagnaten und Künstler –, sondern auch ausländische Königs-

häuser zum Kundenkreis der **Friedländers** zählten. Zu nennen wären hier nur der Kronprinz von Italien und König Ferdinand von Bulgarien, der die **Friedländers** zu seinen Hoflieferanten ernannte. 1889 hatte das Unternehmen eine solche Größe erreicht, daß ein Umzug in das eigens für die Firma errichtete Haus Unter den Linden 28 unausweichlich wurde. Die Übernahme des angesehenen Juwelengeschäftes „*Salomon Friedeberg & Söhne*" (Nr. 67) im Jahre 1892, sowie des Silberwarengeschäftes „Vollgold & Sohn", ließ die Zahl der Angestellten in Fertigung und Verkauf auf 150 ansteigen. 1896 bezog man ein noch größeres Haus, das der Architekt Alfred Breslauer Unter den Linden 4a erbaut hatte. Es gehörte „zu den schönsten und im Inneren am geschmackvollsten ausgestatteten Bauten Berlins" (Friedländer, M.J., 12) und blieb bis zur Enteignung durch die Nationalsozialisten die Hauptniederlassung der „Gebrüder Friedländer". Das bereits erwähnte Grab der Friedländer-Söhne befindet sich im Gräberfeld L. Hier wurden **Leopold, Julius Martin** und **Theodor Friedländer** mit ihren Ehefrauen zur letzten Ruhe gebettet. **Leopold,** verheiratet mit der Mannheimer Bankierstochter **Helene Noether,** war der Vater des berühmten Kunsthistorikers Max J. Friedländer. **Julius Martin** war geheimer Kommerzienrat.

Die freistehende Grabwand aus schwarzem Granit wurde nach Vorbildern der griechischen Antike gestaltet. Paarweise angeordnete dorische Säulen, die die Wand in drei Teile gliedern, tragen ein vollständiges, klassisches Gebälk. Die Mittelachse der Grabanlage wird durch einen gesprengten Segmentbogen, schneckenförmige Voluten und eine stilisierte Vase betont. Die dreiteiligen Kolonnaden, die im rechten Winkel an die etwa sechs Meter lange Grabwand angefügt wurden, erhöhen die räumliche Wirkung dieses großartigen Denkmals. UKW

74/A
Fürst, Isaac Juda
(25.10.1774–17.3.1843)

Isaac Juda Fürst begann 1793 in seiner Vaterstadt Frankfurt/Oder ein Medizinstudium. 1801 erhielt er in Berlin die staatliche Zulassung als praktischer Arzt. Wie auf seinem Grabstein in der Ehrenreihe des Friedhofes zu lesen ist, war **Fürst** „1. Arzt des Krankenhauses der hiesigen jüdischen Gemeinde".

1814 wurde er nach 33 Ehejahren von seiner ersten Frau Rosalie Löb geschieden und heiratete sieben Jahre später Täubchen Samuel. UKW

75/B
Fürstenheim, Moses
(5.1.1818–7.1.1917)
Fürstenheim, Hanna geb. **Maass**
(19.10.1808–7.5.1893)

Moritz Fürstenheim kam in Bärwalde als Sohn eines Pferdehändlers zur Welt. Nach einer Ausbildung als Gürtler, die er mit dem Meisterbrief abschloß, zog er nach Berlin. Hier bewohnte er mit seiner Frau **Hanna** ein Haus in der Heiligegeiststraße 32. **Fürstenheim** starb zwei Tage nach Vollendung seines 99sten Lebensjahres als ältester Bewohner der 1902 eröffneten Altersversorgungsanstalt der Jüdischen Gemeinde in der Exerzierstraße 13. Hier hatte er viele Jahre ein Zimmer bewohnt, das er selbst anläßlich seines 92. Geburtstages gestiftet hatte. UKW

76/W1
Gans, Zippora geb. **Koppel**
(25.1.1777–22.12.1839)

Zippora Gans war die Tochter des Kaufmannes Marcus Koppel und dessen Frau Esther Fränkel und, wie auf ihrem Grabstein zu lesen ist, die „Witwe des seligen Abraham Gans". Die Familie **Gans** war eines der ältesten Judengeschlechter Deutschlands mit festem Familiennamen. Der Kaufmann und Bankier Abraham Gans, der 1813 in Prag verstarb, zählte die höhere Berliner Gesellschaft zu seinen Kunden. Er war Finanzberater von Staatskanzler Hardenberg.

Der Sohn von Abraham und **Zippora Gans,** Eduard, war ein bekannter Rechtslehrer. Er war Präsident des jüdischen Kulturvereins und strebte „voll idealen Schwungs eine Reformierung des jüdischen Lebens an" (JBB, Anm. zu Nr. 78, 65). Durch den Übertritt zum christlichen Glauben eröffnete sich ihm die Möglichkeit zu einer akademischen Karriere an der Berliner Universität. UKW

77/L3
Gedenktafel für die 1944 ermordeten Kriegsgegner

An einer Wegbiegung am Feld L2, ganz in der Nähe der Ehrenreihe, stößt man auf einen Schacht, der mit einem hohen Geländer eingefaßt ist. Auf einer in Schräglage befestigten Metalltafel steht zu lesen:

Den Tod anderer nicht zu wollen,
das war ihr Tod.
Hier verbargen sich Ende des Jahres
1944 Kriegsgegner.
Sie wurden von der SS
entdeckt, an den Bäumen erhängt
und hier verscharrt.

Unklarheit besteht darüber, wann Geländer und Tafel angebracht wurden und welche authentischen Beweise für diesen Text vorlagen. Wir konnten folgendes ermitteln:
– Vermutlich wurde die Tafel in den sechziger Jahren, zeitgleich mit der Gedenktafel am Friedhofseingang montiert (gleicher Schrifttyp).
– Anwohner und Friedhofsbesucher bezweifeln die Richtigkeit des Tafeltextes, da der Schacht nur etwa 2,5 Meter tief ist, einen Durchmesser von etwa 1,2 Metern hat und darüber hinaus keinerlei unterirdische Gänge oder Verbindungen zur Kanalisation existieren. Es gibt auch keine Augenzeugen, die die Vorfälle bestätigen könnten. Zwar lag die nähere Umgebung des Friedhofes bei Kriegsende ständig unter Beschuß und viele Menschen verloren ihr Leben, aber die Richtigkeit der auf der Tafel beschriebenen Vorkommnisse wurden von den Anwohnern seit jeher in Frage gestellt.
– Bewiesen ist nur die Tatsache, daß der Schacht schon angelegt war, als die Jüdische Gemeinde das Gelände vom Meiereibesitzer Wilhelm Büttner erwarb. Büttner soll diesen Schacht zur Kühlung seiner Buttervorräte genutzt haben. RK

78/B
Geiger, Abraham
(24.5.1810–23.10.1874)

79/B
Geiger, Ludwig
(5.6.1848–9.2.1919)
Geiger, Martha geb. **Stettiner**
(Daten nicht mehr erkennbar)

„Er war der Bannerträger des religiösen Liberalismus, ein geistvoller Forscher und Pfadfinder auf dem Gebiet der jüdischen Wissenschaft", so beschrieben Biographen **Abraham Geiger**, der einer der bedeutendsten Vertreter der religiösen Reformbewegung war. Nach seiner Auffassung sollten das Judentum als Wissenschaft und nicht als Tradition, die Heiligen Bücher nicht als Lebenslehre und Gesetz, sondern als Theologie und Religion gesehen werden.

Abraham Geiger studierte klassische und arabische Geschichte und Philosophie an der Universität Bonn, die seine Arbeit „Was hat Mohammed aus dem Judentum genommen" (1832) mit einem Preis würdigte. Er ging als Rabbiner nach Wiesbaden und wurde 1835 Herausgeber der „Wissenschaftlichen Zeitschrift für jüdische Theologie". 1837 versuchte er – wenig erfolgreich – eine erste Vereinigung reformistisch gesinnter Rabbiner zu gründen. 1838 wurde er Rabbinatsassessor in Breslau. Das gleichzeitig an ihn verliehene Amt des zweiten Rabbiners konnte er erst zwei Jahre später antreten, da der erste Rabbiner und dessen Anhänger die Reformbestrebungen und damit auch **Abraham Geiger** ablehnten. Die Spannungen und Feindseligkeiten, die die grundsätzliche Frage nach der Verträglichkeit freier Forschung mit dem Rabbineramt aufwarfen, dauerten auch noch an, als **Geiger** 1843

*Familiengrabstätte
Geiger*

schon leitender Rabbiner geworden war. Erst die Gründung zweier „Kultusverbände" im Jahr 1849 brachte eine Lösung des Konfliktes. **Geiger** wurde Rabbiner des Reformflügels. Die konservativ-orthodoxe Richtung wurde durch den Sohn seines Amtsvorgängers Tiktin vertreten.

Geiger trat entschieden für Reformen ein, wünschte sich aber ein gemäßigtes Tempo bei Einführung der Veränderungen. Daher lehnte er den 1843 gegründeten, radikal ausgerichteten Frankfurter Reformverein ab. Diesen Standpunkt verteidigte er auch auf den historisch bedeutsamen Rabbinerversammlungen in Braunschweig 1844, Frankfurt/Main 1845 und Breslau 1846, an deren Zustandekommen er maßgeblichen Anteil hatte. Große Beachtung in Form von Lob und Kritik, fanden seine Publikationen, aus deren Vielzahl hier nur das reformierte „Israelitische Gebetbuch" und die von 1862 bis 1875 erschienene „Jüdische Zeitschrift für Wissenschaft und Leben" genannt seien.

Es war **Geigers** Wunsch, Lehrer an einem jüdisch-theologischen Seminar zu werden. Doch weder das 1854 in Breslau gegründete Institut hatte Verwendung für ihn, noch gelang es **Geiger** in Frankfurt, wo er seit 1860

Rabbiner war, eine jüdisch-theologische Fakultät zu errichten. Erst zwei Jahre vor seinem Tod wurde er 1872 Dozent an der Berliner „Hochschule für die Wissenschaft des Judentums".

Geigers Rang unter den Begründern der modernen jüdischen Wissenschaft umreißt das Jüdische Lexikon von 1925 wie folgt: „**Geigers** Stellung (...) ist dadurch gekennzeichnet, daß er die Wissenschaft und historische Kritik von Anfang an und bis zuletzt für die Theologie, die religiöse Reform und die Neugestaltung des Judentums in der Richtung auf die Weltreligion energisch zu verwerten strebt. Das wahre Wesen des Judentums erblickt er in der Prophetenreligion, in dem Glauben an einen heiligen Gott und in der Bewahrung desselben durch die von allen, auch den nationalen Schranken freie Menschenliebe"(942).

Unumstritten war für **Geiger**, daß sich das deutsche Judentum einen festen Standort auf dem Boden des Deutschen Staates sichern mußte. In einem seiner Briefe heißt es: „Mir ist es wichtiger, wenn die Juden in Preußen Apotheker und Juristen werden können, als die Rettung sämtlicher Juden in Asien und Afrika, an der ich als Mensch Anteil nehme" (Kobler, 214).

In der Eingangshalle des Jüdischen Museums in der Oranienburger Straße stand die Büste **Abraham Geigers**, ausgeführt von Bildhauer Max Levi, neben der des berühmten Religionsphilosophen Moses Mendelssohn.

Der Sohn **Abraham Geigers, Ludwig**, wurde in Breslau geboren und besuchte dort das Magdalenengymnasium. Nach Erhalt der Hochschulreife in Frankfurt/Main studierte er Geschichte an den Universitäten Heidelberg und Göttingen. Er beendete sein Studium 1868 mit einer Dissertation über den protestantischen Theologen Philipp Melanchthon. Mit dieser akribischen Quellenuntersuchung errang **Geiger** den Ruf eines Geschichtsforschers, der ständig darum bemüht war, unbekanntes Archiv- und Handschriftenmaterial für wissenschaftliche Zwecke zu erschließen. Als solcher wurde er Kuratoriumsmitglied im „Gesamtarchiv der deutschen Juden". Diese Arbeit prädestinierte ihn, zum zweihundertjährigen Bestehen der Berliner Jüdischen Gemeinde deren historische Entwicklung zu erforschen. Seine zweibändige 1871 erschienene „Geschichte der Juden in Berlin" ist „freilich im Skizzenhaften steckengeblieben, (verwertet) aber zum erstenmal die archivalischen Quellen" (Jüd. Lexikon, 944).

Geiger war von 1871 bis 1875 Lehrer an der Jüdischen Knabenschule und bis 1877 an der Lehrerbildungsanstalt. Im März 1877 habilitierte er sich mit der Schrift „Urteile griechischer und römischer Schriftsteller über Juden und Judentum". Drei Jahre später erhielt er eine außerordentliche Professur an der Berliner Universität.

Vielschichtig ist **Geigers** schriftstellerisches Werk. 1910 erschien sein Buch „Die deutsche Literatur und die Juden", sowie die Biographie seines Vaters mit dem Titel „Abraham Geiger – Leben und Lebenswerk". Von 1909 an leitete er zehn Jahre als Chefredakteur die „Allgemeine Zeitung des Judentums", die sich unparteiisch für jüdische Interessen einsetzte. In vielen seiner Schriften würdigte **Geiger** die führenden Köpfe des deutschen Judentums: Moses Mendelssohn, **Michael Sachs** (Nr. 221), **Moritz Veit** (Nr. 257) und **Leopold Zunz** (Nr. 274). Der Zeit der Weimarer Klassiker galt **Geigers** besonderes Interesse. Die Schriften „Goethe und die Seinen" (1908), „Goethes Leben und Schaffen" (1909) und die 34 Bände der Goethe-Jahrbücher, die **Geiger** herausgab, bildeten lange Zeit den Mittelpunkt der Goetheforschung.

Als profunder Theaterkenner war **Geiger** 1902 Gründer und Vorsitzender der „Gesellschaft für Theatergeschichte".

Ludwig Geiger wurde 1908 zum Geheimen Regierungsrat ernannt. Er starb im Alter von 71 Jahren und wurde in der Ehrenreihe des Schönhauser Friedhofes beigesetzt. RK

80/W3
Gerson, Hermann
(28.2.1813–6.12.1861)
Gerson, Ernestine geb. **Cohn**
(22.8.1819–3.4.1891)
Gerson, Georg W.
(19.1.1845–18.4.1928)

Die Familie **Gerson** stammte aus Königsberg in der Neumark. Hirsch Gerson Levin wurde als ältestes von sieben Kindern geboren. Als er 1835 in Berlin den Bürgerbrief erwarb, änderte er seinen Namen in **Hermann Gerson**.

Nachdem er in seinem Geburtsort bei dem Kaufmann Wolffenstein gelernt hatte, zog es ihn – und seine sechs Brüder – nach Berlin. Hier erkannte **Gerson** sofort, wo die zukünftigen Marktchancen lagen: in der aufstrebenden Residenzstadt war Damenmode gefragt.

*Grabkolonnade
Familie Hermann
Gerson*

Zunächst richtete er in der Passage der Königlichen Bauakademie einen kleinen Laden ein, in dem er weiße Spitzen, Stickereien, Kanten, Tüllen, französisches Leinen, Batisttücher und Leinenwaren verkaufte. Im Angebot waren auch Damenmäntel, die er auf eigene Kosten von arbeitslosen Schneidern anfertigen ließ. Auch seinen Brüdern richtete er Verkaufsläden ein, die später unter dem Firmennamen „Gebrüder Gerson" zusammengefaßt wurden. Bereits 1848 konnte **Gerson** ein Haus am Werder'schen Markt erwerben, das er in einen Prachtbau mit drei Etagen verwandelte. Neben Damengarderobe wurden auch Seidenstoffe, Manufakturwaren und Teppiche angeboten. Noch im gleichen Jahr erhielt **Gerson** den begehrten Titel „Königlicher Hoflieferant". Zwischen 1850 und 1860 betrug **Gersons** Jahresumsatz 10 Millionen Taler. Das entspricht der doppelten Summe, die der übrige Konfektionshandel umsetzte. Mit zielsicherem Blick erkannte **Hermann Gerson**, „was Frauen liebten". Elegante Schaufensterwerbung – hier waren besonders die Brautmoden Anziehungspunkt Tausender Provinzler –, exklusive Modenschauen und in jeder Saison eine neue Creation, die die Dame von Welt unbedingt haben

mußte. Als die Branche den Sonnenschirm als unentbehrliches Accessoir entdeckte, ließ der findige Modeschöpfer dazu farblich passende Kleider produzieren.

Zu **Gersons** Kunden gehörten das preußische Königshaus, die russische Hocharistokratie und der „Dollar-Adel" aus den Vereinigten Staaten ebenso wie die Bühnen- und Opernstars. Für besonders vornehme Kundinnen hielt **Gerson** „Probiermamsells" bereit, die exakt die gleichen Maße wie die Kundin hatten. Das erleichterte die Kaufentscheidung, hatte man doch schon vor dem Kauf einen Eindruck, wie man in der Robe aussah.

Hermann Gerson war in der Konfektionsbranche überaus populär. Als er im Alter von 58 Jahren unerwartet an einem Herzschlag starb, machte eine Anekdote die Runde. Noch kurz vor seinem Tod hatte **Gerson** den Mantel für die Krönungsfeierlichkeiten Wilhelm I. fertiggestellt. Das Prachtexemplar war ein Meisterstück der Schneiderkunst. Vom Himmel aus beobachteten Gottvater und der Alte Fritz das pompöse Erdentreiben. Als der Preußenkönig sich beschwerte, daß ihm zu Lebzeiten kein Prachtmantel angefertigt worden sei, entschied Gottvater: **Gerson** muß in den

*Sarkophaggrab
Ginsberg*

Himmel und setzte seinem Leben mit einem Herzschlag ein Ende.

„Breit und gesetzt" – so wird **Gerson** in einer zeitgenössischen Beschreibung geschildert – „mit krausem schwarzen Haar, (...) voller Energien, ausgefallener Einfälle und nicht ohne ‚Chuzpe'" (Dähn, 159 f).

Nach **Gersons** Tod führten seine Brüder die Geschäfte weiter. Später wurde das Unternehmen an die Familie Freudenberg verkauft. RK

81/L1
Ginsberg, Adolph
(4.5.1838–22.5.1898)

Ginsberg, Franziska geb. **Sachs**
(19.11.1848–18.10.1931)

Obwohl für **Adolph Ginsberg** in der Ehrenreihe das größte und künstlerisch bedeutendste Grabmal errichtet wurde, ließen sich keine fundierten Informationen über ihn und seine Familie ermitteln. Es ist nicht bewiesen, daß **Adolph Ginsberg** identisch ist mit dem bekannten Berliner Schauspieler gleichen Namens. Seine Frau **Franziska** entstammt vermutlich jener Familie Sachs, der auch der Stadtverordnete **Louis Sachs** (o. Nr.) angehörte.

Das **Ginsberg-Grab**, ganz aus weißem Marmor gefertigt, entstand um die Jahrhundertwende und zeichnet sich durch seinen „illustrativen Naturalismus" (Etzold, 41) aus. Den Hintergrund der Grabanlage bildet eine hohe, aufrecht stehende Grabplatte, unter deren spitzem Giebel als einziger Schmuck ein breiter Fries herausgearbeitet ist, der – von Palmetten und Füllhörnern eingefaßt – den Namenszug „A. Ginsberg" trägt. Die strenge Monumentalität dieser Stele und die sie flankierende klassizistische Ummauerung stehen im spannungsvollen Kontrast zu dem prunkvollen Scheinsarkophag im Zentrum der Grabstätte. Der Sarg, dessen Seitenflächen und Deckel mit pflanzlichen Ornamenten verziert sind, ruht auf detailgenauen Löwenklauen. Er wird zur Hälfte von einem Tuch bedeckt, das in weichem Faltenwurf bis zum Sockel fließt. Obenauf ein welkender Palmenzweig, um den sich eine naturalistische Blütenkette schlingt. Stilistische Vergleiche mit dem Grabmal für **Julius Leopold Schwabach** (Nr. 235) lassen vermuten, daß das **Ginsberg-Grab** vom gleichen, jedoch unbekannten Bildhauer ausgeführt wurde. UKW

82/A
Goldberg, Nachman Abraham
(27. Tammus 5575/1814–25. Ijar 5636/1875)
Goldberg, Henriette geb.
Lehmann
(16.6.1834–29.9.1871)

Gleich zu Beginn der Ehrenreihe findet man die Grabsteine der Eheleute **Goldberg.** Wie eine Inschrift auf seinem Grabstein besagt, widmete sich **Nachman Abraham Goldberg** dem Studium der Thora, „die er höher schätzte als alle Güter des Lebens". UKW

83/F
Goldberger, Joseph Tobias
(23.12.1825–14.5.1869)

Goldberger, Nanny
geb. **Poppelauer**
(31.1.1827–21.5.1887)

Als Sohn eines Rabbiners wurde **Joseph Tobias Goldberger** in Tarnowitz (Oberschlesien) geboren. Wie schon in seiner Heimatstadt, so war er auch später in Berlin als Fabrikant tätig. Er gehörte der Gesellschaft jüdischer Handwerker und der Repräsentantenversammlung der Jüdischen Gemeinde als Ehrenmitglied an. **Goldbergers** aufwendige Grabanlage läßt darauf schließen, daß auch seine Arbeit als Bankier von wirtschaftlichem Erfolg gekrönt war. Der quadratische Grabplatz, den man vom Weg aus betreten kann, wird an drei Seiten von einer niedrigen Mauer umschlossen, die eine Kolonnade trägt. Auf ihren Flügeln stehen im regelmäßigen Wechsel je ein Pfeiler und ein Säulenpaar. Während die Pfeiler sich durch klassizistische Einfachheit auszeichnen, tragen die ionischen Säulen reich verzierte Kapitelle, die an den Innenseiten der Kolonnade mit Davidsternen geschmückt sind. Beim Abschlußbalken wurde auf jegliche Dekoration verzichtet. Die marmornen Grabstelen im Inneren der Anlage tragen als Bekrönung kleinteilige Akroterien mit pflanzlichen Ornamenten.

Ein Sohn **Goldbergers** aus seiner Ehe mit **Nanny Poppelauer** war der spätere Wirtschaftsführer **Max Ludwig Goldberger** (Nr. 84). UKW

84/L3
Goldberger, Ludwig Max
(17.5.1848–22.10.1913)

Im Bankgeschäft seines Vaters **Joseph Tobias Goldberger** (Nr. 83) nahm die Karriere von **Ludwig Max** ihren Ausgangspunkt. Die Übernahme des väterlichen Unternehmens brachte ihm neben einem großen Vermögen auch allseitig hohes Ansehen, nicht allein bei den Berliner Juden, sondern in der gesamten Berliner Finanzwelt

Ludwig Max Goldberger

aktiven Teilnahme am jüdischen Gemeindeleben Berlins ablesen. Bis zum Jahre 1882 gehörte er dem Vorstand der jüdischen Gemeinde als Leiter der Armenkommission an. Darüber hinaus war er Kuratoriumsmitglied der Hochschule für die Wissenschaft des Judentums. In seiner Funktion als Leiter der deutschen Sektion der jüdischen Weltvereinigung (Alliance Israélite Universelle) lag **Goldberger** besonders das Schicksal der osteuropäischen Juden am Herzen. UKW

20/M
Goldmann, Alexander
(ohne Daten) siehe Barthold, Simon (Nr. 20)

ein. Dazu haben nicht nur seine „umfassende Arbeitskraft, sein diplomatisches Talent und seine außerordentlichen Sach- und Fachkenntnisse" beigetragen, sondern vor allem seine „zündende und hinreissende Rednergabe" (Kohut, 383). Der Geheime Kommerzienrat **Goldberger** war seit 1882 im Vorstand des von ihm gegründeten „Vereins Berliner Kaufleute und Industrieller". Der deutschrussische Handelsvertrag von 1913 wäre ohne **Goldbergers** konstruktive Überlegungen zur Handelsvertragspolitik nicht denkbar gewesen. Auf seine Initiative hin wurde 1896 die Berliner Gewerbeausstellung veranstaltet, eine Industriefachmesse, die in ganz Europa mit großem Interesse verfolgt wurde. Die Deutsche Industrie berief ihn daraufhin an die Spitze einer ständigen Ausstellungskommission (1906). Als Mitglied zahlreicher Wirtschaftsorganisationen setzte sich **Goldberger** für eine berufliche Fortbildung und die Schaffung einer Berliner Handelskammer ein. Die Verbundenheit mit seinen jüdischen Glaubensbrüdern läßt sich an seiner

85/W1
Goldschmidt, Alfred M.
(1.4.1843–1.2.1920)
Goldschmidt, Emilie
geb. **Rosenfeld**
(12.2.1875–11.2.1929)

Zwar ließen sich außer dem Geburtsort Stuttgart keine weiteren biographischen Angaben über **Alfred M. Goldschmidt** ermitteln, jedoch zeichnet der Spruch auf seinem Grabstein und dessen künstlerische Ausgestaltung ein eindeutiges Bild des Verstorbenen. Im spitzen Giebelfeld des Gedenksteins, das an beiden Seiten von drei Miniatursäulen getragen wird, findet man zwei gekreuzte, von Blüten überquellende Füllhörner. Den unteren Rand schmückt eine von Lorbeerzweigen und Blumen umrahmte Geige, über der eine gesenkte Fackel liegt. Zwischen diesen dekorativen Elementen und einer Girlande aus Moosrosen die folgenden Worte:

Er fand seine Freude im Schaffen und Streben,
Ging von Idealen erfüllt durch das Leben.
Ein Gatte und Vater gar edel und zart,

*war er auch ein Freund von der
seltensten Art.
An Kenntnissen reich und begabt für
Musik
und treu seiner Heimat in Frieden
und Krieg.*

UKW

86/W1
Goldschmidt, Baer Philipp
(9. Cheschwan 5524–23. Adar 5597)
(16.9.1763–28.2.1837)
Goldschmidt, Hanchen geb. **Levi**
(4. Aw 5534–17. Kislew 5597)

Baer Philipp Goldschmidt wurde als
Sohn des Kaufmannes Feibel Goldschmidt und dessen Frau Blume in
Berlin geboren. Obgleich er schon
viele Jahre erfolgreich in Berlin als
Bankier tätig war, bewarb er sich erst
im Alter von 60 Jahren um die Bürgerrechte der Stadt. Er arbeitete aktiv
im Hachnassath Kallah (Brautausstat-
tungsverein) und im Forschungs-
institut Beth Hamidrasch. Wie in den
„Lebenserinnerungen" von A.H. Heymann nachzulesen ist, legte **Goldschmidt** auffallend wenig Wert auf
sein Äußeres, „desto reiner und edler
war bei ihm der innere Mensch; er
war sehr wohltätig". (S. 445) UKW

87/W3
Goldschmidt, Itzig
(15.10.1768–23.12.1846)
Goldschmidt, Johane geb. **Pick**
(13.9.1780–14.8.1854)
Goldschmidt, Siegmund
(13.12.1813–25.5.1883)
Goldschmidt, Minna geb. **Arendt**
(4.11.1817–16.5.1909)

Das Oberhaupt der Familie **Goldschmidt, Itzig**, war „eine der ach-
tungswürdigsten Persönlichkeiten unter den Berliner Israeliten" (AZJ,
1847, Nr. 3). Der gebürtige Potsdamer zog 1797 nach Berlin, leistete
hier 1809 den Bürgereid und war von
Beruf Kaufmann. In der „Gesellschaft
der Freunde" war er nahezu ein hal-

bes Jahrhundert als stets hilfsbereiter
‚Pflegevater' tätig. Daß seine Frau **Johane** dem Schriftsteller Georg Hermann (1871–1943 Auschwitz) als
Vorbild für seine Romanheldin „Jettchen Gebert" gedient haben soll (vgl.
Simon, 61), ist sehr unwahrscheinlich. **Johane Goldschmidt** war bereits
achtzehn Jahre tot, als der Autor geboren wurde, und demzufolge konnte
er sie und ihre Charaktereigenschaften nicht kennen (vgl. Nr. 186). An
der Seite seiner Eltern wurden **Siegmund Goldschmidt** und seine Frau
Minna beigesetzt. Für die Verstorbenen sind vier identische Grabstelen in
schlichten klassizistischen Formen errichtet worden, deren jeweils einzigen
Schmuck ein Medaillon bildet. Diese
Medaillons beinhalten bei **Johane** und
Minna – als Zeichen ihrer Häuslich-
keit – ein vasenähnliches Gefäß, bei
den Männern eine Schale und eine
Kanne. Dieses Symbol macht deutlich, daß **Itzig** und **Siegmund Goldschmidt** jüdische Tempeldiener (Leviten) waren. Es war unter anderem
Aufgabe der Leviten, dem Priester
beim Gottesdienst die Hände zu wa-
schen. Bei dieser rituellen Handlung
fanden Schale und Kanne Verwendung. UKW

88/L1
Goldschmidt, Levin
(30.5.1829–16.7.1897)
Goldschmidt Adele geb. **Hermann**
(30.8.1836–23.2.1916)

Levin Goldschmidt ist es zu verdanken, daß das Handelsrecht als eigen-
ständiges juristisches Fach anerkannt
wurde. Der österreichische Rechtsge-
lehrte Hofrat Karl Grünhut charakte-
risierte seinen Kollegen **Levin Goldschmidt** so: „Er war der universellste
Jurist der Gegenwart. Mit einem stu-
penden Wissen, einer profunden Gelehrsamkeit und einem seltenen juristischen Scharfsinn ausgezeichnet,
hat sich **Goldschmidt** namentlich um

Familiengrabstätte Goldschmidt

die Dogmengeschichte des Handelsrechts die unvergänglichsten Verdienste erworben. (...) **Goldschmidt** war nicht etwa, wie andere hervorragende Historiker, der Gegenwart entrückt, sondern stand mit beiden Füßen mitten im praktischen Leben und hatte stets einen offenen Sinn für die Bedürfnisse der Zeit und für die Anforderungen, welche der in ewigem Fortschritte befindliche Handelsvertreter an das Handelsrecht stellt. Deshalb war **Goldschmidt** nicht nur ein glänzender Rechtslehrer, sondern auch ein hervorragender Richter" (Kohut, 295). **Goldschmidt**, der sich – nach eigenen Aussagen – dem Judentum nur durch „Pietät" verbunden fühlte (Adler, 92), schrieb 1848 in einem Brief an seine Eltern: „Vieles, um das wir noch im vorigen Jahr flehten, ist erreicht. Auch der Jude kann jetzt nach seiner Neigung, nach seinen Talenten den Weg einschlagen, der ihm beliebt. Auch er braucht sein Glück nicht mehr mit der Abschwörung seines Glaubens zu erkaufen" (Kobler 2,41). Hier hatte **Goldschmidt** sich geirrt, denn weder ihm noch anderen

jüdischen Akademikern sollte es vorerst gelingen, einen Lehrstuhl an einer preußischen Universität zu erhalten. Da man **Goldschmidt** in Preußen auch die Zulassung als Advokat oder Richter verweigerte, ging er 1855 nach Heidelberg, um an der dortigen Universität Handels- und preußisches Recht zu unterrichten. 1860 erhielt er hier eine außerordentliche Professur. Nach seiner Ernennung zum ordentlichen Professor in Heidelberg (1866) äußerte sich **Goldschmidt** resigniert über die immer noch bestehende Diskriminierung der Juden in Preußen: „Der neuste Erlaß des Kultusministers über die Anstellungsfähigkeit der Juden im Schulfach hat meine Hoffnungen für Preußen ohnehin vernichtet" (Kobler 2,44). Im Jahre 1870 erhielt **Goldschmidt** einen Ruf an das Bundes-, später Reichsoberhandelsgericht in Leipzig. 1875 wurde er schließlich ordentlicher Honorarprofessor an der Berliner Universität.

Durch ein Flugblatt, das er vier Tage nach Ausbruch des deutsch-französischen Krieges 1870/71 verfaßte, läßt sich ein Bild von der patriotischen Gesinnung **Levin Gold-schmidts** gewinnen: „Am 19. Juli hat Frankreich Deutschland den Krieg erklärt. Bis zum 19. Juli hat es in Deutschland Parteien gegeben: Konservative und Liberale, Demokraten und Männer des Einheitsstaates und des Bundesstaates, und wie sie heißen mögen. Vom 19. Juli ab gibt es keine Parteien mehr; es gibt nur noch Söhne des Vaterlandes und Verräter ..." (Kobler 1, o.S.).

Eine besondere Auszeichnung für seine juristischen Leistungen dürfte die Berufung **Goldschmidts** zum Rechtsberater Kaiser Wilhelms I. gewesen sein. Als Kaiser Wilhelm bei der Festlegung des Grenzverlaufes zwischen den Vereinigten Staaten und Kanada als ‚Schiedsrichter‘ eingesetzt wurde, stand **Goldschmidt** ihm mit juristischem Rat zur Seite. Der Geheime Justizrat **Goldschmidt** war in der Legislaturperiode 1874/77 nationalliberaler Reichstagsabgeordneter. Unter den vielen schriftlichen Werken **Goldschmidts** sind zwei besonders erwähnenswert: das „Handbuch des Handelsrechts" (1864/68) und die 1858 gegründete „Zeitschrift für das gesamte Handelsrecht", das „grossartigste handelsrechtliche Repertorium der Welt" (Kohut, 296). RK

89/L4
Grünwald, Julius
(30.10.1853–19.7.1902)
Grünwald, Lina geb. Cunow
(26.4.1863–26.11.1897)

Den Restaurierungsmaßnahmen im Jahr 1991 ist es zu verdanken, daß eines der ungewöhnlichsten Denkmäler auf dem Schönhauser Friedhof vor dem völligen Verfall gerettet wurde: das Baldachingrab der Eheleute **Grünwald**. Der jüdische Traubaldachin, die *Chuppah*, der den Ausgangspunkt für die Gestaltung des Grünwald-Grabes bot, ist einer der wichtigsten und traditionsreichsten Bestandteile jüdischer Hochzeiten. Unter der *Chuppah*, die das Dach eines neuzugründenden Hauses symbolisieren soll, findet die Vermählungszeremonie statt, die man ebenfalls mit diesem Wort bezeichnet. Der Baldachin ist oben meist offen, damit während der Trauung, die in der Dunkelheit im Freien erfolgt, ein ungehinderter Blick auf den Himmel möglich ist. Dahinter steht der Fruchtbarkeitsgedanke, denn so vielzählig wie die „Sterne am Firmament", soll auch die Nachkommenschaft der Brautleute werden.

Die gesamte Grabanlage ist in den Formen der im 19. Jahrhundert beliebten Neugotik ausgeführt. Der schwarze Grabstein wird von zwei Lanzettbögen abgeschlossen und die gußeiserne *Chuppah* wird an den Schmalseiten von kunstvollen Fialen und Vierpaßmedaillons bekrönt, an den Längsseiten von Krabben und gotischen Maßwerkornamenten aufgelockert. UKW

90/W1 Güterbock, Ferdinand
(16.8.1808–1.7.1870)
Güterbock, Philippine
(4.4.1804–8.12.1892)

Ferdinand Güterbock war der Sohn von Beer Levin Isaac, der seit 1800 mit staatlicher Genehmigung den Familiennamen Güterbock tragen durfte. **Ferdinand Güterbock** war Kaufmann und Teilhaber der Kommissions- und Speditionsfirma „Moritz Güterbock & Co.", die er gemeinsam mit seinem Bruder leitete. Der Bankier und Kommerzienrat Moritz Güterbock und seine Familie traten 1846 zum christlichen Glauben über.

Neben **Ferdinand Güterbock** ist das Grab seiner älteren Schwester **Philippine**. RK

91/L1
Haberland, Georg
(1861–1933)
Haberland, Lucie
(ohne Daten)
Gutmann, Bernhard
(ohne Daten)
Gutmann, Betty
(ohne Daten)

Monopteros Haberland/Gutmann

Ebenso eigenwillig wie das Grab seines Vaters **Salomon** (Nr. 92) ist auch das von **Georg Haberland**. Es ist die Miniaturausgabe eines offenen, säulengetragenen Rundtempels (Monopteros), der seinen Ursprung in der griechischen Antike hat. Als Gartenpavillon in England weitverbreitet, ist der Monopteros um 1760 erstmals auf dem Kontinent zu finden. In der Jugend **Haberlands** erlebten diese ‚Tempelchen‘ im Deutschland des ausgehenden 19. Jahrhunderts eine erneute Blütezeit. Der Granittempel, in dessen Zentrum sich eine Urne befindet, steht auf einem quadratischen Sockel. Darauf sind – ohne Lebensdaten – die Namen **Lucie** und **Georg Haberland** eingemeißelt. Keinerlei biographische Angaben konnten über **Bernhardt** und **Betty Gutmann** ermittelt werden, deren Namen man hier ebenfalls findet. Es ist zu vermuten, daß **Bernhardt** der Sohn von Konsul Eugen Gutmann war. Dieser war ein enger Freund von **Salomon Haberland** (Nr. 92), mit dem er gemeinsam den Aufsichtsrat der „Berliner Boden-Gesellschaft" leitete (vgl. Haberland, 45). Wahrscheinlich waren auch ihre Söhne befreundet. **Georg Haberland** kam in Wittstock/Brandenburg zur Welt. Nach Abschluß des Königstädtischen Realgymnasiums wollte er Medizin studieren. Diesen Träumen „machte die mir damals rauh erscheinende Hand meines Vaters ein Ende. Er erklärte mir, das Studium sei sehr kostspielig, er könne es sich nicht leisten, mich noch viele Jahre auf der Schule und der Universität zu lassen, ich müsse mir so schnell wie möglich mein Brot selbst verdienen" (Haberland, 9). Er absolvierte eine Lehre als Textilkaufmann im Modewaren-Detailgeschäft J.H. Friedeberg und eignete sich das technische Know-how in der sächsischen Großweberei Schmieder & Sohn an. Aufgrund seiner englischen und französischen Sprachkenntnisse, die er an der Wolff'schen Sprachenakademie erworben hatte, bot sich dem 20jährigen die Gelegenheit, als Handelsvertreter für eine Textilfirma in Bradfort/England tätig zu werden. Bis 1890 bereiste er in deren Auftrag überaus erfolgreich Belgien und Holland, Skandinavien und Italien.

Im Februar 1890 übernahm **Haberland** die Leitung der Berlinischen Boden-Gesellschaft. Kaum vertraut mit der Branche, mußte er sich erst einmal elementare Kenntnisse im Grundstücksgeschäft und im Bauwesen erarbeiten. In seinen Memoiren beschreibt **Georg Haberland** diese Zeit: „Um 6 Uhr früh war ich Lehrling, um 9 Uhr vormittags Direktor" (Haberland, 44). Zielstrebig begann er, sich schon bald Gedanken um die bauliche Erschließung des Berliner Westens zu machen. Durch den Bevölkerungszuwachs nach der Reichsgründung war der Bedarf an Wohnraum gestiegen, so daß die Angliederung der umliegenden Dorfgemeinden an Groß-Berlin unumgänglich wurde.

Mit der Gründung der Schmargendorfer Boden AG und der Tempelhofer-Feld AG trug **Haberland** diesem Bedürfnis Rechnung. Während der ersten Jahre konnte er sich bei seinen Bauvorhaben auf die tatkräftige Unterstützung seines Vaters **Salomon** verlassen. **Haberland** rief den Schutzverband für Deutschen Grundbesitz ins Leben. Nach Ende des 1. Weltkrieges beteiligte er sich am Wiederaufbau der zerstörten ostpreußischen Städte. Nachdem er in Berlin-Wilmersdorf zeitweise als Gemeindevertreter und Stadtverordneter tätig war, ließ er sich 1921 als Kandidat der Wirtschaftspartei für den preußischen Landtag/Provinz Ostpreußen aufstellen. Seinen Mißerfolg bei dieser Wahl kommentiert **Haberland** folgendermaßen: „Ich bin liberal geblieben, wie ich es von Anfang an war, und betrachte mich als zugehörig zur Staatspartei. Die Uneinigkeit des deutschen Volkes habe ich mit Betrübnis wachsen sehen" (Haberland, 192).

Haberlands Bauaktivitäten in Berlin ließen ihn zum „Schöpfer Neu-Berlins und Groß-Berlins" (Tetzlaff, 232) werden. Seine Unternehmen waren an der Schaffung des Bayerischen Viertels, Neu-Tempelhofs und der Bismarck- und Hardenbergstraße beteiligt.

Während der Inflationsjahre von 1919 bis 1923, als der Wochenlohn eines Arbeiters aus einer Schubkarre voller Geldscheine bestand, hatte das Unternehmen Schwierigkeiten, seine vielen Beschäftigten zu bezahlen. Der Praktiker **Haberland** fand auch hierfür eine Lösung. „Wir haben uns mit Aschinger ins Benehmen gesetzt, ließen Brote backen und haben die Arbeiter zum großen Teil mit Brot entlohnt. Zum Teil haben wir die Löhne auch in Stiefeln gezahlt, die wir aus Pirmasens bezogen" (Haberland, 191).

In vielen, teils umfangreichen Broschüren hat **Haberland** zu wichtigen Problemen der damaligen Zeit Stellung bezogen. Zu nennen seien hier nur: Mietverhältnisse im Kriege (1914), Hausbesitz und Schätzungsamt (1916), Die Wohnungsversorgung nach dem Kriege (1918) und Wirtschaftskrise und Wohnungsnot (1933). **Georg Haberland** starb im Jahr der nationalsozialistischen Machtübernahme. UKW

92/L4
Haberland, Salomon
(27.10.1836–12.9.1914)
Salomon, Olga geb. **Sonnthal**
(15.12.1847–28.10.1925)

93/L4
Haberland, Isidor
(17.6.1831–11.6.1896)
Haberland, Charlotte geb. **Reiwald**
(5.10.1839–2.10.1905)

Das freistehende Marmorgrabmal für **Salomon Haberland** wurde der Fassade eines antiken Portikus (Tempelvorhalle) nachempfunden. Über einem Sockel aus Quadersteinen, auf denen man die Grabinschriften findet, stützen zwei Pfeiler und zwei ionische Säulenpaare einen massiven Abschlußbalken. Das Grabmal ist reich verziert mit pflanzlichen und tierischen Ornamenten sowie jüdisch-

Portikusgrab für Salomon Haberland

religiösen Symbolen. Der rechte Pfeiler zeigt Vögel und fruchttragende Dattelpalmzweige. Anders als in der christlichen Grabmalskunst wird die Palme an jüdischen Gräbern nicht als Märtyrersymbol verwendet, sondern aufgrund ihrer Langlebigkeit als Sinnbild für das ewige Leben. Der Apostel Paulus benutzte bei seinen in Griechisch verfaßten Briefen für die Palme das Wort Phoenix. Phoenix war auch jener Vogel der griechischen Mythologie, der aus der Asche zum ewigen Leben aufstieg. Somit läßt sich die Darstellung von Vogel und Palme auf diesem Grabmal als gedankliche Verbindung von Auferstehung und ewigem Leben deuten. Die Früchte der Dattelpalme sind als Hinweis auf das produktive Schaffen des Verstorbenen zu verstehen. Auf dem linken Pfeiler sieht man Farnwedel, Käfer und Eidechsen. Die Mitte des Architravs schmückt ein Davidstern, jenes Symbol, dessen Bedeutung für die Juden mit der des Kreuzes für die Christen verglichen werden kann. Sein Ursprung liegt im Jahre 1410, als Karl V. der Jüdischen Gemeinde von Prag das Tragen eines eigenen Banners gestattete, auf dem der ‚Mogn David‘ erstmals auftauchte. Umgeben von gekreuzten Palmenwedeln findet man zu Seiten des Sterns zwei Medaillons, in denen die Zehn Gebotstafeln und die Jacobsleiter dargestellt werden.

Gemeinsam mit seinem Bruder **Isidor** (Nr. 93) betrieb **Salomon Haberland** das gutgehende Manufakturwarengeschäft „I. & S. Haberland“ in der Spandauer Straße. Zu beträchtlichem Vermögen gelangt, gründete er am 24. Februar 1890 zusammen mit den Firmen Dellbrück, Leo & Co. und dem Hamburger Bankier Arthur Booth die „Berlinische Boden-Gesellschaft“. Durch planmäßiges Aufschließen von Brachland schuf diese Gesellschaft baureifes Gelände, das sie parzellierte und – unter Gewährung von Baukrediten – an Bauunternehmen veräußerte.

Anläßlich seines 70. Geburtstages wurde **Salomon Haberland** zum Kommerzienrat ernannt und die Gemeinde Schöneberg benannte im von **Haberland** errichteten Bayerischen Viertel eine Straße nach ihm. Die Haberlandstraße, heute Treuchtlinger Straße, wurde nach 1933 von den Nationalsozialisten umbenannt.

Das schwarze Granitgrabmal für **Isidor Haberland** befindet sich unmittelbar hinter dem seines Bruders **Salomon**. UKW

94/3
Hagen, Carl
(28.6.1856–30.1.1938)
Hagen, Katharina geb. **Philippi**
(20.11.1865–27.3.1907)
Hagen, Karl Victor
(4.10.1912–8.7.1848)

Das Grab der Familie **Hagen** befindet sich schräg gegenüber vom ‚Butterkeller‘ (N. 77). Über einer schmucklosen Ummauerung und einem massiven Sockel mit zwei Gedenktafeln aus

Granit erhebt sich ein Scheinsarkophag aus Muschelkalkstein. Der Sarg, der auf Löwenpranken steht, wird von einer Decke zur Hälfte verhüllt. Palmenwedel und ein großer Kranz aus Rosenknospen sind die einzigen Dekorationen dieses Grabmals, das sich von den anderen Sarkophaggräbern des Friedhofes **(Makower, Lehmann, Kappel, Liebermann, Ginsberg)** durch seine Schlichtheit unterscheidet.

Aus dem Text der Inschrifttafeln kann die Geschichte der Familie **Hagen** ,erlesen' werden. **Katharina Hagen** verstarb jung; **Carl Hagen** wurde 80 Jahre alt. **Karl Victor Hagen** ist vermutlich ihr Enkelsohn. Er wanderte nach Amerika aus, wurde Soldat und ist – wie auf der Tafel zu lesen – „tödlich verunglückt bei Königstein, Taunus, im Dienste seines neuen Vaterlandes U.S.A.". UKW

95/W1
Hagen, Herz Abraham
(ca. 1775–2.1.1849)
Hagen, Zipora Emilie geb. **Arje**
(ca. 1790–18.2.1832)
Hagen, Lea geb. **Simon**
(ohne Daten)

Rechts neben der Familie **Beer** (Nr. 22) weist eine Wandinschrift auf die Erbbegräbnisstätte Hagen hin. Hier wurden vermutlich **Herz Abraham Hagen** und seine beiden Ehefrauen beigesetzt. Die drei Grabsteine sind in ruinösem Zustand; nur der für **Hagens** erste Frau, **Zipora Emilie**, ist noch entzifferbar. Ob die beiden anderen Grabsteine für **Hagen** und seine zweite Frau **Lea Simon** errichtet wurden, kann nur vermutet werden.

Herz Abraham wurde in Greifenhagen an der Oder als Kaufmannssohn geboren. Er zog nach Marienwerder, wo er – wahrscheinlich in Anlehnung an seinen Gerburtsort – den Namen **Hagen** annahm. Im Jahr des Judenediktes (1812) erhielt die preußischen Staatsbürgerrechte. 1820 wurde er Bürger der Stadt Berlin, wo er bis zu seinem Tode als Kaufmann und zuletzt als Lotterie-Untereinnehmer tätig war. **Hagen** und **Moses Benda** (Nr. 25) wurden im September 1827 zu Gesamtvorstehern der Beerdigungsbrüderschaft Chewra Kadischa gewählt. UKW

96/L3
Hamburger, Ludwig
(7.4.1867–10.4.1923)

Als Mitglied des Berliner Magistrats wurde **Ludwig Hamburger** im Sommer 1903 beauftragt, eine „Denkschrift zur Bildung der Großgemeinde Berlin" zu verfassen. Da die Eingemeindungsverhandlungen bezüglich der Vorortgemeinden Berlins ins Stocken geraten waren, trug **Hamburger** in dieser Arbeit Informationen zusammen, die das Für und Wider einer politischen Vereinigung der Hauptstadt mit ihren Nachbargemeinden deutlich machen sollten. UKW

97/L1
Heilbronn, Joseph
(12.3.1809–28.3.1879)
Heilbronn, Henriette
geb. **Gerstmann**
(16.8.1812–22.4.1907)

Joseph Heilbronn wurde in Gneesen bei Posen geboren. Mit seiner Frau **Henriette Gerstmann** aus Ostrowo, ebenfalls Provinz Posen, zog er um 1838 nach Berlin. Hier wurde er Königlicher Kommerzienrat und Stadtrat. UKW

98/F
Heinemann, Jeremias
(20.7.1778–16.10.1855)

Wenige Kilometer nördlich von Halle an der Saale, in Sandersleben kam **Je-**

remias **Heinemann** als Sohn eines Rabbiners zur Welt. Bereits Ende des 17. Jahrhunderts durften sich seine Vorfahren in Anhalt als Schutzjuden niederlassen. Nach einem philosophischen Studium, das er mit dem Doktorgrad abschloß, wirkte **Heinemann** in Kassel als Konsistorialrat des Jüdischen Konsistoriums im Königreich Westfalen. Nach den Befreiungskriegen verlegte er seinen ständigen Wohnsitz nach Berlin, wo man ihm, seiner Frau Lea geb. Marcus und seinen Kindern Rebecca, Markus und Bella am 13. Januar 1815 die Staatsbürgerschaft verlieh. Am 10. Juli 1819 erteilte die preußische Regierung **Heinemann** die Erlaubnis, als Buch- und Kunsthändler zu arbeiten, woraufhin er das „Bureau für Literatur und Kunst" eröffnete, zu dem eine umfangreiche Bibliothek gehörte. In Berlin, wo er bis an sein Lebensende blieb, erwarb er sich auf pädagogischem Gebiet – sowohl in der Praxis als auch in der Theorie – hohes Ansehen. Gemeinsam mit dem Vizeoberlandesrabbiner Simon Meyer Weyl war **Heinemann** Mitbegründer des ersten Lehrer- und Rabbinerseminars in Berlin, als dessen Leiter er auch einige Jahre fungierte. Die Auflistung seiner pädagogischen Schriften macht deutlich, wie grundlegend **Heinemanns** theoretisches Werk für die Entwicklung des jüdischen Schulwesens war. Zu nennen seien hier nur: „Katechismus der jüdischen Religion" (1812), „Leitfaden zum Unterrichte der Religion der Israeliten" (1819) und „Taschenbücher zur Belehrung der Jugend" (1818/20). Die Zeitschrift „Jedidja", die **Heinemann** von 1817 bis 1843 mit Unterbrechungen herausgab, verbreitete „in den ersten Jahren ihres Erscheinens Bildung und Aufklärung unter den Juden" (ADB, 366). Noch in seinen letzten Lebensjahren verfaßte er ein spezielles Gebetbuch für Frauen, sowie ein hebräisch-deutsches kursorisches Wörterbuch und erarbeitete eine Neu-

ausgabe von Moses Mendelssohns Übersetzung der Fünf Bücher Mose. Neben seiner literarisch-pädagogischen Tätigkeit widmete sich **Heinemann** mit besonderer Hingabe dem Verein zur gegenseitigen Hilfe „Magine Reim", dessen Sekretär er über dreißig Jahre bis 1852 blieb und der ihm aus Dank für seine Aufopferung einen Grabstein errichtete, der sich – schwer auffindbar – im Gräberfeld F befindet. UKW

99/W1
Hellborn, Philipp
(2.5.1787–30.7.1853)
Hellborn, Bertha geb. **Heyman**
(3.8.5570/1810–24.9.5599/1838)

Philipp Hellborn wurde in Berlin geboren und war von Beruf Kaufmann. Seine Geschäfte waren sehr erfolgreich. 1829 machte er die Bekanntschaft von **Bertha Heymann**, Tochter des Rabbiners Nechemjoh. In den „Erinnerungen" von **Aron Hirsch Heymann**, dem Bruder von **Bertha**, ist zu lesen, daß sie „in jeder Beziehung eine vollendete Schönheit (war), welche, wo sie sich blicken ließ, die Aufmerksamkeit der Welt auf sich zog" (216). Obwohl schon 45 Jahre alt, warb **Philipp Hellborn** um das erst 19jährige Mädchen, denn „er war von ihrer Schönheit derart geblendet, daß er – der sonst wohl überhaupt gar nicht geheiratet hätte – alles aufbot, um in ihren Besitz zu gelangen" (Heymann, 216). Er besaß zu diesem Zeitpunkt „ein Vermögen von über einer halben Million Taler, ein schönes Haus, schöne Equipage usw.", und so stand der Eheschließung nichts im Wege, obwohl **Hellborns** religiöse Anschauungen und die seines zukünftigen Schwiegervaters „soweit auseinander, wie der Nord- vom Südpol" waren. Die Mitglieder der Familie **Heymann** hatten keine großen Sympathien für den neuen Schwager. **Aron Hirsch Heymann**

(Nr. 104) begründete diese Tatsache mit der schlichten Bemerkung: „Es lag an der Verpackung!" (Erinnerungen, 217) **Bertha Hellborn** starb 28jährig einen Tag nach der Geburt ihres ersten Kindes. **Philipp Hellborn** überlebte seine Frau um vierzehn Jahre. Welche verwandtschaftlichen Beziehungen zu dem ebenfalls in der Grabstätte beigesetzten Bildhauer **Louis Sussmann-Hellborn** (Nr. 251) bestanden, konnte nicht ergründet werden. UKW

100/B
Henoch, Hermann
(4.6.1802–27.2.1869)
Henoch, Johanna geb. **Gumpel**
(ohne Daten)

101/L3
Henoch, Theodor
(31.10.1839–17.11.1878)
Henoch, Heinrich
(ohne Daten)

Als Sohn des Gleissener Gutsbesitzers Israel Moses Henoch wurde **Hermann** in Berlin geboren. Er war Rentier, verfügte also über regelmäßige Einkünfte aus Vermögen. Das hatte er durch den Handel mit Geldfonds erworben, die er an der Berliner Börse kauft. Als Fondshändler durfte man zur damaligen Zeit nur tätig werden, wenn man auch die Bürgerrechte besaß. Diese wurden dem 29jährigen **Henoch** 1831 zuerkannt. Er wurde Mitglied der Berliner Kaufmannschaft und stand über viele Jahre als Direktor an der Spitze der Niederschlesisch-Märkischen-Eisenbahngesellschaft.

Seine Söhne wurden im hinteren Teil der Ehrenreihe beigesetzt. UKW

102/E
Herz, Wilhelm
(26.4.1823–28.9.1914)
Herz, Cäcilie geb. **Marckwald**
(28.6.1834–29.11.1918)

Herz, Max
(17.10.1856–13.12.1934)
Herz, Klara geb. **Elzbacher**
(16.8.1866–19.10.1935)
Herz, Georg
(12.12.1861–6.11.1923)
Herz, Siegfried
(27.10.1866–1867)
Herz, Hedwig
(gestorben 8.4.1871)
Herz, Stephan Ernst
(6.12.1884–7.9.1887)
Katz, Albert
(7.3.1887–18.1.1922)
Grau, Julius
(ohne Daten)
Grau, Luise
(ohne Daten)
Grau, Peter Max
(26.5.1925–25.2.1958)

Die Gründe, die dazu führten, daß für die Familien **Herz, Katz** und **Grau** eine gemeinsame Erbbegräbnisstätte errichtet wurde, ließen sich nicht ermitteln. Im Zentrum der rustizierten Grabwand befindet sich eine Nische, in der auf einem Sockel eine reichverzierte Urne steht. Zu beiden Seiten der Nische, die von einem Tympanon (Bogenfeld) überragt wird, wurden jeweils vier Inschriften aus dem Muschelkalkstein herausgearbeitet. Während in der Nische und auf dem linken Teil des Wandgrabes Mitglieder aller drei Familien verewigt wurden, ist die rechte Seite ausschließlich der Familie **Herz** gewidmet. Hier wurden **Wilhelm Herz** und seine Frau **Cäcilie**, sowie fünf ihrer teils früh verstorbenen Kinder und Enkel beigesetzt.

Als ältester Sohn des Ölfabrikanten Salomon Herz wurde **Wilhelm Herz** in Bernburg geboren. Wie schon sein Vater, so war auch **Wilhelm Herz** ein überaus aktives Mitglied im Ältestenkollegium der Berliner Kaufmannschaft, dem er seit 1866 angehörte. Noch in hohem Alter übernahm er in diesem Gremium führende Positionen, wurde 66jährig

Vizepräsident und schließlich mit 72 Jahren Präsident. Nach Gründung der Handelskammer wurde **Herz** 1902 zu deren erstem Präsidenten gewählt. Nicht nur beruflich, sondern auch körperlich aktiv bis ins hohe Alter, konnte man ihn bei seinen täglichen Ausritten im Berliner Tiergarten antreffen. Ein Jahr vor seinem Tod wurde er 1913 anläßlich seines 90. Geburtstages mit dem Titel „Wirklicher Geheimer Rat, Excellenz" geehrt, eine Auszeichnung, die außer **Herz** nur noch einem weiteren Juden, dem Bakteriologen Professor Paul Ehrlich, verliehen wurde.

Schon Salomon Herz hatte durch seine Ölfabrik in Wittenberge den Grundstock für ein großes Familienvermögen gelegt. Wie sein Vater, der „in peinlichster Erfüllung strengster jüdischer Tradition" (JBB, Nr. 1038, 218) ein Zehntel seiner Einkünfte wohltätigen Zwecken zufließen ließ, sah auch **Wilhelm Herz** in seinem eigenen Reichtum stets die Verpflichtung, soziale Mißstände durch Stiftungen zu mildern. Auch am öffentlichen jüdischen Leben in Berlin nahm **Herz** regen Anteil. Zwei Jahrzehnte hindurch widmete er sich der Arbeit im Vorstand der Jüdischen Gemeinde. Von 1875 bis 1893 war er Vorsitzender im Kuratorium des Reichenheim'schen Waisenhauses.

Eine Schwester von **Wilhelm Herz**, Sophie, war mit **Heymann Arons** (Nr. 15) verheiratet.

Über die Familien **Katz** und **Grau** waren keine Informationen ausfindig zu machen. Jedoch war **Peter Max Grau** einer der Wenigen, die noch nach dem 2. Weltkrieg auf dem Schönhauser Friedhof ihre letzte Ruhestätte fanden (1958). UKW

Ohne Nummer
Herzberg, Joseph
(19.4.1799–23.11.1871)
Herzberg, Louise geb. **Beschütz**
(25.1.1819–10.4.1894)

Nach seiner Approbation am 9. März 1826 wirkte **Joseph Herzberg** als praktischer Arzt in seiner Geburtsstadt Berlin. Seine Tätigkeit als Chirurg am jüdischen Krankenhaus, in dem er seit 1844 arbeitete und dessen innere Abteilung er seit 1862 als dirigierender Arzt leitete, trug ihm den Titel eines Geheimen Sanitätsrates ein. Zusammen mit seiner Frau **Louise**, eine Tochter des Abraham Philipp Beschütz, bewohnte er das Haus Spandauer Straße 11, dessen Eigentümer er war. UKW

103/L1
Herzog, David
(23.5.1805–18.3.1877)

Unter den vielen Stiftungen, mit der die 1859 gegründete jüdische Lehrer-Bildungsanstalt während ihres langjährigen Bestehens bedacht wurde, war im Jahre 1877 auch eine in Höhe von 1500 Reichstalern verzeichnet, die **David Herzog** dem Institut in seinem Testament vermacht hatte. UKW

104/W3
Heymann, Aron Hirsch
(10.4.1803–19.10.1880)
Heymann, Johanna geb. **Leipziger**
(25.4.1808–24.3.1880)

Aron Hirsch Heymann stammte aus Strausberg, wo er als Sohn des Kaufmannes Chaim (Joachim) Moses Heymann geboren wurde. Seit 1829 war er eingetragener Bürger des „damals fast kleinstädtisch anmutenden Berlin" (Heymann, III).

Am 1. April 1830 eröffnete er mit seinem Bruder Meyer Unter den Linden 23 ein Bank- und Wechselgeschäft. Schon damals müssen die Brüder über ein beachtliches Vermögen verfügt haben, konnten sie doch den enormen Mietpreis von 400 Talern jährlich für ihr Ladenlokal zahlen. Das Unternehmen genoß einen guten Ruf, erweiterte beständig seine Kundschaft, blieb aber dennoch von finanziellen Rückschlägen nicht verschont. **Aron Hirsch Heymann** war ein gesetzes- und stammestreuer Jude, der seinen ganzen Stolz in das Judentum setzte. Vielfältig war sein Engagement in der Jüdischen Gemeinde. In der Zeit der Reformbestrebungen innerhalb des Judentums bekleidete er das Amt des ersten Gemeindevorstehers. Als Vertreter der religiöskonservativen Richtung nahm er den Kampf „für die Erhaltung des alten Judentums" auf (Heymann, III). Obwohl er zu den Mitbegründern der orthodoxen Religionsgesellschaft Adass-Jisroel gehörte, schloß er sich deren Abspaltungsbestrebungen von der Hauptgemeinde nicht an.

In vielen Wohltätigkeitseinrichtungen übernahm **Heymann** führende Funktionen. Seit 1840 war er Mitglied in der „Gesellschaft der Freunde", seit 1841 im Wohltätigkeitsverein „Magine Reim". In letzterem bekleidete er ab 1845 das Amt eines Substituten, ab 1849 das des ‚wirklichen Vorstehers'. Darüber hinaus war er Kassierer der „Unterstützungskasse für Witwen und Waisen".

Über viele Jahre hat **Aron Hirsch Heymann** eine Art Tagebuch geführt, das nach seinem Tod im Auftrag seiner Kinder von Heinrich Loewe bearbeitet und herausgegeben wurde. Diese 1909 erschienenen „Lebenserinnerungen" beschreiben in einer sehr subjektiven Weise die wirtschaftlichen und religiösen Entwicklungen innerhalb der Judenschaft Berlins im 19. Jahrhundert. Sie zeichnen von vielen Juden, die auf dem Schönhauser Friedhof beigesetzt sind, ein sehr persönliches Bild und sind daher als Quelle einzigartig. UKW

105/K
Heymann, Theodor Moritz
(8.9.1823–18.3.1878)
Heymann, Minna geb. **Pollack**
(14.6.1825–18.11.1897)

In Glogau wurde **Theodor Moritz Heymann** als Sohn des Verlagsbuchhändlers und Kommerzienrates Carl Heymann geboren. Er absolvierte ein freiwilliges Jahr in der Garde-Kavallerie und sammelte dann als Teilhaber im väterlichen Unternehmen erste Erfahrungen als Buchhändler. 1847 erhielt er in Berlin die Genehmigung, das Buchhandelsgewerbe auszuüben, woraufhin er sein eigenes Geschäft in der Münzstraße 18 eröffnete. Seit Februar 1848 gehörte **Heymann** der Berliner Bürgerschaft an. UKW

106/B
Hirsch, Jenny
(25.11.1829–10.3.1902)
Hirsch, Berthold
(19.7.1837–17.12.1875)

Die in Zerbst, eine kleine Ortschaft zwischen Magdeburg und Dessau, geborene **Jenny Hirsch** hat ihr Leben in erster Linie in den Dienst der Frauenbewegung gestellt. Mit einer schriftstellerischen Begabung gesegnet, arbeitete sie seit ihrer Übersiedlung nach Berlin im Jahre 1860 als freie Journalistin für verschiedene Journale (z.B. Basar), ehe sie ab 1870 ihre erste eigene Zeitschrift „Der Frauenanwalt", Organ des Verbandes deutscher Frauenbildungs- und Erwerbsvereine" herausgab. Nachdem diese Monatszeitschrift 1882 ihr Erscheinen eingestellt hatte, publizierte **Jenny Hirsch** zusammen mit Lina Morgenstern von 1887 bis 1892 die „Deutsche Hausfrauenzeitung". Für den Letteverein, eine Institution, die sich eine Verbesserung der beruflichen Ausbildung für Frauen und Mädchen zum Ziel gesetzt hatte, war **Jenny Hirsch** seit 1866 als Schriftführerin tätig. Darüber hinaus trat sie als Übersetzerin und Romanautorin auf. 1869 übersetzte sie John Stuart Mills „On the subjection of women" – ein amerikanisches Buch, das öffentlich die Diskriminierungen brandmarkte,

denen das weibliche Gechlecht ausgesetzt ist. Ihre eigenen Prosawerke
(„Schwere Ketten", „Schlangenlist",
„Löwenfelde", „Der Väter Schuld"
und viele andere) hat die „Vorkämp-
ferin der Frauenemanzipation" (Winninger, 112) merkwürdigerweise nie
unter ihrem eigenen Namen, sondern
unter ausnahmslos männlichen Pseu-
donymen wie Fritz Arnefeld, Franz
von Busch und J.N. Heynrichs veröf-
fentlicht. Ob es sich bei dem neben
Jenny Hirsch beigesetzten **Berthold
Hirsch** um ihren Ehemann oder Bruder handelt, ließ sich nicht in Erfahrung bringen. UKW

107/W2
Hirschfeld, Hartwig
(22.5.1799–11.2.1871)
Hirschfeld, Henriette geb. **Samuel**
(11.1.1811–20.10.1889)

108/W1
Hirschfeld, David
(7.1.1829–11.3.1900)
Hirschfeld, Julie geb. **Thorsch**
(13.11.1829–12.3.1906)

Hartwig Hirschfeld wurde in Berlin
geboren, wo ihm am 18. Februar
1830 die Bürgerrechte zugesprochen
wurden. Sein Vater Samuel Hirschfeld war Kaufmann und handelte mit
russischen Produkten. Durch die
Übenahme des väterlichen Unternehmens und den Kauf von Immobilien
erwarb sich **Hartwig Hirschfeld** ein
beachtliches Vermögen, mit dem er in
großzügiger Weise wohltätige Einrichtungen unterstützte. **Hartwig
Hirschfeld** war zweimal verheiratet.
Neben ihm wurde seine Frau **Henriette**, Tochter von Itzig Samuel, beigesetzt. Ob auch seine erste Frau Karo-
line Benda, Mutter seines Sohnes **David**, auf dem Schönhauser Friedhof
beigesetzt wurde, konnte nicht festgestellt werden.

    David Hirschfeld (Nr. 108) konn-
te die finanziellen Früchte der väterlichen Arbeit ernten und sich schon

früh zur Ruhe setzen. Er heiratete die
Kaufmannstochter **Julie Thorsch** aus
Prag und entfaltete auf sozialem Gebiet seine vielfältigen Tätigkeiten. Er
wurde Kassenverwalter der Altenver-
sorgungsanstalt der Jüdischen Gemeinde und Schatzmeister des Ob-
dachlosenasyls. **David Hirschfeld**
versuchte sich auch als Lyriker. Seine
gesammelten Werke erschienen unter
dem Titel „Drei Kränze". UKW

109/W2
Hirschfeld, Israel
(1.1.1801–18.12.1866)
Hirschfeld, Friedericke
geb. **Fraustadt**
(29.9.5570–5.10.5604)
Hirschfeld, Preische geb. **Simon**
(8.3.1773–23.8.1859)
Hirschfeld, James
(5.11.1855–9.4.1883 Neapel)

Israel Hirschfeld war der älteste
Sohn des Kaufmannes Hirsch Joseph
aus Strausberg. Er begann seine Laufbahn als Handlungsdiener in der Firma Gebrüder Arons. Dabei handelte
es sich wahrscheinlich um das Tuch-
und Bankgeschäft der Brüder **Levin**
(Nr. 8) und **Lazarus Arons** (Nr. 11).
Nachdem er sich erst Unter den Linden 34 als Wechsler betätigt hatte
und in die Korporation der Berliner
Kaufleute aufgenommen wurde,
eröffnete er sein eigenes Bankgeschäft.

    Die Erbbegräbnisstätte Hirschfeld
wurde von Johann Heinrich Strack
(1805–1880) gestaltet, jenem Architekten, der auch die Siegessäule in
Berlin erbaute und nach den Entwürfen Schinkels die Nationalgalerie auf
der Museumsinsel ausführte. Die
künstlerische Qualität dieses ehemals
repräsentativen Grabmals läßt sich
heute nur noch erahnen. Es gibt allerdings eine Skizze, die Strack 1862 anfertigte und anhand derer sich der Ur-
sprungszustand genauestens rekonstruieren läßt (S. Abb. S. 86).

Entwurfsskizze für das Hirschfeld-Grab von Johann Heinrich Strack

Blick auf die zugemauerte Rückwand der Grabstätte Hirschfeld

den Architrav schmücken, sind nahezu unzerstört, wohingegen die einst auf dem Gesims angebrachten Vasen und Akroterien nicht mehr vorhanden sind. Auch das stilvoll geschmiedete Gitter, das die Anlage zum Weg hin begrenzte, ist verlorengegangen. Man kann davon ausgehen, daß die heute zugemauerten Flächen zwischen den Säulen ursprünglich einen offenen Ausblick in die dahinterliegende Landschaft gewährten und somit die Einheit von Natur und Architektur gegeben war. Wie ein Blick auf die Rückwand des **Hirschfeld**-Grabes vom Hinterhof des Gebäudes Knaackstraße 14 beweist, handelt es sich nämlich keineswegs um Halbsäulen, sondern um vollplastisch ausgeformte. UKW

Dorische Säulen, an den Ecken quadratische Pfeiler, gliedern die dreiflügelige Kolonnade, die sich über einem hohen, schmucklosen Sockel erhebt. Die kurzen Seitenarme der Kolonnade werden durch niedrigere Mauern verlängert. Die Lorbeerkränze, die

110/A
Holdheim, Samuel
(1806–22.8.1860)
Holdheim, Cäcilie geb. **Nathan**
(12.4.1813–3.9.1889)

Samuel Holdheim war der bedeutendste Theoretiker der jüdischen Reformbewegung in Berlin. In Kempen (Posen) geboren, widmete er sich schon in jungen Jahren der Erforschung des Talmud, bevor er Philosophie in Prag und Berlin studierte. 1836 übernahm er sein erstes Rabbinat in Frankfurt an der Oder. Bereits hier setzte er sich kritisch mit der jüdischen Religion auseinander und verfaßte erste Schriften zur Reformierung des synagogalen Gottesdienstes sowie des jüdischen Schulsystems. **Holdheim** plädierte für eine strenge Trennung zwischen politisch-nationalen und religiösen Bereichen des Judentums, das er lediglich als Glaubensgemeinschaft anerkannte. Aufgrund seiner Reformideen, mit denen er besonders die Position der Rabbiner massiv in Frage stellte, wurde **Holdheim** oftmals als „Luther des Judentums" bezeichnet. In seiner 1843 veröffentlichten Schrift „Die Autonomie der Rabbiner" stellte er die Forderung auf, die Tätigkeit dieser Geistlichen auf den religiösen Bereich zu beschränken und ihnen die Rechte in zivilen Angelegenheiten abzusprechen. Darunter falle die Schlichtung von Rechtsstreitigkeiten, aber auch das Recht, Ehen zu scheiden. **Holdheims** Reformbestrebungen gingen sogar so weit, daß er jahrtausende alte jüdische Bräuche wie die Beschneidung ablehnte und den Sabbat als Ruhetag abschaffen und ihn durch den Sonntag ersetzen wollte. 1847 wurde **Holdheim** zum Rabbiner und Prediger der Berliner jüdischen Reformgemeinde berufen, deren Entstehungs- und Entwicklungsgeschichte er 1857 niederschrieb und veröffentlichte. Nach seinem Tod setzte der liberale Rabbiner **Jacob Joseph Oettinger** (Nr. 195) – gegen den Widerstand führender Gemeindemitglieder – **Holdheims**, Beisetzung in der Ehrenreihe des Schönhauser Friedhofes durch. Einer der größten Kontrahenten **Holdheims** der Rabbiner **Michael Sachs** (Nr. 221), der wegen der Bestattung des Reformers in der Ehren-

reihe sein Amt niedergelegt hatte, wurde vier Jahre später – 1864 – unmittelbar neben demselben beigesetzt. UKW

111/L3
Hollstein, Lion
(20.11.1811–31.12.1892)
Hollstein, Hermann
(10.8.1820–17.12.1906)
Hollstein, Louise geb. **Bruck**
(23.3.1835–5.6.1880)
Ehrenfried, Laura geb. **Hollstein**
(23.10.1862–2.4.1916)

Nach einem vierjährigen Medizinstudium, daß er 1836 mit seiner Doktorarbeit über die „Geschichte der Lehre von den entzündungshemmenden Mitteln und von der Bekämpfung der Entzündung im Allgemeinen" abschloß, eröffnete **Lion Hollstein** in Berlin eine Arztpraxis. Der Autor des „Handbuches zur Anatomie", einer anerkannten medizinischen Fachschrift, die 1845 erschien und in mehrere Sprachen – auch ins Russische – übersetzt wurde, erhielt um 1870 zur Würdigung seiner Leistungen den Titel eines Geheimen Sanitätsrates. Da **Lion Hollsteins** Grabstein im Andenken „an meinen Onkel" errichtet wurde, ist zu vermuten, daß die an seiner Seite beigesetzte **Laura Ehrenfried** seine Nichte war. Sein Bruder **Hermann Hollstein** war Königlicher Hofbuchhändler. UKW

Ohne Nummer
Horwitz, Aron
(9.5.1812–27.8.1881)
112/K
Horwitz, Benoni
(27.2.1837–25.5.1878)
Horwitz, Adelheid geb. **Meyer**
(12.3.1833–9.10.1912)

Aron Horwitz wurde in Strelno (Posen) als Kind armer Eltern geboren. Nach dem Besuch des französischen Gymnasiums in Berlin bestand der

erst 17jährige erfolgreich die Lehrer-
prüfung in Marienwerder, woraufhin
er ein Studium der Philosophie und
Philologie in Berlin aufnahm. Die Jahre von 1838 bis 1844 verbrachte er
als Lehrer in Danzig und Berlin und
als Schüler von Hippolyte Carnot in
Paris. Nach Berlin zurückgekehrt,
eröffnete er 1845 eine private höhere
Schule für jüdische Knaben. Er war
Direktor dieser angesehenen und viel-
besuchten Lehranstalt, bis man ihm
1850 die Leitung der jüdischen Gemeindeknabenschule übertrug. **Horwitz** prägte in den folgenden Jahrzehnten die Entwicklung dieser Schule so maßgeblich, daß sie vielfach nur
als die „Horwitz'sche Schule" bezeichnet wurde. Mit einem Betrag
von 7.000 Mark, der ihm aus Anlaß
seines 25jährigen Amtsjubiläums von
ehemaligen Schülern und Kollegen
überreicht wurde, gründete **Horwitz**
1877 eine nach ihm benannte Stiftung. **Horwitz**, dessen „humorvoller
Esprit stadtbekannt war" (JGB, Nr.
6/1827, 144), war auch auf literari-
schem Gebiet sehr schaffensfreudig.
Dabei widmete er sich jedoch nicht
nur dem Verfassen von Lehrbüchern,
sondern auch lyrische Werke sind unter seinen Schriften zu finden. So
schrieb er neben Sprach-, Lese- und
Grammatikbüchern – unter anderen
„Imre Bina – Sprachbuch für jüdische
Schulen" (1847), „Deutsches Lese-
buch für das mittlere Kindesalter"
(1870) – die Gedichtbände „Lebens-
symptome" (1842) und „Ständische
Sonette" (1847). Der in Gräberfeld K
beerdigte **Benoni Horwitz** ist vermutlich der Sohn von **Aron Horwitz.**
UKW

113/J
Isaac, Adolph
(23.1.1867–11.7.1918)
Isaac, Elisabeth
(4.11.1859–26.12.1920)
Nahezu die Hälfte des Gräberfeldes J
wurde während des 2. Weltkrieges

durch einen Bombeneinschlag verwü-
stet. Einer der wenigen Grabsteine,
die nicht zerstört wurden, ist der von
Adolph Isaac und seiner Schwester
Elisabeth.
Die Grabsteininschrift ehrt den
Stabsarzt, Sanitätsrat und Stadtver-
ordneten Dr. **Adolph Isaac** wie folgt:
*„Sein Leben atmete die selbstlose Lie-
be des reinen Herzens".* UKW

114/D
Israel, Adolph Joseph
(20.4.1816–3.1.1892)
Israel, Johanna geb. **Meyer**
(ohne Daten)
115/H
Israel, Meyer Joseph
(12.7.1800–17.2.1862)
Israel, Marianne geb. **Mendel**
(15.2.1814–12.2.1898)
Israel, Jenny
(24.2.1839–19.2.1883)
Als Söhne des Kaufmannes Joseph
Elias Israel wurden **Adolph Joseph**
und **Meyer Joseph** im mecklenburgi-
schen Schwerin geboren. Die Geschäfte, die sie in ihrer Heimatstadt
betrieben, müssen sehr einträglich gewesen sein, denn bei ihrer Übersiedlung nach Berlin verfügten sie über
ein gemeinsames Vermögen von
70.000 Reichstalern. Die Niederlassung der Gebrüder **Israel** in Berlin,
wo sie als Seidenfabrikanten und
Bandhändler arbeiteten, wurde von
den Ältesten der jüdischen Gemeinde
„lebhaft begrüßt" (JBB, Anm. zu Nr.
2145).
Ungeklärt ist, warum der ältere
Bruder **Meyer Joseph** für sein Naturalisationspatent 322 Reichstaler und
10 Silbergroschen bezahlen mußte,
der übliche Preis zur damaligen Zeit
jedoch durchweg nur 218 Reichstaler
und 5 Silbergroschen (25 Reichstaler
davon in Gold) betrug.
Adolph Israel und **Johanna Meyer**, Tochter des Geheimen Kommerzienrates **Joel Wolff Meyer** (Nr. 177),

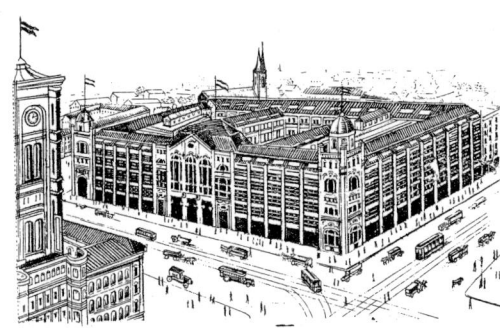

sind die Eltern des berühmten Nierenspezialisten **James Israel** (Nr. 119). UKW

116/L3
Israel, Berthold
(12.6.1868–23.7.1935)

117/L3
Israel, Paul
(1.1.1905–21.2.1939)

In der Ehrenreihe steht ein rundbogiges Grabmal aus porösem Sandgestein. Hier fand **Berthold Israel** seine letzte Ruhestatt. Er war der jüngste Sohn des Kaufhausbesitzers **Jacob Israel** (Nr. 118). Nach dem Tod seines Vaters trat er 1894 als Mitinhaber in das Unternehmen ein, das er seit 1905 allein leitete.

Berthold Israel bekleidete zahlreiche Ehrenämter in jüdischen Organisationen. Von 1895 bis zu seinem Tod war er Vorstandsmitglied des Vereins ESRA (Verein zur humanitären Förderung der jüdischen Kolonisation Palästina). Er war Schatzmeister der „Gesellschaft der Freunde der Hebräischen Universität" und Mitglied der Repräsentantenversammlung.

Das Warenhaus „N. Israel", das nach **Bertholds** Tod dessen Sohn Wilfried weiterführte, wurde in der „Reichskristallnacht" am 9. November 1938 verwüstet und später von den Nazis „liquidiert". Ein Angestellter des Warenhauses war Felix Simmenauer. In seinen Erinnerungen über den bis 1938 in Berlin existierenden jüdischen Turn- und Sportbund „Bar Kochba" schreibt er: „Zu meiner wiederaufgenommenen Bar Kochba-Aktivität gesellte sich jetzt eine zusätzliche, nämlich die (unentgeltliche) Übernahme des leichtathletischen Trainings des N. Israel Angestellten Clubs. Den unmittelbaren Anlaß dazu gab die beabsichtigte Beteiligung einer N. Israel Mannschaft an der großen Industrie-Staffel" (61).

Durch die Wiederaufnahme in den Völkerbund 1926 war auch die Beteiligung Deutschlands an den Olympischen Spielen wieder möglich. Unterstützt von der Presse wurde eine „Bewegung für den Sport" propagiert, und in vielen Unternehmen, Großbanken, Kaufhäusern wurden „Industrie-Staffeln" gegründet, die sich an nationalen und internationalen Wettkämpfen beteiligten. Im Kaufhaus **Israel** gab es eine leistungsstarke Angestelltenriege, die, so Simmenauer, vom Juniorchef **Berthold Israel** Sportkleidung mit dem Trikotabzeichen N.I. als Geschenk erhielten.

Der Grabstein für **Paul Israel** im Feld L3 ist aus dem gleichen Sandstein wie der von **Berthold Israel,** und darüber hinaus wurde für die Grabinschriften ein identischer Schrifttyp verwendet. Diese Tatsache und die Lebensdaten sprechen dafür, daß **Paul Israel** vermutlich ein Sohn von **Berthold Israel** war. Er verstarb im Alter von nur 34 Jahren, wenige Monate vor Ausbruch des 2. Weltkrieges. RK

118/E
Israel, Jacob
(10.5.1823–21.5.1894)
Israel, Minna geb. **Adler**
(28.11.1833–11.6.1906)
Israel, Martin
(3.12.1864–1.7.1865)
Israel, Hermann
(16.7.1863–18.11.1905)
Israel, Bella
(3.7.1824–16.11.1891)

„ISRAEL IST REELL." – so lautete der Werbeslogan des traditionsreichen Berliner Warenhauses „N. Israel", das seine repräsentativen Geschäftsräume in der Spandauer Straße, Ecke Königstraße hatte, gegenüber dem ‚Roten Rathaus'. Die Israels kamen im ersten Regierungsjahr Friedrich des Großen (1740) nach Berlin. Nathan

Israel war zunächst Altkleiderhändler in der Jüdenstraße 18, ehe er 1815 sein Kaufhaus eröffnete. 124 Jahre sollte dieses Unternehmen in Familienbesitz bleiben, ehe es am 9. Februar 1939 ‚arisiert' und von der Emil Koester AG übernommen wurde.

Nathans 1823 geborener Sohn **Jacob Israel** paßte das Geschäft rasch „den wachsenden Bedürfnissen der sich machtvoll entwickelnden Reichshauptstadt" an (Dähn, 46). 1858 heiratete er **Minna Adler**, die Tochter des Chef-Rabbiners der vereinigten hebräischen Gemeinde des Britischen Empires aus London.

Um die Jahrhundertwende erwarben die **Israels** ein Grundstück in der Spandauer Straße, das dem Textilindustriellen **Louis Liebermann** (Nr. 146) gehörte. Im ersten Stock dieses Hauses hatte der Vater von **Max Liebermann** (Nr. 146) eine Privatsynagoge, die sogenannte „Liebmann'sche Schul" eingerichtet. Das Haus wurde abgerissen, um die Verkaufsfläche des Warenhauses zu vergrößern.

Ihren Angestellten bot die Firmenleitung viele Möglichkeiten zur Weiterbildung. Mit eigenen Lehrern veranstalteten sie Vortragsreihen und Seminare über unterschiedlichste Themen: Hygiene, Gesundheits- und Rechtspflege, Volkswirtschaft. Daneben konnte man in Kursen Englisch oder Französisch und Buchführung erlernen. Auch für Freizeitvergnügen wurde gesorgt. In Stralau konnten die Beschäftigten in betriebseigenen Clubs Tennis spielen und rudern.

Bis 1907 blieb das Kaufhaus Israel an Sonnabenden geschlossen. Als fromme Juden heiligten die **Israels** den Sabbat.

Die Grabstätte des Königlichen Kommerzienrates **Jacob Israel** und seiner Familie liegt neben der des Naturwissenschaftlers **Nathanael Pringsheim** (Nr. 204). Außer **Jacob Israel** wurden hier seine Ehefrau, zwei seiner Söhne und vermutlich seine Schwester **Bella** beigesetzt. UKW

119/B
Israel, James
(2.2.1848–20.2.1926)
Israel, Meta geb. **Goldstein**
(3.6.1854–11.1.1930)

Unter den zahlreichen Medizinern, die auf dem Schönhauser Friedhof beigesetzt wurden, kommt **James Israel** eine außergewöhnliche Bedeutung zu.

James Israel wurde als drittes Kind des Seidenfabrikanten und -händlers **Adolph Israel** (Nr. 114) und dessen Frau **Johanna** geboren. Mit siebzehn Jahren beendete er das Friedrich-Wilhelm-Gymnasium und nahm an der Berliner Universität ein Medizinstudium auf. Bereits mit seiner Promotionsarbeit über die Brighten'sche Nierenkrankheit legte der nur 22jährige sein zukünftiges Fachgebiet fest. Als Nierenchirurg sollte **Israel** – auch international – zu einer unumstrittenen Kapazität werden. Am deutsch-französischen Krieg nahm er freiwillig als Lazarettarzt teil und wurde für seinen frontnahen Einsatz mit dem Eisernen Kreuz ausgezeichnet. Nach Beendigung des Krieges legte er sein Staatsexamen ab und wurde Assistent am Jüdischen Krankenhaus in der Augustastraße 14. Hier war er Schüler von **Ludwig Traube** (Nr. 252) und Bernhard von Langenbeck. Beide Mediziner erkannten sehr bald das „diagnostische Geschick, die wissenschaftliche Befähigung und die technische Eignung ihres jungen Assistenzarztes" (Hartung/Winau, 107) und setzten sich dafür ein, daß **Israel** 1875 zum stellvertretenden, 1881 zum dirigierenden Chefarzt der Chirurgischen Abteilung ernannt wurde. Neben seiner Arbeit am Krankenhaus betrieb **Israel** eine Privatpraxis in der Oranienburger Straße 27, wo er auch über die Aktinomykose (Strahlenpilzkrankheit) forschte. Durch seine grundlegenden klinischen und bakteriologischen Untersuchungen entwickelte er die er-

Der Nierenspezialist James Israel

sten Diagnose- und Behandlungsmethoden für diese bösartige Tumorkrankheit.

Israel gründete drei Privatkliniken (eine im Berliner Norden, eine in der Kurfürstenstraße und die „Hygieia" in der Augsburger Straße), in denen er vorwiegend Nierenerkrankungen behandelte. Seine hohe Erfolgsquote war auf mehrere Faktoren zurückzuführen. Zum einen konnte er durch seine überaus sensible Abtasttechnik – die sogenannte Israel'sche Palpation – Nierentumore schon in frühestem Stadium erkennen. Zum anderen war er sich bewußt, daß nur größtmögliche Hygiene den Erfolg einer Operation gewährleistete. Daher wandte er strikt jene antiseptischen Operationsmethoden an, die er 1874 während eines 6monatigen Aufenthaltes bei Joseph Lister in Edinbourgh kennengelernt hatte. Während andere Chirurgen nach Nierenoperationen eine Sterblichkeitsrate von 20 bis 44% zu verzeichnen hatten, starben nach **Israels** Eingriffen nur 16,2% der Patienten. Jene Eingriffe, die er zwischen 1886 und 1906 in seinen Privatkliniken vornahm, verliefen sogar in 95% aller Fälle erfolgreich.

1894 wurde **Israel** zum Professor ernannt. Einen Lehrstuhl erhielt er jedoch nicht, da es „seinem innersten Wesen, seiner Auffassung von Ehre und Aufrichtigkeit" widersprach, „ohne innere Überzeugung und nur zur Erlangung von Vorteilen" (Winau, 255) zum christlichen Glauben überzutreten. Gleichwohl konnte **Israel** seine Kenntnisse an junge Medizinstudenten weitergeben, machte er doch „die Chirurgische Abteilung am Jüdischen Krankenhaus zu einer Lehrstätte ersten Ranges" (Winau, 255).

Aufgrund eigener Kriegserfahrungen machte sich **Israel** bei Ausbruch des 1. Weltkrieges Gedanken, wie die medizinische Versorgung von Verwundeten verbessert werden könnte. Er konstruierte einen Lazarettzug, in dem auch während der Fahrt operiert werden konnte, und dessen Ersteinsatz im Frühjahr 1915 vielen schwerverletzten Frontsoldaten das Leben rettete.

Seine praktischen Erkenntnisse und wissenschaftlichen Forschungsergebnisse hielt **Israel** in zahlreichen Publikationen fest. Neben Abhandlungen in medizinischen Fachzeitschriften veröffentlichte er 1894 seine „Erfahrungen über Nierenchirurgie", sowie die Standardwerke „Chirurgische Klinik der Nierenkrankheiten" (1901) und „Chirurgie der Nieren und Harnleiter" (1925, gemeinsam mit seinem Sohn Wilhelm). Seit 1907 war er Herausgeber der ersten urologischen Zeitschrift „Folia urologica".

Ohne Unterschied behandelte **Israel** Patienten aller Gesellschaftsschichten. Künstler, wie die Chansonette Yvette Guilbert, Politiker, wie den venezolanischen Diktator Castro oder Monarchen, wie den türkischen Sultan Mohammed V., operierte er mit der gleichen Selbstverständlichkeit, wie die „armen Juden aus

Polen, die zu Fuß zu dem großen Professor nach Berlin gewandert waren" (Hartung/Winau, 111).

Aus Gesundheitsgründen mußte **Israel** 1917 seine Arbeit am Jüdischen Krankenhaus aufgeben. In seinen Privatkliniken operierte er jedoch bis wenige Wochen vor seinem Tod. **Israel,** der als einziger Jude Ehrenmitglied der „Deutschen Gesellschaft für Chirurgie" war, starb 78jährig. An seiner Seite wurde **Meta Goldstein** beigesetzt, die Tochter eines Danziger Pelzhändlers, die **Israel** 1880 heiratete, und mit der er vier Kinder hatte. UKW

120/W1
Jacobson, Israel
(17.10.1768–14.9.1828)

Die Familie **Jacobson** war in Halberstadt ansässig, wo der Vater von **Israel Jacobson** ein Bank- und Wechselgeschäft betrieb und Vorsteher der Jüdischen Gemeinde war. **Israel Jacobson** sollte Rabbiner werden, wandte sich aber dem Kaufmannsberuf zu und begründete in Braunschweig ein Handelshaus. Durch die Heirat mit Minna Samson, Tochter des wohlhabenden Kammeragenten Herz Samson, gelangte er schnell in einflußreiche Positionen und übernahm bald die Geschäfte seines Schwiegervaters. Aufgrund seiner Leistungen als Hofbankier wurden **Jacobson** und seinen ehelichen Nachkommen schon 1804 die vollständigen Untertanenrechte verliehen. 1805 erwarb er auch die Braunschweiger Bürgerrechte. Von einer Gleichstellung mit Christen konnte aber dennoch nicht die Rede sein. Trotz intensiver Bemühungen gelang es ihm nicht, daß sein Sohn von der Braunschweiger Kaufmannsgilde als Lehrling zugelassen wurde. Außer seinem Handelsunternehmen besaß **Jacobson** seit 1805 eine Rauch- und Tabakwarenfabrik in Seesen.

Infolge umfangreicher Darlehen an deutsche Fürstenhäuser erhielt **Jacobson** die Titel eines Badischen Hofagenten, eines Hessisch-Darmstädter Kommerzienrates und eines Geheimen Finanzrates von Mecklenburg-Schwerin. Als Landesrabbiner und einflußreicher Finanzier setzte er sich mit großem Eifer und Erfolg für die Abschaffung des entwürdigenden „Judenleibzolls" ein (Braunschweig 1803, Baden 1804 und Darmstadt 1805).

Nach dem Zusammenbruch Preußens und Braunschweigs 1806/07 trat **Jacobson** als Finanzberater in die Dienste des Königs Jérôme von Westfalen und ließ sich in Kassel nieder. Unter sehr schwierigen Bedingungen gewährte er Staatsanleihen in Millionenhöhe und belieferte die Armee mit Waren. Als König Jérôme nicht bezahlen konnte, durfte **Jacobson** säkularisierte Klostergüter zu niedrigen Preisen erwerben. So kam es, daß er vielfacher Rittergutsbesitzer wurde und vier Zisterzienserklöster, eine Benediktinerinnenabtei und ein Nonnenkloster des St. Bernhard-Ordens sein eigen nennen durfte. Obwohl er aus orthodoxen Kreisen stammte, wurde er unter dem Einfluß von Moses Mendelssohn zu einem der maßgeblichen Reformer des jüdischen Ritus und Kultus. An Napoleon, in dem er den Emanzipator der Juden sah, richtete er ein enthusiastisches Sendschreiben. Als Braunschweig 1807 ein Teil des Königreichs Westfalen wurde, verstand es **Jacobson**, Napoleons Bruder Jérôme für die Emanzipation der Juden zu gewinnen (Dekret vom 27. Januar 1808). Über die Verleihung der Rechte christlicher Bürger auch an Juden aufgrund seiner Feststellung, daß ein Unterschied zwischen „ewig Religiösem" und „vergänglich Nationalem" bestehe, wurde **Jacobson** als „Vater des Konfessionalismus innerhalb des Judentums" bezeichnet (NDB, 249).

Auch in der Religionsausübung und der Volksbildung entfaltete **Jacobson** eine „rastlose, seiner Eigenart entsprechende Tätigkeit" (Jüd. Lexikon, 114). Bereits 1801 hatte er in Seesen die „Jacobson-Schule" eingerichtet, die seit 1805 auch christliche Kinder aufnahm und nach den Prinzipien der Aufklärung eine Verständigung unter den Religionen zum Ziel hatte. Im Königreich Westfalen konnte er mit amtlicher Autorisation seine pädagogischen und gottesdienstlichen Reformen verwirklichen. Er führte hier die deutsche Predigt in den Gottesdiensten ein und ließ sich gern als brillanter Kanzelredner bewundern. 1810 weihte er in Seesen den sogenannten „Jacobstempel" ein, „unter Kirchenglockengeläut mit einer die Annäherung der Konfessionen übertrieben betonenden Feier" (Jüd. Lexikon, 114). Hier wurden auch erstmals in einem jüdischen Gottesdienst zum Klang einer Orgel deutsche Choräle gesungen. **Israel Jacobson,** der im Talar eines evangelischen Geistlichen erschien, rief mit seinen Handlungen den scharfen Widerstand der Orthodoxie hervor. 1814 zog **Jacobson** nach Berlin und avancierte zu einem der bedeutendsten Finanziers der preußischen Regierung. Die problematische Lage der Großgrundbesitzer nach den napoleonischen Kriegen und die allgemeine Finanznot des Staates nutzte **Jacobson** zum Erwerb mehrerer Landgüter in Mecklenburg. In seinem Haus in Berlin richtete er eine kleine Reformsynagoge ein, in der regelmäßig Versammlungen und modernisierte Gottesdienste stattfanden. Der Zuspruch war so groß, daß die „Synagoge" später in das geräumigere Haus des Bankiers Jacob Herz Beer (vgl. Nr. 22) verlegt werden mußte. Die lithurgische Neugestaltung des Gottesdienstes nach christlichen Vorbildern fand bei vielen Juden wegen der nur noch geringen Hebräischkenntnisse und dem gleichzeitig vom Christentum übernommenen Hang zur Andacht und Feierlichkeit großen Anklang. In vielen Städten

94

Die Ewige Lampe (Ner Tamid) der Synagoge Oranienburger Straße

wurden ähnliche „Tempel" eingerichtet, zum Beispiel in Hamburg, Leipzig, aber auch über die Grenzen Deutschlands hinaus. Der „deutsche" Gottesdienst mit verkürzter Liturgie, Orgelspiel und Predigt verbitterte das orthodoxe Judentum derart, daß König Friedrich Wilhelm III. am 9. Dezember 1828 eine Kabinettsorder erließ, nach der in Preußen „keine neue Sekte unter den Juden" geduldet wurde. Die „deutsche Synagoge" in Berlin wurde geschlossen, aber in Sachsen – Weimar und in Baden amtlich begünstigt. In dem Berliner „Tempel" haben junge reformorientierte Prediger, unter anderen **Leopold Zunz** (Nr. 274), gewirkt.

Israel Jacobson, der als Vater eines positiven, liberalen Judentums galt, konnte seine Ziele nicht verwirklichen. Er starb verbittert in stiller Zurückgezogenheit. Die Mehrzahl seiner zehn Kinder ist später zum christlichen Glauben übergetreten. RK

121/G
Jacoby, Adolph
(12.12.1825–23.10.1901)
Jacoby, Cäcilie geb. **Schönlank**
(27.8.1834–30.4.1887)
Jacoby, Julius
(10.3.1824–17.1.1915)

Jacoby, Lydia geb. **Schönlank**
(10.8.1831–1.4.1899)

Die Brüder **Adolph** und **Julius Jacoby** waren gebürtige Berliner. Bereits ein Jahr vor Erlangung des Bürgerrechtes gründeten sie gemeinsam die erste Baumwollfirma der Stadt, mit Sitz in der Spandauer Straße 7. Über **Adolph Jacoby** sind die Informationen spärlich, sein Bruder **Julius** hat jedoch vielfältige Spuren im jüdischen Leben Berlins hinterlassen. 1878 wurde er in den Vorstand der Jüdischen Gemeinde gewählt, als dessen Vorsitzender er seit 1901 fungierte. Als Experte auf dem Gebiet der Baumwollverarbeitung war er Mitglied einer Sachverständigenkommission der Textilbranche und gehörte der Korporation der Berliner Kaufleute an, in deren Finanz- und Steuerausschuß er sich besondere Verdienste erwarb. Wie eine Inschrift beweist, spendeten **Adolph** und **Julius Jacoby** gemeinsam mit ihren Ehefrauen – beides Töchter von **Isaac Schönlank** (Nr. 232) – im Jahre 1866/5626 zur Einweihung der Neuen Synagoge ein bedeutungsvolles Ausstattungsstück: den *Ner Tamid*, Die Ewige Lampe, die an zentraler Stelle des Gotteshauses, unmittelbar vor dem Thoraschrein angebracht war. Lange Jahre galt dieses Kleinod als verschollen und wurde erst am 19. Oktober 1989 bei den Wiederaufbauarbeiten in der Ruine in der Oranienburger Straße gefunden. (Museums Journal Nr. IV, Okt. 1990, 58/59) UKW

122/SF
Joseephy, Julius Siegfried
(3.8.1792–22.10.1856)

In der Nachfolge von Ambrosius Haude und Carl Philipp Spener übernahm **Julius Siegfried Joseephy** deren Verlagsunternehmen. **Joseephy** wurde in ärmlichen Verhältnissen in Wangerin geboren, wo bereits sein Großvater Salomon Joseph als Schutzjude verbürgt war. Nach seiner Teilnahme an den Befreiungskriegen, für die er mit der Kriegsdankmünze von 1913 ausgezeichnet wurde, fand er eine Anstellung als Buchhandlungsgehilfe bei Spener, dem Besitzer der *Haude & Spenerschen Zeitung*. „Von Spener in vortrefflicher Weise in die Geschäfte des Buchhandels eingeführt, wendete (er) sich mit großem Eifer der Verlagstätigkeit zu" (Weidling, 51) und wurde 1826 schließlich Inhaber der Buchhandlung.

Zunächst veröffentlichte er die gesammelten Werke von Karl von Holtei, einem langjährigen, treuen Verlagsmitarbeiter, mit- dem er seit 1827 gemeinsam die „Monatlichen Beiträge zur Geschichte der dramatischen Kunst und Litteratur" verfaßte. Die freundschaftliche Beziehung, die beide über lange Jahre verband, beschreibt Holtei wie folgt: „Ich verdanke seinem unermüdlichen Wohlwollen sehr viel Gutes; seine thätige Teilnahme, seine Beihilfe und Bereitwilligkeit übten nicht selten den wichtigsten Einfluß auf mein Geschick." Wie diese Bereitwilligkeit ausgesehen hat, die **Joseephy** an den Rand des wirtschaftlichen Ruins brachte, belegt ein Brief Holteis:

Lieber Joseephy!
Ich muß ganz unerwartet nach Schlesien reisen und bitte Sie recht herzlich, mir 100 Taler leihen zu wollen. Haben Sie die Liebe, mir das Geld selbst zu bringen, damit ich Sie noch sehe. Ich reise um 5 Uhr.
Ihr Karl von Holtei

Joseephys sonstige Verlagswerke sind rein wissenschaftlicher Natur und „legen von der vornehmen Geschäftsauffassung ihres Verlegers ein hohes Zeugnis ab" (Weidling, 52). Seine Publikationen reichen „Vom Auftrocknen der Pflanzen für's Herbarium" und den „Berg- und Hüttenmännischen Wegweiser durch Oberschlesien", über die „Sammlung französischer Redensarten" bis zu dem Titel „Die letzten fünfzig Jahre (1789–1839) – Ein Taschenbuch für das Jahr 1840, für Zeitungsleser und Geschichtsfreunde". Die größte editorische Leistung **Joseephys** liegt jedoch auf dem Gebiet der Theologie: es ist die 25bändige Werkausgabe der teils in Griechisch, teils in Latein verfaßten Texte des Kirchenvaters Origines, deren letzter Band 1848 erschien. Diese gewaltige Aufgabe, die **Joseephy** mit Zähigkeit und eiserner Energie betrieb, brachte ihm nicht nur erhebliche Geldverluste ein, sondern überforderte auch seine Schaffenskraft und Widerstandsfähigkeit. Danach verlegte er nur noch die kleine Schrift „Die Menschwerdung Gottes in der Natur" von Schulz-Schultzenstein.

Joseephy verstarb unvermählt im Alter von 64 Jahren, von Zeitgenossen wie folgt charakterisiert: „**Joseephy**, den seine rein idealistische Auffassung des Buchhändlerberufes zur Verbitterung und Enttäuschung geführt hatte, war ein kleiner, kränklicher, bescheidener Mann von wenig einnehmendem Äußeren, aber von hohem Wissen und edelmütiger Gesinnung." (Weidling, 55)

Joseephys letzte Ruhestätte soll sich in der nordwestlichen Ecke des Gräberfeldes SF befinden. Trotz umfangreicher Suche kann die genaue Stelle nicht angegeben werden. UKW

123/L3
Jutrosinski, Moritz
(12.10.1825–5.12.1909)
Jutrosinski, Ernestine
geb. **Hamburger**
(14.4.1840–25.2.1893)
Jutrosinski, Richard
(24.8.1865–25.5.1937)
Jutrosinski, Margarethe
geb. **Jacobsohn**
(30.4.1871–14.4.1936)

Kaum noch zu erkennen ist der ursprüngliche Verlauf vieler Gräberreihen im Feld L, nahe der Friedhofsmauer zur Schönhauser Allee. Hier findet man zwischen den Trümmern verfallener Grabstellen, vom Dickicht überwuchert, die umgestürzten und zerbrochenen Grabsteine für **Moritz Jutrosinski**, seinen Sohn **Richard**, sowie beider Ehefrauen.

Der Pädagoge und Schriftsteller **Moritz Jutrosinski** wurde in Sandberg als eines von acht Kindern eines mittellosen Schneidermeisters geboren. Nach Abschluß des Comenius-Gymnasiums in Lissa studierte er Philosophie und Geschichte in Breslau, wo er 1848 zu einem der Führer der dortigen Studentenbewegung wurde. In einem Kurs für parlamentarische Redeübungen lernte er den späteren nationalliberalen Politiker **Eduard Lasker** (Nr. 19) kennen, mit dem ihn eine lebenslange Freundschaft verband.

Aus Geldmangel war **Jutrosinski** gezwungen, seine Studien zu unterbrechen, um sich als „Hofmeister" (Hauslehrer) in Österreich–Schlesien seinen Lebensunterhalt zu verdienen. Nach Abschluß seines Studiums 1854 verfolgte der Dr. phil. **Jutrosinski** das Ziel, Lehrer an einer höheren Schule zu werden. Ein langer, hindernisreicher Weg stand ihm bevor. Er fand zwar nach Absolvierung eines Probejahres sehr bald eine unbesoldete Hilfslehrerstelle in Posen, eine definitive Anstellung wurde ihm jedoch mehrmals verweigert. Als Grund wurde auch der § 2 eines Gesetzes vom 23. Juli 1847 herangezogen, der verordnete, daß Juden als Lehrer an Kunst-, Gewerbe-, Handels- und Navigationsschulen zugelassen wurden, eine darüber hinausgehende Anstellung aber auf jüdische Lehranstalten beschränkt blieb. Schließlich ernannte der Posener Magistrat **Jutrosinski** – gegen den Willen des preußischen Kultusministeriums – zu einem der ersten jüdischen Oberlehrer an einer öffentlichen höheren Schule. Die Auseinandersetzung um seine Anerkennung sollte sich aber noch mehrere Jahre hinziehen. Letztendlich mußte der preußische Kultusminister jedoch einsehen, daß er einen Juden nicht einerseits als Lehrer auf Probe und Hilfslehrer einer christlichen Schule akzeptieren, ihm andererseits eine feste Anstellung aber verweigern könne; und so erhielt **Jutrosinski** Ende 1868 endlich auch die staatliche Bestätigung. Durch diesen langjährigen Konflikt zu einiger Berühmtheit gelangt, wurde auch **Moritz Reichenheim** (Nr. 208) auf **Jutrosinski** aufmerksam und berief ihn nach Berlin an das neugegründete Reichenheim'sche Waisenhaus. Vierunddreißig Jahre lang blieb **Jutrosinski** Direktor dieser Einrichtung, die er nach seinem Wahlspruch *„Kopf aufrecht, Auge fest, Wort frei und wahr"* (JGB 1925, Nr. 9) leitete. **Jutrosinski** war auch als Schriftsteller tätig. Neben einer Anzahl historischer Schriften verfaßte er 1887 eine Abhandlung über die „Waisenpflege in der Berliner Jüdischen Gemeinde". Für die russischen Juden, die sich 1882 den Verfolgungen in ihrem Heimatland durch die Auswanderung nach Amerika entziehen wollten, verfaßte er ein Englisch-Hebräisch-Deutsches-Wörterbuch, um den Flüchtlingen ihren Neuanfang in den USA zu erleichtern.

Über **Richard Jutrosinski** ließ sich nur in Erfahrung bringen, daß er Mediziner und Sanitätsrat war. UKW

124/L1
Kappel, David
(16.8.1840–24.9.1903)
Kappel, Edith geb.
Simonsen
(28.5.1853–2.10.1920)
Kappel, Markus
(24.2.1839–19.1.1920)

Über die Gebrüder **Kappel** ließ sich wenig in Erfahrung bringen. Sie müssen jedoch sehr wohlhabend gewesen sein, denn **Markus Kappel** verfügte über eine außergewöhnliche Sammlung niederländischer und flämischer Gemälde, die sogar Kaiser Wilhelm II. des öfteren besichtigt haben soll. Ein Besuch des Kaisers im Hause **Kappel** wurde in der Berliner Presse am nächsten Tag mit der Schlagzeile „Der neue Freund des Kaisers" kommentiert. Einige Bilder der Sammlung Kappel befinden sich heute in der Dahlemer Gemäldegalerie, darunter das 1660 entstandene Jagdstilleben von Willem van Aelst.

Das Grabmal für **David Kappel** entstand um 1910 und wird von den linearen Formen des Neoklassizismus geprägt. Die Basis des Grabmals wird von zwei mit Lorbeerkränzen verzierten Marmorquadern gebildet, die eine Inschrifttafel umschließen. Darauf steht ein Scheinsarkophag auf Löwenpranken. In der Mitte des Sarkophags befindet sich eine Kartusche mit dem Namenszug **David Kappel**, darunter Palmenzweige und ein Blumenstrauß. Auf zwei Konsolen mit Blütenrosetten liegt der Sargdeckel, um den herum ein Friesornament (Mäander) verläuft. Eine schwere Blättergirlande bildet den oberen Abschluß. UKW

125/H
Kaul, Joseph Jacob
(11.5.1801–22.3.1870)
Kaul, Ernestine geb. **Abramczyk**
(26.2.1804–2.5.1881)

In seiner Posener Heimat, wo man ihm am 6. März 1847 die Staatsbürgerrechte zuerkannte, war **Joseph Jacob Kaul** als Schneidermeister tätig. In Berlin, Stralauer Straße 16, betrieb er ein Möbelgeschäft. UKW

Ohne Nummer
Königsberger, Theodor
(20.5.1851–10.12.1872)

Noch nicht 22jährig starb **Theodor Königsberger** als Soldat im deutsch-französischen Krieg 1870/71. Sein Vater, der Posener Kaufmann Isaac Königsberger, spendete dem Gymnasium, das sein gefallener Sohn in Berlin besucht hatte, 400 Reichstaler. An diese Stiftung knüpfte er jedoch die Bedingung, daß jener Abiturient, der die jährlich anfallenden Zinsen dieser Summe als Preis für seine Leistungen erhielt, einen Eichenkranz auf dem Grab seines Sohnes auf dem Schönhauser Friedhof niederlegen müsse. UKW

126/D
Kristeller, Samuel
(26.5.1820–15.7.1900)
Kristeller, Sophie geb.
Zippert
(20.11.1830–7.1.1918)

Der in Xions (Posen) geborene **Samuel Kristeller** war einer der angesehensten Ärzte Berlins. Nach einem Medizinstudium und der Promotion (1844) an der Berliner Universität ließ er sich in Gneesen als Gynäkologe nieder. 1850 als erster Jude zum Stabsarzt und Kreisphysikus ernannt, kehrte er ein Jahr später nach Berlin zurück, wo er sich nach seiner Habilitation 1860 als Privatdozent für Geburtshilfe und Gynäkologie betätigte. Zum Leiter der gynäkologischen Abteilung der Charité ernannt, entwickelte er die nach ihm benannte

Der Gynäkologe Samuel Kristeller

Kristeller'sche Expression, eine Methode zur einfacheren Entfernung der Nachgeburt. Neben seiner praktischen Arbeit und dem uneigennützigen Wirken als Armenarzt fand der Geheime Sanitätsrat **Kristeller** noch Zeit, sich organisatorischen Aufgaben zu widmen. Nicht nur der „Hilfsverein für jüdische Studierende" und die „Berliner ärztliche Unterstützungskasse" gehen auf seine Initiative zurück, sondern auch die Gründung der „Medizinischen und gynäkologischen Gesellschaft", sowie des „Deutsch-israelischen Gemeindebundes". Letzteren leitete **Kristeller** als dritter Präsident von 1882 bis 1896.

Die jüdische Emanzipationsbewegung fand in **Kristeller** einen ihrer leidenschaftlichsten Verfechter. Sein öffentlicher Einsatz für die gesellschaftliche Gleichstellung seiner Glaubensbrüder – erstmals 1845 in einer Denkschrift an den Posener Landtag dokumentiert – erreichte seinen Höhepunkt auf dem Berliner Kongress 1878. Hier trat **Kristeller**, der als Vizepräsident dem Rumänienkomitee vorstand, beharrlich für die Un-

abhängigkeit dieses Landes sowie für die Gleichberechtigung der rumänischen Juden ein. UKW

127/E
Kroner, Jacob
(8.5.1803–30.1.1845)
Kroner, Minna geb. **Abraham**
(ohne Daten)

Als Sohn eines Branntweinbrenners aus Kaskow bei Soldin wurde **Jacob Kroner** in der Nähe von Königsberg geboren. In Berlin erlernte er den Beruf des Drechslers und ging danach drei Jahre auf „Wanderschaft". 1827 kehrte er nach Berlin zurück, wo ihm 1832 die Bürgerrechte verliehen wurden. Mit seiner Frau **Minna Abraham** wohnte er Am Königsgraben 8. UKW

128/W3
Lande, Isert
(21.5.1812–13.5.1873)
Lande, Beatrice geb. **Schönlank**
(2.5.1825–20.2.1876)
Lande, Meyer
(13.3.1816–5.11.1859)
Lande, Rosa geb. **Markwald**
(6.9.1826–18.9.1903)
Lande, Adolph (Abraham)
(16.9.1817–13.6.1887)
Lande, Emma geb. **Schönlank**
(11.7.1829–12.12.1903)

Die Brüder **Isert, Meyer** und **Abraham Lande** wurden in Märkisch Friedland als Söhne des Kaufmannes Fischel Marcus Lande geboren. Im Dezember 1840 wurden **Isert** und **Meyer Lande** Berliner Bürger und gründeten die Firma „F.M. Lande Söhne", ein Großhandelsgeschäft für Wollwaren mit Sitz in der Poststraße 31. Beide traten in die Berliner Kaufmannschaft ein, **Meyer** wurde darüber hinaus Ehrenmitglied in der Gesellschaft jüdischer Handwerker. Der dritte Bruder, **Adolph (Abraham)** war als Handlungsreisender tätig. Nach Erhalt des Berliner Bürgerbriefes 1850 trat auch er in das Familienunternehmen ein. **Isert** und **Adolph** waren beide mit Töchtern des Kaufmannes **Isaac Schönlank** (Nr. 232) und dessen Frau **Philippine** verheiratet, die ihrerseits eine geborene **Lande** war. UKW

129/L4
Landsberger, Hermann
(3.7.1836–1.11.1912)
Landsberger, Therese geb.
Oberwarth
(27.12.1846–12.5.1919)

Hermann Landsberger war der Sohn eines Manufakturwarenhändlers. In Berlin war er Großkaufmann und Mitbegründer des deutschen Kreditorenverbandes. Außerdem war er Senior der Berliner Handelsrichter.

Auf dem Grabstein für seine Ehefrau **Therese** finden sich folgende Worte: *„Einer Mutter Liebe begräbt man nie, über Tod und Grab hinaus noch reichet sie!* UKW

130/A
Landsberger, Michaelis
(25.9.1804–6.7.1870)
Landsberger, Henriette geb.
Nauen
(1.5.1814–15.2.1889)

Als Sohn des Rabbinatsassessors Schmaja (Simon Joachim) Landsberger wurde **Michaelis Landsberger** in Berlin geboren. Mit nur 20 Jahren wurde er der Nachfolger seines Vaters am orthodoxen Lehrinstitut Beth Hamidrasch, wo er unter anderen den späteren Gründer und ersten Rabbiner der Adass Jisroel-Gemeinde als „wissens- und einflußreicher Talmudlehrer" (JBB, Nr. 1136, 237) unterrichtete. Neben seiner Lehrtätigkeit, die er bis zu seinem Tod 1870 ausübte, leitete er einen Baumwollhandel in der Heidereutergasse 4. UKW

Ohne Nummer
Landshut, Eliser Leiser ben Meier
(1817–1887)

Der in Lissa geborene **Leiser Landshut** wurde im Jüdischen Gemeindeblatt vom 1. Juni 1927 mit den folgenden Worten gewürdigt: „Er (war) ein gelehrter Autodidakt, (...) ein kenntnisreicher Meister des geschliffenen Stils in deutscher und hebräischer Sprache." Im gleichen Artikel ist auch ein Photo von **Landshuts** Grabstein abgebildet, die Grabstelle selbst läßt sich heute jedoch nicht mehr ausfindig machen (vgl. Etzold, 75). **Landshut**, der sich als Schriftsteller einer Vielzahl jüdisch-theoretischer Themen annahm, leitete zunächst eine Buchhandlung, die ihm **Moritz Veit** (Nr. 257) eingerichtet hatte. Er verfaßte grundlegende Werke über die Geschichte jüdisch-liturgischer Dichtung und die hebräische Geschichte der Berliner Rabbiner, sowie ein vollständiges Gebets- und Andachtsbuch „zum Gebrauch bei Kranken und Sterbenden". Während seiner Zeit als Hausvater im Jüdischen Altersheim an der Großen Hamburger Straße verwaltete er auch den benachbarten Friedhof. In jahrzehntelanger Arbeit sammelte er Informationen über die hier beigesetzten Toten und inventarisierte deren Grabsteine. Seine Aufzeichnungen gehören zu den wichtigsten Dokumenten über diese von den Nationalsozialisten vollständig zerstörte Begräbnisstätte. Aus dem Fundus seiner Forschungsergebnisse und seiner zahlreichen Urkunden schöpfte **Ludwig Geiger** (Nr. 79), als er die 1871 erschienene „Geschichte der Juden in Berlin" verfaßte. UKW

19/A
Lasker, Eduard
(14.10.1829–5.1.1884)

In einer gemeinsamen Grabstätte, deren ursprüngliche Wirkung man heute nur noch erahnen kann, wurde

Eduard Lasker

Eduard Lasker mit seinem langjährigen Freund und Parteigenossen **Ludwig Bamberger** (Nr. 19) beigesetzt. Die Grabanlage wurde von den Nationalsozialisten all ihrer bronzenen und gußeisernen Verzierungen beraubt. Nicht einmal die Namens- und Spruchtafeln (vgl. auch **Bamberger**) sind erhalten geblieben. Die liegende Marmorplatte wird von zwei massiven dorischen Säulen hinterfangen, auf deren Deckplatten früher efeugeschmückte Metallschalen standen. Um die heute leeren Aussparungen an den Säulenschäften waren breite, bronzene Efeuringe gelegt und auch das Gitter, das die Grabplatte umgab, war mit Efeuranken verziert.

Der Jurist und Publizist **Eduard Lasker** war einer der bedeutenden liberalen Politiker Deutschlands. Als Mitglied des preußischen Abgeordnetenhauses und des Reichstages hat er an der Schaffung eines deutschen Nationalstaates mitgewirkt.

1829 in Jarotschin/Posen als Sohn des Kaufmannes Daniel Lasker geboren, studierte **Eduard Lasker** Rechtswissenschaften in Berlin und Breslau. 1848 ging er nach Österreich und schloß sich dem Kreis um Robert Blum an, jenem politischen Schriftsteller, der die demokratische Linke anführte und für seine Teilnahme an der Wiener Revolution später erschossen wurde. Nach einer Ausbildung am Berliner Stadt- und Kammergericht hielt sich **Lasker** von 1853 bis 1856 in England auf, wo er öffentliches Recht studierte. 1858 wurde er unbesoldeter Assessor am Berliner Stadtgericht. Da er als Jude nach den damals geltenden Regeln kaum Chancen auf eine juristische Karriere sah, widmete er sich journalistischen Tätigkeiten. Er veröffentlichte zahlreiche Aufsätze in den „Deutschen Jahrbüchern" und wurde Redakteur bei der „National-Zeitung" (vgl. **Bernhard Wolff**). **Laskers** politische Laufbahn begann 1865, als er für den vierten Berliner Wahlbezirk ins Abgeordnetenhaus einzog. Er war ein glänzender Redner und gehörte bald zu den führenden Persönlichkeiten im Parlament. **Lasker**, der zunächst der Fortschrittspartei angehörte, gründete 1866 gemeinsam mit **Ludwig Bamberger** (Nr. 19) und **Leonor Reichenheim** (Nr. 207) die Nationalliberale Partei.

Als die Nationalliberalen bei den Wahlen zum Norddeutschen Reichstag stärkste Partei wurden, kam es zu einem Bündnis mit Bismarck. Gemeinsam erarbeitete man die Verfassung des ‚neuen Deutschen Reiches' von 1871. Zehn Jahre blieben die Nationalliberalen stärkste Fraktion. In dieser Zeit war **Lasker** an der Schaffung wichtiger Gesetzesvorschriften beteiligt, unter anderem der Strafrechtsreform (1876) und der neuen Gerichtsverfassung (1879). Über Fragen des Sozialistengesetzes, einer Wirtschafts- und Steuerreform und der Schutzzölle geriet **Lasker** nicht nur in Streit mit dem Reichskanzler. Auch mit seiner eigenen Partei, die Bismarcks Schutzzollpolitik bereitwillig unterstützte, kam es zum Zerwürfnis, und so trat **Lasker** im März 1880 aus seiner Partei aus. 1882 erkrankte er an einem Gehirnleiden, von dem er sich auf einer längeren Reise durch die Vereinigten Staaten erholen wollte. **Lasker** besuchte alle großen amerikanischen Städte, hielt Vorträge in New York und Chicago, wurde in San Francisco und Cincinnati von den Amerikanern deutscher Abstammung enthusiastisch gefeiert. Infolge der Strapazen verstarb **Eduard Lasker** am 5. Januar 1884 in New York, wo er noch sechs Tage zuvor eine beeindruckende „Rede zur Verherrlichung des Judentums" gehalten hatte (Winninger, 592). Die amerikanische Regierung würdigte den deutschen Politiker in einem Kondolenzschreiben, das sie Bismarck zur Weitergabe an das Parlament übersandte. Bismarck, der **Lasker** seine politische Gegnerschaft nie verziehen hatte, verweigerte die Annahme des Schreibens und „hat durch diese kleinliche That bewiesen, daß er selbst vor dem todten Löwen noch heillosen Respekt hatte" (Kohut, 314).

Eine Wahlpropaganda aus dem Jahre 1874 rühmt **Lasker** als einen Politiker mit „ebensowohl volksthümlichen, als staatsmännischem Charakter", der „mit makelloser Gesinnung, mit allseitiger Unabhängigkeit, mit warmem Patriotismus (und) aufrichtiger Freiheitsliebe (...) überall gewichtig und achtungsgebietend wirkt" (Loewenthal, 268). UKW

131/A
Lebrecht, Fürchtegott (Schemaja)
(1800–1.9.1876)

Der Gelehrte **Fürchtegott Lebrecht** wurde im unterfränkischen Memmelsdorf geboren und studierte klassische Sprachen und deutsche Literatur. 1823 ging er in die Tschechoslowakei, um in Preßburg ein dreijähriges intensives Talmudstudi-

um zu absolvieren. Seine Kenntnisse über die jüdischen Religionsgesetze vertiefte er ab 1827 am Alttestamentarischen Seminar in Halle. Seit 1832 wohnte er in Berlin, wo er von 1840 bis 1848 am Zunz'schen Seminar (vgl. Nr. 274) „in denjenigen Fächern, die der Dr. (Leopold) **Zunz** nicht übernimmt" (Holzmann, 54), unterrichtete. 1856 wurde **Lebrecht** Hauptlehrer und Bibliothekar der Veitel Ephraim'schen Lehranstalt.

Neben seiner pädagogischen Tätigkeit überarbeitete er David Kimchis „Sefer haschoraschim" – ein vollständiges hebräisches – Wörterbuch über das Alte Testament. Geprägt durch seine langjährige Vertiefung in den Talmud, setzte **Lebrecht** sich das Ziel, eine kritische Ausgabe zu diesem jüdischen Religionskondex zu erarbeiten. 1864 veröffentlichte er seine „Kritische Lese verbesserter Lesarten und Erklärungen zum Talmud". UKW

132/K
Lehmann, Hermann
(12.8.1837–9.11.1900)
Lehmann, Agnes geb. **Demuth**
(30.7.1836–9.2.1911)

Die künstlerische Gestaltung und das verwendete Material (weißer Marmor) legen die Vermutung nah, daß die Sarkophage für das Ehepaar **Lehmann** vom selben Bildhauer angefertigt wurden, der auch das **Makower-Grabmal** (Nr. 166) geschaffen hat. Es wurde später als das der **Makowers** ausgeführt und geht in der dekorativen Ausgestaltung weiter. Während bei den **Makowers** immer noch freie Flächen einen Blick auf den Sarg zulassen, ist bei **Lehmanns** nahezu jeder Zentimeter ornamental verziert. Schwere, barocke Festons mit wehenden Schleifenbändern, massive Akanthusblätter und breite Lorbeer- und Eichenblattfriese tragen zur Überladenheit der Grabanlage bei. Auf den

Sarkophage der Eheleute Lehmann

Der kleine, liegende Grabstein für **Heinrich Leo** besagt, daß er der Sohn von Dr. **Julius Leo** war. Es ist zu vermuten, das sein Vater neben ihm beigesetzt wurde, wenn auch sein Grabstein nicht mehr zu finden ist. **Heinrich Leo** verstarb im Säuglingsalter. **Julius Leo** wurde als Sohn des Gutsbesitzers Salomon Leo in Königsberg geboren. 1849 legte er den Berliner Bürgereid ab und ließ sich in der Oranienburger Straße 27 nieder. Er war praktischer Arzt und Buchhändler. UKW

Inschriftpulten, die wie ein Deckel den Sarkophag abschließen, liegen Palmenzweige und große Kränze aus Rosenknospen, die mit breiten Schleifenbändern versehen sind.

133/W4
Lehwess (auch Lewess), Eduard
(13.4.1805–7.6.1861)
Lehwess, Henriette (Jachet)
geb. **Levy**
(7.9.1802–11.12.1869)

An der rechten Seite des Wandgrabes **Manheimer** (Nr. 170) befindet sich die Grabtafel für **Eduard** und **Henriette Lehwess**, die Eltern von **Bertha Manheimer**.

Eduard Lehwess war der Sohn des Arztes Isaac Lehwess (1759–1836), der in Potsdam praktizierte und dort auf dem jüdischen Friedhof begraben wurde. **Eduard Lehwess** war Bäckergeselle in Potsdam, bevor er sich in Berlin am Monbijouplatz 10 selbständig machte. Seine Frau **Henriette (Jachet)** war die Tochter von Marcus Ephraim Levy. UKW

134/A
Leo, Julius
(14.4.1791/93–1875)
Leo, Heinrich
(22.7.5599/1838–7.9.5600/1839)

135/W3
Lessing, Julius
(20.9.1843–14.3.1908)
Lessing, Agathe geb. **Friedheim**
(1.9.1854–3.12.1895)
Friedheim, Bernhardt
(21.8.1818–8.2.1894)
Friedheim, Agathe
geb. **Blumenthal**
(18.10.1827–18.3.1866)

Der Großvater von **Julius Lessing**, Markus, besaß in Freienwalde ein Waren- und Bankgeschäft. Als den Juden das Annehmen von Familiennamen gesetzlich vorgeschrieben wurde, soll er – nach einer Angabe in der Neuen Deutschen Biographie – aus Verehrung für den Dichter des Schauspiels „Nathan der Weise", Gotthold Ephraim Lessing (1729–1781) dessen Namen angenommen haben.

Albert, der Vater von **Julius Lessing**, handelte in Stettin mit Kleiderwaren und Schiffsausrüstungen. Als er 1845 starb, war **Julius Lessing** erst zwei Jahre alt, und somit lag die Erziehung allein in den Händen seiner Mutter Johanna. Von ihr erhielt **Julius** erste Anregungen für Textilarbeiten und Stickereien, die die Mutter anfertigte, um die Familie zu ernähren. Nach dem Besuch eines Gymnasiums in Stettin, studierte **Julius Lessing** in Berlin klassische Philologie. 1865 wechselte er an die Universität Bonn, wo er ein Jahr später promovierte. **Lessing** war der erste Doktorand, der ein Rigorosum in moderner Kunstgeschichte ablegte. Auf seinen zahlreichen Studienreisen nach England galt sein besonderes Interesse den Gemälde- und Skulpturengalerien. Sein Wunsch, nach Paris zu gehen, erfüllte sich 1867, als er im Auftrag der „National-Zeitung" als Berichterstatter auf der Weltausstellung eingesetzt wurde. Er schrieb von dort über die Abteilung „Moderne Kunst" und über die Präsentation von Kleinkunst, Möbeln, Metallwaren und Töpfereien. Um 1868 entstand in Berlin der Plan zur Gründung eines Gewerbemuseums nach englischem und österreichischem Vorbild. **Lessing** wurde an den Vorbereitungen beteiligt und im Herbst 1872 zum ersten Direktor ernannt. 1885 wurde das Gewerbemuseum als „Kunstgewerbemuseum" den Königlichen Museen angegliedert.

Zahlreiche Veröffentlichungen weisen darauf hin, daß **Lessings** Vorliebe der Textilkunst galt: „Altorientalische Teppichmuster" (1877); „Wandteppiche und Decken des deutschen Mittelalters" (1909 ff.). Durch populäre Vorträge und seine Lehrtätigkeit an der Technischen Hochschule versuchte er, in einer breiten Öffentlichkeit das Interesse für Kunst und Kunstgewerbe zu wecken. **Lessing** war ein weitsichtiger Kunsthistoriker; bereits 1874, nur drei Jahre nach Beendigung des deutsch-französischen Krieges, forderte er „die Verbesserung der deutschen Kunstindustrie durch Anschluß an französische Vorbilder" (Pecht, Allg. Zeitung, Nr. 114/1874, 1747 f.).

Nach fast 30jähriger Tätigkeit als Direktor des Kunstgewerbemuseums starb **Julius Lessing** kurz vor seiner Pensionierung. Er wurde neben seiner Frau **Agathe**, mit der er seit 1874 verheiratet war, beigesetzt. Sie war eine Tochter des Goldschmieds **Bernhardt**

Friedheim und dessen Ehefrau **Friederike**, deren Grabsteine sich unmittelbar neben denen der **Lessings** befinden. RK

136/W4
Lessing, Louis
(30.6.1812–5.12.1887)
Lessing, Helene (Lea) geb. **Meyer**
(14.3.1819–29.11.1860)

Der aus Danzig stammende **Louis Lessing**, Sohn eines Kaufmannes, war in Stolp als Handlungsreisender tätig. 1839 bewarb er sich um die Berliner Bürgerrechte, die ihm im April 1841 zuerkannt wurden. Aufgrund einer Kabinettsorder durfte er seinen hebräischen Vornamen Leiser in Louis ändern. **Lessing** handelte in Berlin mit Wollwaren und russischen Produkten. Seine Frau **Helene (Lea)** war die Tochter von Meyer Wolff Meyer, einem der Gründungsmitglieder der ersten Altersversorgungsanstalt der Jüdischen Gemeinde (1829). UKW

137/W2
Lessing, Ludwig
(23.5.1776–19.9.1849)
Lessing, Mariane geb. **Levy**
(ohne Daten)
Lessing, Philipp
(12.1.1814–6.12.1843)
Lessing, Albert
(26.12.1822–5.3.1884)
Lessing, Marie geb. **Ullmann**
(7.6.1833–23.8.1892)

Der Kommerzienrat **Ludwig Lessing** war in Berlin als Bankier tätig. Er war Mitglied der Kaufmannskorporation und arbeitete als General-Landschaftsagent der westpreußischen Landschaft. Er wohnte mit seiner vielköpfigen Familie in der Königstraße 31 und besaß einen Landsitz an der Pankower Chaussee, der heutigen Schönhauser Allee. Seine Söhne

Philipp und **Albert** betrieben unter dem Firmennamen „Gebrüder Lessing" ein Geschäft mit englischen Baumwollgarnen.

In der Erbbegräbnisstätte wurden auch drei Kinder beigesetzt, die innerhalb weniger Wochen Opfer der Choleraepidemie von 1863 wurden. UKW

138/SF
Levin, David Leib
(18.9.1815–22.11.1891)
Levin, Moritz
(1.10.1823–3.2.1872)
139/L3
Levin, George
(ohne Daten)

Der Manufakturwarenhändler **David Leib Levin** aus Königsberg/Neumark war neben **Valentin Manheimer** (Nr. 168) und **Hermann Gerson** (Nr. 80) eine der renommiertesten Persönlichkeiten der Berliner Bekleidungsbranche. Seine 1840 gegründete Fabrik für Damenmäntel verlegte der erfolgreiche Geschäftsmann sehr bald von der Gertraudenstraße 11 ins Zentrum der Berliner Konfektion – an den Hausvogteiplatz 13. Obwohl es um die Mitte des letzten Jahrhunderts durchaus üblich war, daß Verkäufer und Kunde den Preis einer Ware aushandelten, hatte **Levin** bereits 1849 feste Preislisten für seine Mäntel: „Taffet-Mantillen zwischen 3½ und 14 Thalern, Atlas-Mantillen zwischen 4½ und 15 Thalern, sowie Frühjahrs-Mantelots in schwarz, braun und mode aus Zephyr-Wolle zu 3½ bis 14 Thalern" (Dähn, 47). Für seine Verdienste wurde **Levin** der Titel eines Königlichen Kommerzienrates verliehen. Als er im November 1891 im Alter von 77 Jahren verstarb, wurde das Unternehmen von seinen Söhnen Gustav, Louis und **George** weitergeführt. **Moritz Levin** ist wahrscheinlich der Bruder von **David Leib**. Im Gebäude Hausvogteiplatz 1 führte er

ein Kaufhaus, das laut Firmenzeichen 1849 gegründet worden war und Seidenbänder und -stoffe, Sammete, Ballkleider, Spitzen, Gardinen und Weisswaren im Angebot führte. UKW

140/L3
Levinstein, Gustav
(15.5.1842–28.5.1910)
Levinstein, Hermine geb. **Popper**
(26.6.1854–20.5.1934)

Nahezu dreißig Jahre seines Lebens verbrachte der in Berlin geborene **Gustav Levinstein** in England, wohin er schon 1863, im Alter von einundzwanzig Jahren, ausgewandert war. Hier absolvierte er ein Chemiestudium, schlug dann die kaufmännische Laufbahn ein und gründete die Firma L.J. Levinstein & Sons. Als Großkaufmann zu beachtlichem Reichtum gelangt, begann **Levinstein** ein Fremdsprachen- und Literaturstudium. Er verfaßte theoretische Schriften, in denen er sich mit jüdisch-religiösen Themen beschäftigte. So untersuchte er auf wissenschaftlicher Ebene das Problem des Antisemitismus und ging der Frage nach, warum ein Jude nicht Christ werden könne. Eine Sammlung seiner Schriften erschien 1911 posthum unter dem Titel „Zur Ehre des Judentums". Nach der Rückkehr in seine Geburtsstadt Berlin setzte sich **Levinstein** für die Einführung von Sonntagsgottesdiensten ein.

Gustav Levinstein war ein Sohn des Kaufmannes **Levin Jacob Levinstein** (Nr. 141). UKW

141/W1
Levinstein, Levin Jacob
(16.9.1805–29.1.1865)
Levinstein, Bertha
geb. **Liebermann**
(4.12.1807–7.2.1879)

Levinstein, Feodore
(? –12.6.1838)

Wie viele seiner Berliner Glaubensbrüder stammte **Levin Jacob Levinstein** aus Märkisch-Friedland. 1829
heiratete er **Bertha**, eine Tochter von
Jacob Liebermann, einem jüngeren
Bruder von **Joachim Liebermann**
(Nr. 150), und wurde Teilhaber in
deren Handelsunternehmen. Versuche, als selbständiger Kattunfabrikant
zu arbeiten, scheiterten, und so versuchte er sein Glück als Pächter eines
Bahnhofsrestaurants in Kohlfurt.
Nach der Märzrevolution kehrte **Levinstein** nach Berin zurück, wo er
Vertrauter des preußischen Minister-
präsidenten von Manteuffel wurde.
Neben geheimen politischen Missio-
nen, die er im Auftrag des Minister-
präsidenten ausführte, wurde **Levinstein** Agent einflußreicher Fürstenhäuser und wichtiger Persönlichkeiten des Finanz-Adels, wie den
Rothschilds. Um 1860 gab **Levinstein**, der schon in jungen Jahren
wirtschaftspolitische Texte verfaßte,
die Zeitschrift „Natürliche Finanz-
wirtschaft und ministerielle Bewirtschaftung" heraus. Sehr bald erlangte
er einen guten Ruf und sein Haus
wurde Treffpunkt für Diplomaten,
Geschäftsleute und Zeitungskorre-
spondenten. Im Privatleben eher ein
Sonderling, lehnte er alle äußerlichen
Ehrungen ab und lebte als streng or-
thodoxer Jude. UKW

142/G
Levy, Julius
(21.5.1804–19.2.1871)
Levy, Friederike geb. **Rubo**
(24.4.1807–4.11.1888)

Nach einer Ausbildung zum Hand-
lungsdisponenten in seiner Geburtsstadt Berlin übte **Julius Levy** – wie
sein Vater – den Beruf eines Leine-
wandhändlers aus. Er wohnte in der
Bischofstraße 2. Seit 1833 war er mit
Friederike Rubo, einer Schwester des
Rechtsgelehrten **Julius Rubo** (Nr.
218) verheiratet. UKW

143/L3
Levy-Rathenau, Josephine
(3.6.1877–13.11.1921)

Josephine Levy-Rathenau war seit
1900 mit Dr. Max Levy verheiratet.
Sie war die Begründerin und Organi-
satorin der Berufsberatung für Mädchen und Frauen in Deutschland, eine
Institution, deren Methoden für die
später konstituierte Berufsberatung
für Knaben vorbildlich wurden. Von
1910 bis 1920 leitete sie Deutschlands erste berufskundliche Zeitschrift „Frauen und Erwerb". Das
Organisationswerk der weiblichen Berufsberatung wurde 1911/12 von
Levy-Rathenau durch Zusammen-
schluß aller Beratungsstellen im „Kar-
tell der Auskunftsstellen für Frauen-
berufe" und durch die Einrichtung einer Großberliner Auskunftsstelle
vollendet. **Levy-Rathenau** veröffentlichte unter anderem Materialsamm-
lungen über Berufsprobleme und erarbeitete den 5. Band des Handbuches der Frauenbewegung: „Die
deutsche Frau im Beruf". In ihren
letzten beiden Lebensjahren war sie
besoldete, später unbesoldete Stadt-
rätin des Berliner Magistrats, in dem
sie sich vor allem für sozialpolitische
Reformen einsetzte.

Das Sandsteindenkmal für **Josephine Levy-Rathenau** trägt als einzigen Schmuck drei Schalen mit stilisierten Rosensträußen. Während in
der Grabmalkunst Blumen im allgemeinen die Vergänglichkeit alles Irdischen symbolisieren, verkörpert die
Rose einen darüber hinausgehenden
Sinngehalt. Aufgrund ihrer vollende-
ten Form, ihres Duftes und ihrer
Kostbarkeit galt sie als eine der Pflanzen des Paradieses. Als Grabdekor
schließt die Rose somit den Gedanken an die Auferstehung und ein pa-
radiesisches Leben nach dem Tod ein.
UKW

Familie Joseph Liebermann

144/W3
Liebermann, Joseph
(14.6.1783–29.1.1860)
Liebermann, Marianne
geb. **Callenbach**
(27.3.1792–23.3.1864)
Liebermann, Arthur Martin
(28.10.1859–8.11.1865)

145/L2
Liebermann, Benjamin
(4.12.1812–15.1.1901)
Liebermann, Mathilde
geb. **Grünbaum**
(16.3.1814–4.2.1902)

146/E
Liebermann, Louis
(8.2.1819–29.4.1894)
Liebermann, Philippine geb.
Haller
(1822–25.8.1892)
Liebermann, Max
(20.7.1847–8.2.1935)
Liebermann, Martha
geb. **Marckwald**
(8.10.1858–10.3.1943)
Liebermann, Georg
(3.7.1844–13.4.1926)

147/G
Liebermann von Wahlendorf,
Adolf Ritter
(13.11.1829–30.1.1893)
Liebermann von Wahlendorf, Rina
geb. **Strauss**
(10.3.1838–30.1.1880)

148/L2
Liebermann, Felix
(20.7.1851–17.10.1925)
Liebermann, Cäcilie geb.
Lachmann
(25.4.1860–27.1.1943)

149/B
Liebermann, Else geb. **Marckwald**
(20.1.1855–28.5.1924)
Liebermann, Hans
(26.3.1876–11.9.1938)

Familie Joachim Liebermann

150/W3
Liebermann, Joachim
(8. Tamus 5539/1778–16. Adar
5613/1853)
Liebermann, Rahel geb. **Sussmann**
(22. Schebat 5540/1779–9. Elul
5618/1857)

151/E
Liebermann, Philipp
(10.4.1810–15.1.1877)
Liebermann, Friederike geb. **Levy**
(24.12.1814–12.4.1888)
Liebermann, Martin
(9.9.1838–28.9.1900)
Liebermann, Anna
geb. **Liebermann**
(17.5.1843–17.2.1933)

152/K
Liebermann, Joseph Joachim
(6.7.1812–5.5.1883)
Liebermann, Bertha geb. **Benda**
(6.1.1822–16.7.1901)

153/G
Liebermann, Benjamin
(12.8.1806–14.2.1890)
Liebermann, Susette geb. **Löwenthal**
(11. Tischri 5572/1811–13. Tamus
5629/1868)
Liebermann, Johanna
geb. **Hirschfeld**
(14.11.1846–15.6.1918)

Fast dreißig Mitglieder der Familie
Liebermann – vermutlich aber mehr –
wurden auf dem Schönhauser Friedhof beerdigt. Um die familiären Beziehungen zu verdeutlichen, sei auf den
Stammbaum verwiesen.

Die Ursprünge der Familie lassen
sich bis zu Bendix Liebermann zurück-
verfolgen, der etwa 1748 in Märkisch
Friedland geboren wurde, wo er als
Kaufmann tätig war und nach 1812
verstarb. Zwei seiner Söhne – **Joseph**
und **Joachim** – gingen nach Berlin und
gründeten späterhin weitverzweigte
Familien, die im wirtschaftlichen und
kulturellen Leben Preußens eine herausragende Bedeutung erlangen sollten.

107

Stammtafel der Angehörigen der Familie Liebermann, die auf dem Friedhof beerdigt wurden

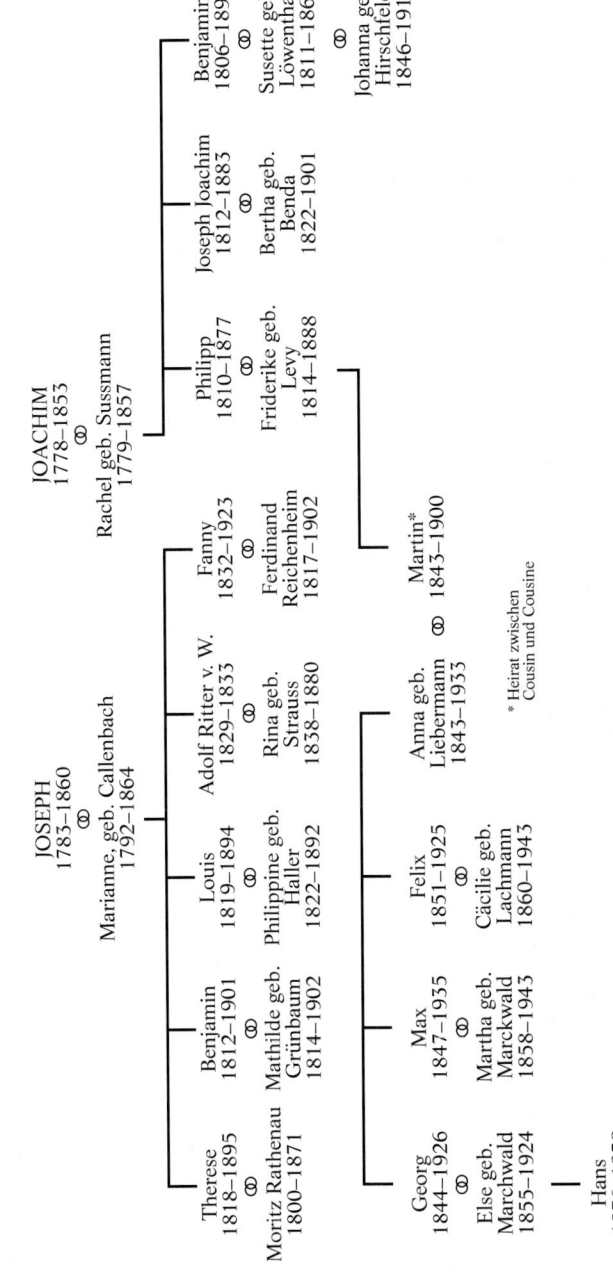

JOACHIM
1778–1853
∞
Rachel geb. Sussmann
1779–1857

Benjamin
1806–1890
∞
Susette geb. Löwenthal
1811–1868
∞
Johanna geb. Hirschfeld
1846–1918

Joseph Joachim
1812–1883
∞
Bertha geb. Benda
1822–1901

Philipp
1810–1877
∞
Friderike geb. Levy
1814–1888

JOSEPH
1783–1860
∞
Marianne, geb. Callenbach
1792–1864

Fanny
1832–1923
∞
Ferdinand Reichenheim
1817–1902

Martin*
1843–1900
∞
Anna geb. Liebermann
1843–1933

Adolf Ritter v. W.
1829–1833
∞
Rina geb. Strauss
1838–1880

Louis
1819–1894
∞
Philippine geb. Haller
1822–1892

Felix
1851–1925
∞
Cäcilie geb. Lachmann
1860–1943

Benjamin
1812–1901
∞
Mathilde geb. Grünbaum
1814–1902

Max
1847–1935
∞
Martha geb. Marckwald
1858–1943

Therese
1818–1895
∞
Moritz Rathenau
1800–1871

Georg
1844–1926
∞
Else geb. Marchwald
1855–1924

Hans
1876–1938

* Heirat zwischen Cousin und Cousine

Grabstätte
Familie Joseph
Liebermann

144/W3
Liebermann, Joseph
(14.6.1783–29.1.1860)
Liebermann, Marianne
geb. **Callenbach**
(27.3.1792–23.3.1864)
Liebermann, Arthur Martin
(28.10.1859–8.11.1865)

Der in Märkisch-Friedland (West-preußen) geborene **Joseph Liebermann** erwarb 1812 nach dem Stein'-schen Emanzipationsgesetz dort das Bürgerrecht, um Kaufmann werden zu können. Als er 1823 nach Berlin übersiedelte, bedauerte der Magistrat seinen Weggang und bescheinigte ihm in einem Attest, „daß er sich stets als ein treuer, redlicher Bürger gezeigt hat, sein Betragen lobenswert, er auch in der Erfüllung der ihm obliegenden bürgerlichen Pflichten und Berichtigung der Abgaben nicht säumig gewesen sei" (Ausstellungskatalog, 12).

Gemeinsam mit den Brüdern **Joachim** und **Jacob** betrieb er in Berlin einen Manufakturwarenhandel, der im Adreßbuch von 1828 unter dem Namen „Gebrüder Liebermann" firmierte. Das Unternehmen schloß sich mit der Kattundruckerei Goldschmidt in der Köpenicker Str. 24 zusammen,

man vertrieb Billigstprodukte für die Volksmassen, später kamen auch elegantere Waren hinzu. Fabrikation von und Handel mit Baumwollwaren (Kattun) machten den inländischen Markt weitgehend von Einfuhren unabhängig. In einer Anekdote wird erzählt, daß **Joseph Liebermann** sich König Wilhelm IV. auf der Promenade eines Kurortes mit den Worten vorgestellt haben soll: „Ich bin der Liebermann, der die Engländer vom Kontinent vertrieben hat."

1856 kauften die Brüder Liebermann unwirtschaftlich arbeitende Hüttenwerke in Schlesien, die sie im Laufe eines Jahrzehnts sanierten und hier erfolgreich Maschinen, Brückenbauteile, Eisenbahnschienen und -räder produzierten.

Nach dem Tode von **Joseph Liebermann** wurde die Firma von seinen Brüdern weitergeführt.

Von der Persönlichkeit **Marianne Liebermanns** läßt sich durch Schilderungen ihres Enkels Carl (1842–1914) ein Bild zeichnen. Sie war der Mittelpunkt der Liebermannschen Großfamilie, orthodox erzogen, sparsam wirtschaftend und rastlos tätig. „Von dem Arbeitsfenster ihres Wohnzimmers konnte die stets mit Handarbeiten beschäftigte Großmutter das Getriebe im Comptoir und Lager gut überblicken. Sie war eine energische, überall und in der Wirtschaft, z.B. bei der großen Wäsche tätig selbst zugreifende Frau, die ihren Willen wohl durchzusetzen wußte." (Ausstellungskatalog, 15)

In der Grabstelle von **Joseph** und **Marianne Liebermann** befindet sich ein Grabstein gleicher Größe und Ausführung für den früh verstorbenen **Arthur Martin Liebermann** mit der Aufschrift

Vier Jahre warst Du Glück unseres Lebens,
da ruft Dich Gott und Du kehrst heim zu ihm,
so angenehm wie Du gekommen.
Jetzt verklärter Engel wirst Du an den Stufen des himmlischen Thrones
für die Deinen beten und uns nie vergessen,
wie wir Dich niemals vergessen werden.

Vermutlich handelt es sich um ein früh verstorbenes Enkel- oder Adoptivkind der Eheleute. RK

145/L2
Liebermann, Benjamin
(4.12.1812–15.1.1901)
Liebermann, Mathilde geb.
Grünbaum
(16.3.1814–4.2.1902)

Benjamin Liebermann erhielt eine kaufmännische Ausbildung und wurde von seinem Vater nach Manchester/ England geschickt, um dort fortschrittliche Fabrikationsmethoden, besonders in der Textilbranche, kennenzulernen.

Zu den Erwerbungen seines Vaters zählte auch die „Dannenbergsche Kattunfabrik", die zu den führenden Unternehmen dieser Art auf dem Kontinent gehörte. Die „Gartenlaube" berichtete 1869 über diese Fabrik: „Eine fortlaufende Reihe von ineinander greifenden Prozessen gehört dazu, um das ordinärste und billigste Stück Kattun zu liefern. Dafür arbeitet unablässig bei Tag und Nacht die riesige Dampfmaschine mit der Kraft von dreihundertvierzig Pferden. In vierzehn großen Kesseln erzeugt, wirkt außerdem der Dampf von siebenzehn kleineren und größeren Maschinen, um die zahllosen Wellen, Räder und Walzen zu bewegen, die sich ohne Aufhören drehen und die verschiedenen Dienste versehen, zu denen Tausende von Händen nicht ausreichen würden" (Ausstellungskatalog, 15).

Benjamin Liebermann war Vertrauensmann der liberalen „Fortschrittspartei", 1. Präsident des Deutschen Handelstages, Vizepräsident des Ältestenkollegiums der Berliner Kaufmannschaft. Er wirkte als Mitglied der Jüdischen Reformgemeinde und war 51 Jahre lang Mitglied der Gesellschaft der Freunde.

Sein Neffe **Max Liebermann** schuf ein Portrait von ihm, das sich im Besitz der Gesellschaft der Freunde befand und als Leihgabe im Kronprinzen-Palais ausgestellt war. Nach dem 30.5.1933 wurde das wertvolle Gemälde „wegen Raummangels" entfernt und im Jüdischen Museum aufbewahrt. RK

146/E
Liebermann, Louis
(8.2.1819–29.4.1894)
Liebermann, Philippine geb.
Haller
(1822–25.8.1892)
Liebermann, Max
(20.7.1847–8.2.1935)
Liebermann, Martha geb.
Marckwald
(8.10.1858–10.3.1943)
Liebermann, Georg
(3.7.1844–13.4.1926)

Grabmal für Louis und Max Liebermann

Sein Vater **Joseph Liebermann** schickte den jungen Louis ins Ausland, damit er sich kaufmännische Kenntnisse aneignete, die dem Familienbetrieb nützlich sein sollten. Die Brüder **Louis** und **Benjamin** waren die „Seele des Geschäfts"; zu ihnen blickten die übrigen Geschwister (Therese, Eduard, Carl, Martin, Fanny, Julie und Adolf) bewundernd auf.

Die Familie wohnte zunächst in der Burgstraße. Auf der ihrem Haus gegenüberliegenden Seite wurde später die Nationalgalerie erbaut. Später (1859) kaufte der vielfache Millionär **Louis Liebermann** das Haus am Potsdamer Platz Nr. 7, rechts vom Brandenburger Tor, eine der feinsten Adressen Berlins. „Damit war die Familie nicht nur mit ihrem Kapitalbesitz, sondern nun auch gesellschaftlich in die höchsten Kreise der Berliner Bourgeoisie eingezogen" (Ausstellungskatalog, 15). Vom Liebermann'schen Haus konnte man nach Osten blickend den Pariser Platz, die Straße „Unter den Linden" und das

königliche Schloß sehen, zur anderen Seite erstreckten sich die weiten grünen Flächen des Tiergartens.

Louis Liebermann war ein autoritärer Gatte und Vater, „keine Spur von einem Künstler, ein Instinktmensch, nicht sehr liebenswürdig, Preuße mit Leib und Seele" (Ausstellungskatalog, 15). Obwohl vielfacher Millionär, war er auf sparsamste Haushaltsführung bedacht. Jeglicher Luxus galt auch hier – wie in vielen reichen jüdischen Familien – als sündig und war daher unangebracht. Es wird berichtet, daß die Söhne **Georg**, **Max** und **Felix** sich bis zum Ende der Schulzeit ein Zimmer teilen mußten, in das der Vater durch ein Glasfenster in der Tür jederzeit Einblick hatte. Nur die Tochter Anna hatte ein eigenes Zimmer.

Louis Liebermann war Stadtverordneter in Berlin und sozial in der Armen- und Waisenfürsorge engagiert.

Philippine Liebermann war die Tochter des wohlhabenden Juweliers Haller, der seine Geschäftsräume Unter den Linden hatte. Durch ihre Herkunft und Erziehung brachte sie Eleganz und Stilgefühl in das eher nüchterne Kaufmannshaus. „Sie war eine zierliche, elegante, bewegliche Dame, die ein ausgesprochenes Formgefühl, einen starken Sinn für Schönheit der Erscheinung hatte. Großen Wert legte sie auf die Harmonie ihrer Toilette" (Ausstellungskatalog, 16).

Ludwig Geiger (Nr. 78) schreibt über **Philippine Liebermann**: „Sie übte in einer zarten Weise mit der Anmut, die auch im gewöhnlichen Leben sie zierte, eine große Wohltätigkeit aus. Es war ihr Genugtuung, wenn sie alljährlich, gegen Ende des Winters, die schönen Räume, in denen sie sonst als angenehme Hausfrau waltete, für einen der großen Wohltätigkeitsbazare öffnen konnte, der einen ganz besonders reichen Ertrag zu Unterstützung Armer abwarf" JGB 1916, 454).

Durch standesgemäße Eheschließungen entwickelten sich gesellschaftliche und geschäftliche Verbindungen, die einflußreiche Familien zu einem eng verzahnten Clan zusammenschlossen. Der Geschäftspartner von **Philippines** Vater war **Benny Rathenau** (Nr. 205); und durch Heirat seines Bruders Moses mit der Schwester von **Louis Liebermann** (Therese 1818–1895) wurden die Familien Liebermann und Rathenau miteinander verwandt. Aus dieser Verbindung stammen der Großindustrielle Emil Rathenau und sein Sohn Walter Rathenau, Außenminister der Weimarer Republik, der einem Mordanschlag antisemitischer Rechtsradikaler 1922 zum Opfer fiel.

Das Grab des Malers **Max Liebermann** ist heute noch Ziel von Besuchern aus aller Welt. Viele Steinchen, die als Zeichen der Verehrung auf die Grabplatte gelegt werden, beweisen, daß die Erinnerung an den berühmten Künstler, humorvollen Zeitgenossen und beliebten Bürger Berlins nicht verblichen ist. Eine umfassende

Würdigung seiner künstlerischen Arbeit würde den Umfang dieser Biographie sprengen, deshalb wurde versucht, ein persönliches und lebendiges Bild dieses ungewöhnlichen Menschen zu zeichnen.

Max Liebermann entstammte einer wohlhabenden Familie, sein Vater war der angesehene Fabrikant **Louis Liebermann**. Die Familie siedelte 1859 in das Haus am Pariser Platz Nr. 7 über; das Haus stand direkt neben dem Brandenburger Tor und wurde im Krieg zerstört.

Den Wohnort der Liebermannschen Familie beschrieben die schlagfertigen Berliner so: „Wenn man nach Berlin rein kommt, gleich links". Liebermann hatte in diesem Hause bis zu seinem Tode seine Stadtwohnung mit Atelier, seit 1910 besaß die Familie noch ein Sommerhaus am Großen Wannsee.

Max Liebermann berichtete über seine Herkunft recht originell, daß sein Griechischlehrer behauptet habe, „daß ich nach dem Schnitt meiner Augenbrauen von den assyrischen Königinnen abstamme: ich weiß nur, daß mein Großvater und Vater Kattunfabrikanten in Berlin waren" (Berliner Maler, 116)

Er besuchte das Friedrich-Wedersche Gymnasium, bestand das Abitur mit „Ach und Krach", weil ihm Mathematik und die realen Wissenschaften ein Buch mit sieben Siegeln waren. Viel lieber beschäftigte er sich mit manuellen Tätigkeiten; sein Vater hatte ihm zu seiner großen Freude auf dem Dachboden eine Tischlerwerkstatt eingerichtet. Von Jugend an hat **Liebermann** mit Leidenschaft gezeichnet. Bei dem damals sehr renommierten Lehrer Karl Steffeck ging er mittwochs und sonnabends zum Unterricht. „Aber es ist wohl selbstverständlich, daß ein Fünfzehn- oder Sechzehnjähriger lieber mit den weiblichen Modellen herumschäkert, als sie abzeichnet" (Berliner Maler, 118).

Vater **Louis** bestand darauf, daß die drei Brüder **Max, Felix** und **Georg** die Reifeprüfung ablegten, ehe sie sich für einen Beruf entscheiden konnten. **Max** wurde auf der Berliner Universität immatrikuliert, belegte aber nicht einmal ein Kolleg, sondern ritt lieber im Tiergarten aus. Sein Lehrer Steffeck (von dem Liebermann amüsiert berichtete, er sei Vater von vierzehn Kindern, seine Gattin hatte ihm drei Zwillingspaare hintereinander „geschenkt") nahm ihn ins Atelier und ließ ihn Pferde malen. Hierzu **Max Liebermann**: „Der Versuch fiel nach Steffecks Meinung überaus günstig aus, – und ich war Maler geworden." (Berliner Maler, 118)

1869 wechselte er nach Weimar zur Kunstschule unter Kalckreuth. „Dann wurde ich Schüler von Puwels, der damals in hohem Ansehen als Lehrer stand. Vier Jahre war ich in seiner Malschule und fing Bilder in des Meisters Manier an, ohne eins zustande zu bringen. 1872 malte ich mein erstes Bild ‚Die Gänserupferinnen', das in dem kleinen Weimar ein bedeutendes Aufsehen machte" (Berliner Maler, 119). Das Bild zeigt Frauen in einem dunklen, etwas schmutzigen Schuppen, die die für Daunendecken benötigten Federn von lebenden Gänsen rupfen. Die „Gänserupferinnen" stellten den Maler sofort ins Zentrum der öffentlichen Kritik. Für den Kaiserhof war er der „Häßlichkeitsapostel", für die eigene Familie ein enfant terrible, dagegen erkannten vorausschauende Kritiker in dem Bild den Beginn einer neuen Entwicklung in der Malerei.

Max Liebermann blieb zunächst den Szenen aus der Arbeitswelt und dem sozialen Leben treu (Themen wie Korbflechter, Arbeiter im Rübenfeld, Freistunde im Amsterdamer Waisenhaus), seine Gemälde wurden in Salons und Kunstausstellungen gezeigt und beachtet.

Später schuf **Max Liebermann** viele Portraits, auch Selbstbildnisse

und Garten- und Parkbilder. Seine Werke fanden zu Lebzeiten trotz seiner großen Berühmtheit keine einheitlichen Beurteilungen und auch heute divergieren die Meinungen.

Zahlreiche Reisen führten ihn nach Frankreich und Holland, ab 1884 zog er wieder nach Berlin, heiratete **Martha Marckwald** und lebte in dem Haus seiner Eltern am Pariser Platz. Hier in Berlin schuf er seine Meisterwerke, nahm aber auch am öffentlichen Leben regen Anteil und übte einen großen Einfluß auf die Berliner Kunstszene aus. Seine kunstpolitischen Bestrebungen richteten sich gegen die Auffassungen Wilhelms II. und den Hofmaler Anton von Werner. **Max Liebermann** war an der Gründung der opponierenden „freien" Künstlervereinigung beteiligt: mit Walter Leistikow, Franz Skarbina, Ludwig von Hofmann und anderen schloß er sich zur „Vereinigung der XI" zusammen. 1892 entstand aus Anlaß des Verbots einer Edvard Munch-Ausstellung die „Freie Künstlervereinigung". Mit Walter Leistikow gründete er 1898 die „Berliner Secession", deren Präsident er von 1899–1911 war. 1898 wählte ihn die Preußische Akademie der Künste zum Mitglied, von 1920 bis 1932 war er Akademie-Präsident, ab 1932 Ehrenpräsident.

Es erschienen literarische Darstellungen seiner künstlerischen Ansichten „Über die Phantasie in der Malerei" (1904), in denen er seinen eigenen Standpunkt gegenüber Realismus (Impressionismus) und Expressionismus programmatisch bestimmte.

Max Liebermann sammelte mit Leidenschaft (und seinem ererbten Vermögen) zeitgenössische Kunst. Er besaß eine große Impressionisten-Sammlung mit Werken von Monet, Degas und Manets (z.B. das Bild „Spargelbündel", heute im Wallraf-Richartz-Museum Köln).

Max Liebermann war nicht nur bei der geistigen Elite, sondern auch

*Max und Martha
Liebermann
mit Tochter und
Enkelin (1924)*

beim „einfachen Berliner" außerordentlich populär. Sein Berliner Jargon machte ihn bei jedermann bekannt, zahlreiche Anekdoten füllten nicht nur die Gazetten, sie waren echtes „Volksgut". Ein Beispiel: Ein begeisterter Kritiker zu **Liebermann**: „Meister, je mehr ich mich in die Kunst versenke, desto klarer wird mir: es gibt nur zwei große Maler, Velasquez und Sie!" – Darauf Liebermann: „Wat denn, wat denn, wieso Velasquez?"

Seine letzten Lebensjahre waren durch die politischen Ereignisse überschattet. 1933 legte er, durch die Kulturpolitik der Nationalsozialisten gedrängt, sein Amt als Ehrenpräsident und Mitglied der Akademie der Künste nieder. „Ich habe während meines langen Lebens mit all meinen Kräften der deutschen Kunst zu dienen versucht. Nach meiner Überzeugung hat Kunst weder mit Politik noch mit Abstammung zu tun, ich kann daher der Preußischen Akademie der Künste, deren ordentliches Mitglied ich seit mehr als 30 Jahren und deren Präsident ich durch 12 Jahre gewesen bin, nicht länger angehören, da dieser mein Standpunkt keine Geltung mehr hat" (Etzold, 61).

Als der mit zahlreichen Ehrungen und Auszeichnungen bedachte Künst-

ler am 8.2.1935 starb, gab es keine öffentlichen Nachrufe und keine Würdigungen seiner Person und seines Werks. An der Trauerfeier auf dem Friedhof Schönhauser Allee nahmen kein Vertreter der Stadt Berlin (obwohl **Liebermann** Ehrenbürger war), keine Delegationen von Akademien oder Künstlerverbänden teil. Lediglich eine kleine Trauerfeier alter und treuer Freunde – u.a. Max Osborn, Käthe Kollwitz, Ferdinand Sauerbruch – versammelten sich zum letzten Geleit. Die Gedenkreden hielten Karl Scheffler und der Rabbiner Dr. Malvin Warschauer. Vermutlich haben auch Gestapo-Angehörige die Trauerfeier beobachtet, weil jedes Aufsehen vermieden werden sollte.

Das künstlerische Werk **Max Liebermanns** ist in der Nachkriegszeit in nur wenigen Ausstellungen umfassend gewürdigt worden, jedoch befinden sich Werke des Künstlers in allen bedeutenden Kunstsammlungen.

Erfreulich ist festzustellen, daß eine Charlottenburger Schule den Namen des Malers trägt und Lehrer und Schüler im Unterricht und in der Freizeit sich dem Lebenswerk von Max Liebermann verpflichtet fühlen.

Über die Persönlichkeit von **Martha Liebermann**, der Ehefrau von **Max Liebermann**, ist wenig bekannt. Sie blieb im gesellschaftlichen Leben stets im Hintergrund, war eine aufmerksame Gastgeberin und fürsorgliche Mutter. Für zahlreiche Gemälde und Zeichnungen stand sie ihrem Gatten Modell, lesend im Garten oder mit Handarbeiten beschäftigt. Es ist nicht bekannt, ob sie schriftliche Aufzeichnungen (Tagebücher, Briefe usw.) geführt und hinterlassen hat.

Als **Max Liebermann** starb, war **Martha** schon 77 Jahre alt, die Eheleute waren 51 Jahre verheiratet. Zunächst konnte sie noch im Hause am Potsdamer Platz wohnen bleiben, dann zwangen die Nationalsozialisten sie, in eine Wohnung in die Bendlerstraße zu ziehen.

Über ihr Leben unter der Naziherrschaft ist kaum etwas bekannt. In der Allgemeinen Biographie findet sich der Hinweis: „Nach seinem Tod (gemeint ist **Max Liebermann**) wurde die Witwe von dem Maler Leo von König betreut." Bei Karl Scheffler „Die fetten und die mageren Jahre" 1946 heißt es: „Liebermanns Frau, die achtundsiebzig Jahre zählte, blieb zurück. Bald darauf mußte sie die historisch gewordene Wohnung am Pariser Platz verlassen und eine neue im alten Westen suchen. Dort besuchten sie von Zeit zu Zeit die wenigen treu gebliebenen Freunde und fanden sie stets gefaßt und starken Geistes. Ihr Schwiegersohn, der Philosoph Riezler, der unter Bethmann Hollweg auch politisch eine Rolle gespielt hatte und der deswegen schlecht angeschrieben war, wanderte mit seiner Frau nach Amerika aus, wo er einen Lehrstuhl erhielt. Frau Liebermann wollte ihren Kindern folgen, doch wurde ihr die Ausreise immer wieder verweigert, weil sie völlig ausgeplündert werden sollte. Als ihr eines abends von der Geheimen Staatspolizei mitgeteilt wurde, sie werde am nächsten Morgen abgeholt – eine Mitteilung, die einem Todesurteil auf Sicht gleichkam –, nahm sie Veronal. Sie hatte einen schweren Tod im Jüdi-

schen Krankenhaus. Am nächsten Tag schon trieben sich in der an schönen Bildern und Möbeln noch reichen Wohnung einige bei der Partei wohl akkreditierte Kunsthändler beutegierig herum. Doch zerstörte eine Bombe wenige Tage später dann die ganze Hinterlassenschaft."

Über einen letzten Versuch, doch noch außerhalb Deutschlands in Sicherheit zu gelangen wird Folgendes berichtet: „Das Ehepaar **Liebermann** war mit dem Maler Anders Zorn und seiner Frau bekannt, die in den vierziger Jahren in Schweden lebten. Zorn hatte um die Jahrhundertwende Portraits von **Max** und **Martha Liebermann** angefertigt, die sich im Besitz der **Liebermanns** befanden. Die Witwe Zorns hatte **Martha Liebermann** mehrfach nach Schweden eingeladen. Zuerst wollte die alte Dame die Einladung nicht annehmen, aber als die Judenverfolgungen ständig zunahmen, willigte sie ein. Die Ausreisegenehmigung sollte aber nur gegen Devisen erteilt werden, und die von Zorn gemalten Portraits sollten zur Devisenbeschaffung dienen. Ein Freund schmuggelte die Bilder nach Schweden. Der Erlös reichte jedoch nicht für die Ausreisegenehmigung aus, weil inzwischen das Wirtschaftsministerium die Auslösesumme erhöht hatte" (Katalog, Max Liebermann in seiner Zeit, 48).

Im Archiv des Deutschen Roten Kreuzes in Bonn wird ein Brief aufbewahrt, den der Herzog von Coburg am 25. März 1942 an den Chef der Sicherheitspolizei und des SD, Berlin SW 11, Prinz-Albrecht-Straße 8 gerichtet hat, in dem es heißt: „Gelegentlich eines Aufenthaltes in Stockholm ist mir durch den Prinzen Eugen von Schweden, einem Bruder des Königs Gustav V. von Schweden, Nachfolgendes vorgetragen worden mit der Bitte, die Möglichkeit der Durchführung zu erkunden:

1. Kann der Witwe des Malers Professor **Liebermann** die Genehmigung

zur Ausreise nach Schweden erteilt werden? In Schweden gibt es einen Kreis von Personen, die es übernommen haben, zutreffendenfalls für ihren Lebensunterhalt dort zu sorgen. (Es folgt eine weitere Bitte, der Witwe eines Arztes die Ausreise zu genehmigen.) Meines Wissens handelt es sich in beiden Fällen um ältere Frauen ohne Familienanhang.

Ich bitte, mich über das Ergebnis einer Prüfung der beiden Fragen unterrichten zu lassen, damit ich gegebenenfalls in der Lage bin, dem Prinzen von Schweden einen kurzen Bescheid geben zu können. Heil Hitler!"

Die Willkür der Behörden reichte über den Tod hinaus. Sie verboten eine Beisetzung auf dem Friedhof Schönhauser Allee an der Seite ihres Gatten und ihrer Familienangehörigen, weil der Friedhof geschlossen war. So wurde ihre sterbliche Hülle auf dem Friedhof Weissensee beigesetzt, und erst nach dem Kriege konnte sie im Erbbegräbnis ihre letzte Ruhe finden.

Georg Liebermann wurde in der Grabstätte seiner Eltern und seines Bruders **Max** beigesetzt, während seine Ehefrau **Else** und sein Sohn **Hans** im Gräberfeld B (Nr. 149) ihre letzte Ruhestätte gefunden haben.

Dem Wunsch seines Vaters **Louis Liebermann**, in das väterliche Geschäft einzutreten und es später zu übernehmen, entsprach **Georg Liebermann**, während seine Brüder andere Berufe ergriffen. **Max Liebermann** wurde Maler und **Felix Liebermann** Historiker und Rechtsgelehrter.

Als geschickter Unternehmer verstand es **Georg Liebermann**, sich jeder wirtschaftlichen Notwendigkeit anzupassen. Familienunternehmen wurden, wenn es die Situation notwendig machte, mit Gewinn verkauft oder in Aktiengesellschaften umgewandelt. Durch die von ihm gegründeten großen Baumwollspinnereien in Falkenau bei Flöha in Sachsen erwarb

sich Georg ein großes Vermögen, das sich im Jahre 1913 auf 6,1 Millionen belief. Sein jährliches Einkommen wurde mit 400.000 Mark angegeben. RK

147/G
Liebermann von Wahlendorf, Adolph Ritter
(13.11.1829–30.1.1893)
Liebermann von Wahlendorf, Rina geb. **Strauss**
(10.3.1838–30.1.1880)

Trotz seines ungewöhnlichen Namens gehört **Adolph Ritter Liebermann von Wahlendorf** zu jener Familie Liebermann, der auch der berühmte Maler (Nr. 146) entstammt. Von dem österreichischen Kaiser Franz Joseph wurde er 1873 in den Ritterstand erhoben, und aufgrund seiner „Verdienste um die preußische Kunst" durfte er sich später „von Liebermann" nennen. **Adolph** war der jüngste von zehn Kindern (sieben Söhne, drei Töchter) des Kattunfabrikanten **Joseph Liebermann** (Nr. 144) und dessen Frau **Marianne**, somit ein Onkel von **Max Liebermann**. Angaben seines Sohnes Willy (1863–1939) zufolge bekleidete **Adolph von Liebermann** im Gegensatz zu seinen Brüdern keine hochrangigen Ämter in Stadt und Handel, sondern war ein „geborener Weltmann und lebte dem Kunstgenuß" (Liebermann von Wahlendorf, W., 18). Nur wenige Jahre wirkte er als Mitinhaber der verschiedenen Liebermann'schen Textilfabriken, ehe er sich aus dem aktiven Geschäftsleben zurückzog und sich fortan fast ausschließlich seiner Kunstleidenschaft widmete. Er war es, der schon früh das Talent seines Neffen **Max** erkannt hatte und dessen Vater **Louis** (Nr. 146), seinen älteren Bruder, davon überzeugte, daß ein künstlerisches Studium an der Weimarer Akademie dem Naturell des

*Sarkophaggrab
für Adolph Ritter
Liebermann von
Wahlendorf*

jungen Mannes eher entsprach als die kaufmännische Laufbahn, die **Louis** für seinen Sohn vorgesehen hatte. In seinem Haus Unter den Linden Ecke Wilhelmstraße hatte **Adolph von Liebermann**, der „ein gewaltiger Sammler vor dem Herrn war" (Liebermann von Wahlendorf, W., 9) im Laufe der Jahre eine Sammlung zusammengetragen, die Werke aller wichtigen zeitgenössischen Künstler Deutschlands vereinte. Nicht nur Kunstschaffende, wie die Bildhauer Reinhold Begas und der ebenfalls auf dem Schönhauser Friedhof beigesetze **Louis Sussmann-Hellborn** (Nr. 251) gehörten zu den Freunden und häufigen Besuchern des Liebermann'schen Privatmuseums, sondern auch Wissen-

schaftler wie **Ludwig Traube** (Nr. 252) und Mitglieder des preußischen Königshauses, wie Kronprinz Friedrich Wilhelm. Neben Arbeiten von Gustav Richter, Arnold Böcklin, Franz von Lehnbach und Frühwerken von **Max Liebermann**, galten vor allem sechs Gemälde von Adolph Menzel als besonderer Anziehungspunkt der Sammlung. Menzels „Eisenwalzwerk" von 1875, das monumentale Initialgemälde der naturalistischen Malerei in Deutschland, übergab **von Liebermann** bei Auflösung seiner Sammlung um 1880 an die Berliner Nationalgalerie als Geschenk. Ein Grund, sich vom größten Teil seiner Kunstgegenstände zu trennen, war der frühe, unerwartete Tod seiner

Ehefrau **Rina**, die am 30. Januar 1880 nur 41jährig verstarb. **Von Liebermann** verkaufte sein Haus und zog sich fast ganz aus dem gesellschaftlichen Leben Berlins zurück. Zum Gedenken an seine Frau errichtete er dem Baruch Auerbach'schen Waisenheim (Nr. 17) eine ansehnliche Stiftung und ließ in der Synagoge des Waisenheimes alljährlich an **Rinas** Todestag einen Gedenkgottesdienst abhalten. In den letzten Jahren seines Lebens unternahm **von Liebermann** mit seinen drei Söhnen ausgedehnte Reisen in die Kulturzentren Europas: Wien, Paris, Budapest. Die Kunstwerke, die er auf diesen Reisen erwarb, gaben auch seinem neuen Domizil am Pariser Platz, Ecke Leipziger Straße sehr bald wieder einen musealen Charakter. Infolge einer verschleppten Grippe erlag der ansonsten „stattliche und rüstige" (Liebermann von Wahlendorf, W., 99) **Adolph von Liebermann** im Alter von 63 Jahren einer Lungenentzündung. Er starb in den frühen Morgenstunden des 30. Januar 1893, fast auf die Stunde genau dreizehn Jahre nach seiner Ehefrau.

Von Liebermanns lebenslanges Interesse an der Kunst fand seinen Niederschlag auch in der Gestaltung seiner Grabstätte, die sich unmittelbar vor dem Grab von **Max Liebermann** befindet. Das massive, vielförmig profilierte Marmorpostament, das einen Scheinsarkophag trägt, wird an seiner Schmalseite von einer, an den Längsseiten von zwei rundbogigen Inschrifttafeln durchbrochen. Auf diesen Tafeln, die mit Girlanden aus Rosenknospen geschmückt sind, findet man neben den Namenszügen und Lebensdaten **von Liebermanns** und seiner Frau auch Psalmensprüche. Eichenlaubkränze, Schleifenbänder und große Quasten markieren die konkav geschwungenen Ecken der Sockelzone. Der Sarkophag selbst wird von einer schweren Brokatdecke nahezu verhüllt. Diese Decke – in üppigen Falten drapiert, mit kunstvollen geometrischen Mustern, lateinischen Sprüchen, Bordüren und Fransen verziert – läßt nur an den Stirnseiten einen Blick auf den Sarkophag offen, der auf Löwenpranken ruht. UKW

148/L2
Liebermann, Felix
(20.7.1851–7.10.1925)
Liebermann, Cäcilie
geb. **Lachmann**
(25.4.1860–27.1.1943)

Felix, der Bruder von **Max** (Nr. 146) und **Georg** (Nr. 146), sollte auf Wunsch seines Vaters **Louis** (Nr. 146) einen kaufmännischen Beruf ergreifen. Vier Jahre verbrachte er in London und Manchester und arbeitete dort im Bankwesen und in der Textilbranche, wandte sich dann aber einer wissenschaftlichen Laufbahn zu. Er studierte in Göttingen bei Georg Waitz und Reinhold Pauli. Er befaßte sich mit englischen Rechtsquellen, die für die deutsche Geschichte bedeutsam waren. Seine Dissertation hatte eine Abhandlung über die engl. königl. Verwaltung des 12. Jahrhunderts zum Inhalt. **Felix Liebermann** publizierte mit besonderem editorischen Geschick „Ungedruckte anglonormann. Geschichtsquellen". Lebenslang widmete er sich der Herausgabe mittelalterlicher Texte. Er war von 1882–1888 Mitarbeiter an der Monumenta Germania Historica und beschäftigte sich im Auftrag der Savigny-Stiftung mit der Herausgabe der Gesetze der Angelsachsen und der Erforschung der Geschichte des englischen Mittelalters. Große Aufmerksamkeit und Anerkennung fanden seine wissenschaftlichen Forschungen über die bemerkenswerte Rechtssituation Englands im 12. Jahrhundert, als die alten angelsächsischen Gesetze für die neuen Herrscher vom europäischen Festland aufgezeichnet und ins Lateinische oder Normannisch-Französische übersetzt werden mußten. Er erwarb ein umfangreiches Wissen und machte sich eine neue kritische und umfassende Edition der Gesetze der Angelsachsen zur Lebensaufgabe. Seine Studien von mehr als 180 Manuskripten, zahlreichen Texten in Altenglisch und Normannisch-Französisch waren nicht nur für Rechtshistoriker, sondern auch für an mittelalterlichem Englisch und Französisch interessierten Philologen wertvoll. Die Universitäten Cambridge und Oxford ernannten ihn zum Ehrendoktor, die Britische Historische Gesellschaft zum Ehrenmitglied. Durch seine Arbeit kam er mit zahlreichen einflußreichen Personen und Institutionen in England in engeren Kontakt; seine Verdienste um eine geistig-kulturelle Verbindung Deutschlands und Englands wurden durch den 1. Weltkrieg zunichte gemacht.

Felix Liebermann war ein rastloser Forscher mit unbeirrbarer Hingabe an die Wissenschaft. Sein ererbtes Vermögen und seine angesehenen verwandschaftlichen Verhältnisse erlaubten es ihm, als unabhängiger Privatgelehrter zu arbeiten. Obwohl ihm die preußische Regierung 1896 den Professorentitel verlieh, hatte er nie einen Lehrstuhl inne und mußte sich nicht um zeit- und kraftraubende Lehr-, Prüfungs- und Verwaltungsaufgaben kümmern.

Sein großzügig mit Kunst und Kunstgewerbe ausgestattetes Haus und seine exzellenten verwandtschaftlichen Beziehungen (etwa zu seinem Cousin, dem Großindustriellen Emil Rathenau) bildeten ein Zentrum der Gelehrsamkeit und des intellektuellen Austausches wichtiger Persönlichkeiten aus Kultur, Politik und Wissenschaft.

1905 schufen die Eheleute die Felix- und Cäcilie-Liebermann-Stiftung, die minderbemittelten, aber begabten jungen Menschen Stipendien für ein akademisches Studium bereitstellte. RK

149/B
Liebermann, Else geb. **Marckwald**
(20.1.1855–28.5.1924)
Liebermann, Hans
(26.3.1876–11.9.1938)

Else Liebermann war die Ehefrau von **Georg Liebermann** (Nr. 146).

Der Sohn **Hans** war Professor an der Technischen Hochschule in Berlin. Ihm ist ein bescheidener Stein nahebei gewidmet, der immer mit einer Schale mit frischen Blumen geschmückt ist. Auf jüdischen Friedhöfen überhaupt – und besonders auf diesem – ist dies ein ungewöhnlich auffälliger Anblick. RK

150/W3
Liebermann, Joachim
(8. Tamus 5539/1778–16. Adar 5613/1853)
Liebermann, Rahel geb. **Sussmann**
(22. Schebat 5540/1779–9. Elul 5618/1857)

Die Brüder **Joseph** und **Joachim Liebermann** konnten das für ihren Zuzug nach Berlin notwendige – hohe – Bürgergeld von 30 Talern aufbringen und am 30.6.1823 in der Berliner Synagoge den Bürgereid leisten.

Joachim Liebermann leitete zusammen mit seinen jüngeren Brüdern Jacob und **Joseph** die Firma Gebrüder Liebermann. Später gründeten alle drei (und deren Söhne) weitere Firmen, die ebenfalls florierten, so daß in einem halben Jahrhundert eine weit verzweigte Fabrikanten- und Großhandelsdynastie entstand.

Bei dem heute stark verwitterten und beschädigten Grabmal handelt es sich um ein repräsentatives Wandgrab in der Tradition der Berliner Eisengußkunst. Über einem reich verzierten Rundbogen ist ein durchbrochener Davidstern angebracht. Das

Grabmal wurde nach Entwürfen des Architekten und Kunstgewerblers Gustav Stier gegossen. RK

151/E
Liebermann, Philipp
(10.4.1810–15.1.1877)
Liebermann, Friederike geb. **Levy**
(24.12.1814–12.4.1888)
Liebermann, Martin
(9.9.1838–28.9.1900)
Liebermann, Anna geb. **Liebermann**
(17.5.1843–17.2.1933)

Philipp Liebermann war der Bruder von Joseph Joachim Liebermann.

Martin Liebermann stammt aus der Ehe von Philipp und Friederike. Er heiratete seine Cousine Anna, die die Schwester von Max, Felix und Georg Liebermann war. RK

152/K
Liebermann, Joseph Joachim
(6.7.1812–5.5.1883)
Liebermann, Bertha geb. **Benda**
(6.1.1822–16.7.1901)

Joseph Liebermann betrieb ein Geschäft in der Spandauer Straße 59 und trat 1812 in die Handlung seines Vaters als Teilhaber ein. 1841 wurde ihm ein neuer Bürgerbrief ausgestellt, der den Zusatznamen Joachim enthielt.

Am 12.4.1840 heiratete er Bertha, die Tochter des Kattunfabrikanten und Hausbesitzers Jean Benda. RK

153/G
Liebermann, Benjamin
(12.8.1806–14.2.1890)
Liebermann, Susette
geb. **Löwenthal**
(11. Tischri 5572/1811–13. Tamus 5629/1868)
Liebermann, Johanna
geb. **Hirschfeld**
(14.11.1846–15.6.1918)

Der im Märkisch-Friedland geborene Färber **Benjamin Liebermann** wohnte an der Fischerbrücke 14. Er heiratete am 27.1.1833 die Tochter des kurz zuvor verstorbenen Kaufmanns Aaron Löwenthal. **Johanna Liebermann** war vermutlich die zweite Ehefrau von **Benjamin Liebermann**. RK

154/B
Liebmann, Jacob
(1.6.1804–29.10.1865)

Nachdem **Jacob Liebmann** 1811 mit seinem Vater, dem Handelsmann Meyer Liebmann, aus Märkisch-Friedland nach Berlin übergesiedelt war, gründete die Familie hier – Alexanderstraße 27 – eine Siegellackfabrikation. **Jacob Liebmann** bestritt seinen Lebensunterhalt anfänglich als Portrait-, später als Historienmaler, bevor er um 1840 eine Erfindung machte, für die ihm Friedrich Wilhelm IV. eine Königliche Pension aussetzte. Er hatte ein technisches Verfahren entwickelt, das es ermöglichte,

Grabstein mit den segnenden Händen eines Kohen

mehrfarbige Drucke von Ölgemälden herzustellen. Auf **Liepmanns** einfachem Granitgrabstein findet man das Symbol der segnenden Hände, das ihn als *Kohen* (Priester) ausweist. UKW

155/W1
Liepmann, David
(13.4.1778–26.7.1835)
Liepmann, Adelheid
geb. **Friedländer**
(21.8.1790–18.3.1885)
Liepmann, Louis
(14.5.1816–9.3.1906)
Liepmann, Fanny geb. **Plaut**
(11.3.1831–4.5.1908)

In Glogau geboren, verlegte **David Liepmann** bereits im Alter von 17 Jahren seinen Wohnsitz nach Berlin. Hier war er Schüler der jüdischen Freischule und des Gymnasiums zum Grauen Kloster. Als erfolgreicher Geschäftsmann, den seine ausgedehnten Handelsreisen nach England und sogar in die Türkei führten, wurde er in die Korporation der Berliner Kaufmannschaft aufgenommen. Im Jahre 1814 – bei Erwerbung seines Naturalisationspatentes – verfügte er bereits über das beachtliche Vermögen von 11.000 Reichstalern in Gold und Wertpapieren. Seit 1815 war er mit der Tochter des Münzveredlers Levin Jacob Friedländer – **Adelheid** – verheiratet, mit der er ein Haus in der Burgstraße 4 bewohnte.

In der Familiengrabstätte **David Liepmann** befinden sich auch Gedenktafeln für seinen Sohn **Louis** und dessen Ehefrau. Unter dem Firmennamen seines Vaters betrieb der Kaufmann **Louis Liepmann** zuerst ein Großhandelskontor und etablierte später Hinter dem Gießhaus 1 das Bankinstitut „David Liepmann". Mit seiner Frau **Fanny Plaut**, einer Schwester des Bankiers **Moritz Plaut** (Nr. 202), wohnte er in der Alexanderstraße 70. UKW

156/A
Lindemann, Hirsch
(5.11.1784–9.8.1875)

Hirsch Lindemann ist wahrscheinlich identisch mit jenem Hirsch Levin Lindemann, der in Bahn geboren und dem 1813 in Stargard in der Provinz Pommern die Staatsbürgerschaft zuerkannt wurde. In Berlin war der gelernte Kaufmann als Wollhändler tätig. UKW

157/B
Linderer, Joseph
(26.2.1809–20.8.1878)

Aufgrund eines Gesetzes im Königreich Westfalen, das den Juden vorschrieb, Familiennamen zu tragen, nahm Callmann Jacob, der Vater von **Joseph Linderer**, am 21. März 1809 den Namen Linderer an. Der „approbirte und patentirte Zahnarzt" begründete seine Namenswahl damit, daß sein „eifriges Bestreben dahingeht, die Schmerzen meiner Mitmenschen zu lindern" (Harzdepartementsblatt, 29.3.1809). Auch **Joseph Linderer** ergriff den Beruf des Zahnarztes. Er verfaßte ein Lehrbuch der Zahnheilkunde und wurde der erste Dozent für diese neueingerichtete Disziplin an der Berliner Universität. UKW

158/A
Litten, Julius
(1.4.1843–23.10.1914)
Litten, Helene geb. **Lichtheim**
(7.10.1851–26.4.1884)

An der Universität seiner Geburtsstadt Königsberg absolvierte **Julius Litten** ein Studium der Rechtswissenschaften, das er als Dr. jur. abschloß. **Litten** und **Albert Mosse** (Nr. 190) waren die ersten Richter jüdischen Glaubens, die das Amt eines Oberlandesgerichtsrates bekleideten. UKW

**159/G
Loewe, Ludwig**
(27.11.1837–11.9.1886)
Loewe, Sophie geb. **Lindenheim**
(13.11.1847–23.3.1876)

**160/L4
Loewe, Isidor**
(24.11.1848–28.8.1910)
Loewe, Julie geb. **Manheimer**
(13.1.1856–17.6.1929)

„Unser Stolz ist es, daß wir geboren sind wie Sie, auf unserem deutschen Boden, an den unser Herz gewachsen ist; wir sind stolz darauf, daß wir eingesogen haben dieselbe deutsche Bildung wie Sie. (...) Das ist das Band, was das Volk aneinanderkettet, (...) das ist die Magna Charta, mit der wir vor unser Volk treten und fordern, bleiben zu dürfen, was wir in unseren und den Herzen von ungezählten Millionen unserer Christenmitglieder seit langem sind: Wir alle Brüder einer Nation: dieses Bewußtsein, daß dieses unser Recht ist, ist so stark in uns, daß wir einen jeden Angriff auf dieses unser Recht zurückzuweisen entschlossen und auch Manns genug sind" (Zielenziger, 99). Dieses patriotische ‚Glaubensbekenntnis‘ zum Judentum sprach am 11. Februar 1880 der junge Abgeordnete **Ludwig Loewe** in einer Parlamentssitzung zu Fragen des Volksschulwesens. Nicht nur im öffentlichen Bekenntnis zu seinen religiösen Wurzeln, auch als Unternehmer, liberaler Parlamentarier, Sozialpolitiker und fortschrittlicher ‚Manager‘ unterschied sich **Ludwig Loewe** von anderen Aufsteigern der Gründerzeit. Schon seine äußere Erscheinung stand im Kontrast zum Typus des gesetzten, wohlgenährten Unternehmers. „Mit dem hinreißenden Schwung seiner Rede, den temperamentvollen Bewegungen, mit denen er seine Worte zu unterstreichen pflegt, dem dunklen hochstehenden Haar, wirkt **Ludwig Loewe** fast wie ein Franzose oder Italiener, nur der Kneifer, den er gern an einem Bande

trägt, gibt ihm einen deutschen Charakter. Das bartlose Gesicht läßt ihn noch jünger erscheinen als er ist, und auch die vom Turnen gewohnte Haltung verleiht ihm etwas ungemein Jugendliches" (Zielenziger, 100).

Ludwig Loewe stammt aus einer jüdischen Kantorsfamilie in Heiligenstadt auf dem Eichsfeld. In der Familie mit fünf Söhnen und zwei Töchtern reichten die Mittel nicht, um den intelligenten **Ludwig** das Gymnasium bis zum Abitur besuchen zu lassen. Nach der Quarta wurde er nach Nordhausen geschickt, wo er eine Lehre in einem Kurzwarengeschäft absolvierte. Dieser Branche blieb er auch nach seiner Übersiedlung nach Berlin zunächst treu. Er eröffnete ein kleines Wollwarenkommissionsgeschäft. Aber für den technisch begabten und zukunftsorientierten **Loewe** war diese Welt zu klein; zahlreiche Reisen, auch ins Ausland, hatten ihn erkennen lassen, daß die Welt von morgen ‚maschinenorientiert‘ sein würde. Und so wurde aus dem Textilkaufmann der Maschinenkaufmann, der zunächst eine Reparaturwerkstätte eröffnete. Er studierte die theoretischen Grundlagen der Technik und beschloß, selbst Maschinenfabrikant zu werden. Von einer Reise nach Nordamerika, die er gemeinsam mit seinem Bruder **Isidor** unternahm, brachte er sorgfältig in Einzelteile zerlegte Maschinen und die Überzeugung mit, daß der zukünftige Markt von der seriellen Produktion hochwertiger Präzisionsmaschinen bestimmt werde.

1869 wurde die „Ludw. Loewe & Co., Commanditgesellschaft auf Actien für Fabrikation von Nähmaschinen" mit einem Stammkapital von 250.000 Talern gegründet. Zweck der Gesellschaft war die Herstellung von Nähmaschinen und die Einführung der automatisierten Massenherstellung nach amerikanischem Vorbild. **Loewe** kaufte das Grundstück Hollmannstraße 32 und errichtete ein Fabrikgebäude darauf. Die Fertigungsmaschinen kamen aus Amerika. Die produzierten Nähmaschinen trugen den Namen „Heinzelweibchen", wohl in Anlehnung an die Sage der hilfreichen „Heinzelmännchen aus Köln". Die Herstellung von Nähmaschinen brachte **Loewe** nicht den gewünschten Erfolg, da man in Deutschland den Vorteil von Präzisionsmaschinen noch nicht erkannt hatte. Erst der Ausbruch des deutschfranzösischen Krieges 1870 brachte die Wende in **Loewes** Karriere. Die preußische Regierung beschloß, die Armee neu zu bewaffnen und dazu das Mausergewehr M 71 einzuführen. Die einzige Fabrik, die für die Massenherstellung dieses Präzisionsgewehrs eingerichtet war, war **Loewes** Unternehmen. Er erhielt den Auftrag, Gewehrteile zu fertigen. Mit dem sicheren Blick des erfolgreichen Unternehmers erkannte er seine Chance: nicht Nähmaschinen, sondern Waffen waren gefragt. Der Firmenname wurde in „Gewehr- und Maschinenfabrik Loewe" umgewandelt. Die Produktion von Nähmaschinen wurde bald ganz eingestellt.

Von nun an ging es aufwärts in **Loewes** Fabrikhallen. 1873 wurden durch Heeresaufträge 70.199 Stück, 1874 schon 309.813 und 1875 mehr als 375.000 Stück Visiere sowie 705.000 Zünder hergestellt. Den ersten Auftrag für vollständige Waffen erhielt die Firma von der russischen Regierung, die 120.000 Militärrevolver bestellte. Damit war die Firma Loewe zu einer der bedeutendsten Waffenfabriken Deutschlands geworden. 1881 betrug ihr Kapital 2.250.000 Mark.

In seinem Unternehmen führte **Loewe** viele Reformen ein. Er richtete eine Krankenversicherung für seine Arbeiter ein und bot ihnen durch ein Kontrakt-Akkordsystem hohe Verdienstmöglichkeiten. **Loewes** unternehmerischen Erfolgen standen seine politischen Aktivitäten in nichts nach. Der rhetorisch begabte **Loewe** trat schon früh als Volksredner hervor. Angezogen von den liberalen Ideen Ferdinand Lasalles, wurde er für einige Zeit dessen Privatsekretär. Führende Berliner Politiker der Fortschrittspartei wie Rudolph Virchow und **Wolfgang Strassmann** (Nr. 250), machten ihn mit der Kommunalpolitik vertraut. Mit 27 Jahren wurde er Stadtverordneter; 1877 entsandte ihn der 1. Berliner Wahlkreis in das Abgeordnetenhaus, im gleichen Jahr in den Reichstag. Seine entschieden liberale Gesinnung führte **Loewe** in die Reihen der Fortschrittspartei, ab 1884 in die der Deutsch-Freisinnigen Partei. Im Parlament bekämpfte er Bismarcks Schutzzollpolitik, war ein heftiger Gegner der Sozialistengesetze und erarbeitete ein Unfallversicherungsgesetz, das dem Arbeitgeber allein alle Kosten aufbürdete.

Antisemitischen Angriffen setzte er sich entschieden und mit der ganzen Autorität seiner Persönlichkeit entgegen. In der Jüdischen Gemeinde gehörte er vielen Wohltätigkeitsvereinen an. Um die Not der in Rußland verfolgten Juden zu lindern, reiste **Loewe** auch nach London, Paris und Wien und begründete mit den Baronen Rothschild und Worms ein Komitee zur kulturellen Förderung der Ostjuden.

Mit 49 Jahren, auf dem Höhepunkt seines Schaffens, starb **Ludwig Loewe**. Am 14. September 1886 führte ein tausendköpfiger Trauerzug seinen Leichnam von der Synagoge Oranienburger Straße zum jüdischen Friedhof. Die Trauerrede hielt Rudolph Virchow: „Er war einer derjenigen Männer, die nicht aus Berechnung, Leidenschaft oder im Streben nach einem ungerechten Ziel die Laufbahn des Politikers eingeschlagen haben, ihn wiesen vielmehr Herz und Gedanken gleich mächtig auf dieses Ziel hin."

Loewes Frau **Sophie** verstarb im Alter von 28 Jahren. Zu ihrem Andenken wurde ein außergewöhnliches Grabmal in Form einer Scheinpyramide errichtet. Wie die Eingangstür zu dieser Pyramide wirkt eine Granittafel, auf der man die biographischen Angaben von **Sophie Loewe** findet. Ungewöhnlich ist, daß hier nicht nur Name und Lebensdaten der Verstorbenen verewigt sind, sondern auch das Datum ihrer Vermählung mit **Ludwig Loewe** (14. April 1867). Dieses Grab soll „das früheste überhaupt (sein), das mit der traditionellen Bildnislosigkeit der jüdischen Grabmalskunst bricht" (Etzold, 65). Die Spitze der Pyramide wird von einem ovalen, mit pflanzlichen Ornamenten verzierten Rahmen geschmückt, in dem sich das marmorne Profilbildnis der jung Verstorbenen befindet (vgl. Nr. 188).

Grabmal Isidor Loewe

Isidor Loewe führte nach dem Tod seines Bruders erfolgreich das Unternehmen weiter. Er war von 1875 bis 1878 Prokurist, dann Direktor der Gesellschaft und enger Vertrauter seines Bruders. **Ludwigs** spezielle Qualitäten lagen im technischen Bereich. Mit **Isidor**, dem Finanz- und Organisationsgenie, wurde das Unternehmen zu einem Konzern von Weltruf.

Wieder waren es kriegsbedingte Geschäfte, die den Aufschwung brachten. Die türkische Regierung orderte 1887 700.000 Mausergewehre, das preußische Kriegsministerium ein Jahr später weitere 425.000. Da an dem türkischen Auftrag auch die Waffenfabrik Mauser in Oberndorf am Neckar beteiligt war, bot sich eine Verschmelzung der beiden Werke an. **Loewe** kaufte Mauser-Aktien im Wert von zwei Millionen Mark und wurde Aufsichtsratsvorsitzender.

Jetzt ließ sich eine planmäßige Arbeitsteilung durchführen. Die Gewehre für die Türkei wurden in Oberndorf hergestellt, die für Preußen bestimmten in Berlin. Dieser gewaltige Produktionsaufschwung erforderte hohen Einsatz: neue Fabriken entstanden, ‚Facharbeiter' mußten ausgebildet werden. 3.000 einzelne Maschinen fertigten ein aus 66 Teilen bestehendes, in 873 Arbeitsoperationen produziertes Mausergewehr. Der Türkische Auftrag führte noch zu weiteren Ausdehnungen des Unternehmens. Da die Türken neben Waffen auch Munition bestellt hatten, wurden die wichtigsten deutschen Munitionsfabriken erworben und unter **Loewes** Leitung zusammengeschlossen. Der Konzern wurde zur größten Waffenfabrik der Welt. Neben den Bestellungen der preußischen Heeresverwaltung, der Türken und Russen, rüstete **Loewe** auch die Armeen der Chinesen, Spanier, Argentinier, Chilenen und Brasilianer aus. Aufträge dieses Umfanges an ein Unternehmen, dessen Leiter und Hauptaktionär Jude war, provozierten heftige antisemitische Angriffe. In die Geschichte der politischen Prozesse sind die Anfeindungen gegen **Loewe** unter dem Begriff „Judenflinten" eingegangen. Der berüchtigte Antisemit Ahlwaldt veröffentlichte Broschüren, in denen er behauptete, daß **Loewes** Gewehre „im Kriege weniger dem Feinde als ihren Trägern gefährlich werden". Bei der Fabrikation würden minderwertige Materialien verwendet, in der „Absicht, unsere ruhmreiche Armee, diese mächtige Stütze der Hohenzollern-Monarchie und des Vaterlandes, wehrlos zu machen" (Zielenziger, 108). In dem Beleidigungsprozeß, den **Loewe** gegen Ahlwaldt anstrengte, wurde die völlige Haltlosigkeit dieser Verdächtigungen erwiesen und Ahlwaldt zu fünf Monaten Gefängnis verurteilt.

Isidor Loewe baute sein Unternehmen kontinuierlich aus. Er erreichte nicht den Bekanntheitsgrad von Krupp, Thyssen oder Rathenau, war aber einer der fähigsten und vielseitigsten Industriemagnaten des Kaiserreiches. **Loewe** saß in den Aufsichtsräten zahlreicher Unternehmen: Daimler-Motoren-Gesellschaft, Dürener Metallwerke, Berlin-Anhaltische-Maschinenbaugesellschaft, Deutsch-Atlantische-Telegraphengesellschaft, Norddeutscher Lloyd, Disconto-Bank, Große Berliner Straßenbahngesellschaft und andere. Um die Jahrhundertwende beschäftigte das Unternehmen mehr als 11.000 Menschen. Die technische Hochschule Berlin ernannte **Isidor Loewe** in Anerkennung seiner Verdienste um die deutsche Industrie zum Ehrendoktor.

Isidor Loewes Ehefrau **Julie** war eine Tochter des Textilkaufmannes **Valentin Manheimer** (Nr. 168). RK

161/L1
Lohnstein, Emanuel
(7.9.1823–1.7.1917)
Lohnstein, Fanny geb. **Herzberg**
(24.9.1827–27.8.1895)

Abseits der Ehrenreihe erinnert ein auffälliges Grabmal aus schwarzem Granit an den Königlich Preußischen Kommerzienrat **Emmanuel Lohnstein** und seine Frau **Fanny**.

Es ist wie ein ‚klassisches' Spitzbogenfenster der Gotik gestaltet, das von vier zierlichen Säulen gerahmt wird. Im Zentrum der Grabwand sieht man ein großes Medaillon mit Davidstern, darüber ein zweiteiliges Blendmaßwerk, das durch Blüten- und Pflanzenornamente des Jugendstils belebt wird. UKW

Der Schriftsteller Hugo Lubliner

162/K
Lubliner, Hugo
(22.4.1846–19.12.1911)
Lubliner, Martha geb. **Jacoby**
(10.3.1863–11.5.1932)
Lubliner, Rosalie geb. **Neumann**
(6.4.1827–27.2.1880)

Hugo Lubliner hat sich unter dem Pseudonym Hugo Bürger als Bühnendichter und Romanschriftsteller einen Namen gemacht.

Aus einer ostpolnischen Rabbinerfamilie stammend, kam er nach dem Tod seines Vaters mit seiner Mutter **Rosalie** um 1858 nach Berlin. Er besuchte die Realschule, machte eine kaufmännische Lehre in der Textilindustrie und war von 1865 bis 1873 Leiter einer Weberei.

Schon mit siebzehn Jahren hatte er einige kleine Lustspiele verfaßt, von denen sein Einakter „Nur nicht romantisch" 1865 erfolgreich aufgeführt wurde. Seit 1873 widmete er sich ganz der Schriftstellerei. Einige seiner Bühnenstücke standen 1874/75 auf dem Spielplan des Berliner Königlichen Schauspielhauses und des Wiener Burgtheaters. Viel Beifall fanden in Berlin seine Stücke „Der Frauenadvokat" (1873) und „Die Frau ohne Geist" (1879), die den Zeitgeschmack genau trafen. **Lubliners** meist oberflächlich unterhaltende Lustspiele, die am Rande auch soziale Fragen anrissen, fanden auch den Beifall des Kaisers.

Schon vor der Jahrhundertwende wurden seine Stücke kaum noch gespielt. **Lubliners** gezwungen optimistische Bühnenwerke entsprachen den Wünschen eines sentimentalen, bürgerlichen Publikums: Ruhm und Ehre können nur durch Wohlanständigkeit erreicht werden; Geld spielt eine wesentliche Rolle und wird (meist) durch eine lukrative Heirat erworben; Anpassung heißt der Schlüssel zum bürgerlichen Glück. Kein Wunder, daß die modernen Autoren des Naturalismus **Lubliners** Werke heftig angriffen.

Erfolgreich war **Lubliner** auch als Romanschriftsteller. Die unter dem Titel „Berlin im Kaiserreich" zusammengefaßten Romane „Die Gläubiger des Glücks" (1885) und „Die Frau von 19 Jahren" (1887) schildern ebenso gemütvoll wie konventionell und ohne tiefere Psychologisierung das Großstadtleben in der preußischen Hauptstadt.

Die Tageszeitung „Der Abend", die **Lubliner** unterschiedlichen Quellen zufolge 1892 gegründet (Kohut, 44) bzw. redigiert hat (Winninger, 194), stellte schon wenige Monate nach der ersten Ausgabe ihr Erscheinen wieder ein. RK

163/W3
Magnus, Israel
(6.8.1812–29.4.1860)
Magnus, Friederike
geb. **Franzmann**
(27.2.1815–2.12.1870)

In einer gemeinsamen Grabstätte mit ihrem Schwiegersohn **Moses Borchardt** (Nr. 44) wurden **Israel Magnus** und seine Ehefrau beerdigt. **Magnus** war gebürtiger Berliner, seine Frau **Friederike** stammte aus Freienwalde. Seit 1847 gehörten sie der Berliner Bürgerschaft an. Sie wohnten in der Spandauer Straße 60. Ihr Manufakturwarengeschäft hatte seinen Sitz Am Markt 16. UKW

164/W4
Magnus, Meyer
(18.11.1805–11.2.1883)
Magnus, Johanna geb. **Tomski**
(12.1.1827–21.12.1899)
Magnus, Paul Wilhelm
(29.9.1844–15.3.1914)
Magnus, Jeanette
(15.3.1858–5.8.1898)
Magnus, Werner
(1876–1942)

165/L4
Magnus, Ernst
(28.11.1856–5.12.1910)
Magnus, Nina geb. **Weisse**
(23.10.1856–7.3.1913)

Meyer Magnus war Seidenfabrikant und Bankier. Als Sohn des Kleiderhändlers Manche Israel und seiner Frau Amalie Jaffé wurde er in Berlin geboren. In der Bürgerschaft seiner Vaterstadt, der er als eingetragenes Mitglied seit 1842 angehörte, machte er sich als Stadtrat verdient. Er war Mitglied des Ältestenkollegiums der Berliner Kaufmannschaft und trug den Titel Geheimer Kommerzienrat. Zur Zeit, als die antisemitische Bewegung in Berlin auf ihrem Höhepunkt war, war **Magnus** Vorsitzender der Jüdischen Gemeinde. In dieser Funktion beschwerte er sich beim preußischen Kronprinzen, dem späteren Kaiser Friedrich, über die antisemitischen Angriffe des Hofpredigers Adolph Stöcker. Der Prinz gestattete **Magnus** seine Bemerkung, wonach der Antisemitismus die Schmach des Jahrhunderts sei, weiterhin öffentlich kundtun zu dürfen. **Meyer Magnus** hatte zwei Söhne, **Paul Wilhelm** und **Ernst**.

Paul Wilhelm Magnus wurde durch sein Elternhaus, in dem zahlreiche berühmte und gelehrte Persönlichkeiten verkehrten, schon früh geistig angeregt. Er entwickelte eine präzise Beobachtungsgabe, die seinem späteren Beruf als Botaniker zugute kam. Nach Abschluß des Friedrich-Werder'schen Gymnasiums studierte er in Berlin Medizin und Naturwissenschaften. Sein „Beitrag zur Kenntnis der Gattung Najas (Süßwassermuscheln)" brachte ihm 1870 den Doktortitel ein. In den Jahren von 1871 bis 1874 nahm er an Forschungsreisen in der Nord- und Ostsee teil. Seine Forschungsergebnisse publizierte er in den Zeitschriften der „Gesellschaft naturforschender Freunde" und des „Botanischen Vereins zu Berlin".

1875 habilitierte sich **Paul Wilhelm Magnus** und wurde zum außerordentlichen Professor ernannt. Unter seiner Mitwirkung wurde 1893 die biologische Fischereistation am Müggelsee gegründet. Seit dieser Zeit war er an der Fischerei lebhaft interessiert und beteiligte sich an den Arbeiten der Deutschen Fischereigesellschaft.

Ohne sonstige Verpflichtungen – **Magnus** war unverheiratet – konnte er sich ganz der Forschung widmen, die in den folgenden Jahren ausschließlich der Mykologie (Pilzkunde) galt. Seine Arbeiten auf diesem Gebiet trugen ihm Anerkennung von Fachkollegen ein, die sich darin äußerte, daß Pflanzen nach ihm benannt wurden.

Sein Forschungsmaterial und seine Sammlungen befanden sich in einem Herbar, daß nahezu 500 Mappen umfaßte und Pflanzen aller Arten, aus aller Welt enthielt. **Magnus**, der von Jugend an Europa und speziell die Alpen bereist hatte, besaß zahlreiche Kontakte zu lokalen Pflanzenkundlern, die ihm Material zur Verfügung stellten. Sein Herbar und seine umfangreiche Bibliothek gelangte später in den Besitz seines Neffen **Werner**, der ebenfalls Botaniker war.

Im Jahre 1915 verfaßte G. Lindau eine Festschrift, in der sich auch einige Worte über die Persönlichkeit von **Paul Wilhelm Magnus** finden: „Er war durch seine zahllosen Reisen, seine häufigen Besuche auf Kongressen und Versammlungen bekannt, so daß man sich wunderte, wenn er einmal fehlte. Überall wurde der stattliche, große Mann mit dem mächtigen Vollbart und der unvermeidlichen Mappe unter dem Arm freudig begrüßt, wenn er in seiner bisweilen lärmenden Weise bei einer Versammlung auftauchte. Immerfort in Tätigkeit und Unruhe, hatte er mit jedem etwas zu besprechen oder zu verhandeln. Bei seiner Lebhaftigkeit war er leicht reizbar und verstand es sehr gut, den Gegner in Wort und Schrift abzuführen. Dabei aber blieb er stets sachlich und spielte seine Angriffe nie auf das persönliche Gebiet über. Und dies scheint der Grund, daß zwar mancher ihn nicht liebte, daß ihm aber alle ohne Ausnahme achteten. Außen rauh und schwer traktabel, bewies er bei jeder Gelegenheit den goldenen Kern, der in ihm steckte" (Lindau, 36). Wenn auch die meisten seiner Arbeiten für Fachleuten verständlich sind, so finden sich doch Abhandlungen, unter denen sich auch der Laie etwas vorstellen kann, zum Beispiel „Pflanzen auf der Pfaueninsel", „Abnorme Blütezeiten im Winter", „Verwachsungen verschiedener Stämme und Äste" und Forschungen über ‚monströse Radieschen'.

Paul Wilhelm Magnus, der 70jährig an einem Herzschlag starb, wurde in der Familiengrabstätte beigesetzt. Noch bis zu seinem letzten Tage hatte er gearbeitet und seine umfangreiche Korrespondenz erledigt. Wenige Wochen vor seinem Tod stiftete **Magnus** eine große Summe für Bedürftige in Berliner Krankenhäusern.

Sein Bruder **Ernst Magnus** wurde im Gräberfeld L4, unweit der Ehrenreihe, zur letzten Ruhe gebettet. Er war Bankier. Zweiundzwanzig Jahre gehörte er der Deutschen Nationalen Bank als Vorstandsmitglied und Aufsichtsratsvorsitzender an. Er besaß fundierte Kenntnisse über das deutsche Eisenbahnwesen. Der Kunstmäzen und leidenschaftliche Sammler antiquarischer Bücher war ein liebenswürdiger Gastgeber, der Persönlichkeiten aus ganz Europa in seinem Haus empfing.

Werner Magnus war der Sohn von **Ernst Magnus** und wie sein Onkel **Paul** Botaniker. Er studierte in Berlin, Tübingen und Bonn. Seit 1903 war er Privatdozent an der Landwirtschaftlichen Hochschule, ab 1906 an der Berliner Universität, wo er 1921 eine außerordentliche Professur erhielt. Zahlreiche Veröffentlichungen zeugen von der Qualität seiner wissenschaftlichen Arbeit. **Magnus** war Mitglied in der Kaiser-Leopold-Carl-Gesellschaft und der Akademie der Naturforscher in Halle.

In der NS-Zeit erhielt er Berufsverbot. Er betrieb umfangreiche familiengeschichtliche Studien, die vielen zum Nachweis ihrer Abstammung oder bei Auswanderungen hilfreich waren.

Als man ihn 1942 deportieren wollte, verübte **Magnus** Selbstmord. Obwohl er schon seit 1908 nicht mehr dem Judentum angehörte, wurde seinem Wunsch, auf dem Schönhauser Friedhof beerdigt zu werden, entsprochen. Die Urne mit seiner Asche wurde neben dem Grab seines Großvaters **Meyer Magnus** beigesetzt. RK

166/B
Makower, Hermann
(8.3.1830–1.4.1897)
Makower, Doris geb. **Ball**
(11.6.1840–6.1.1888)

167/J
Makower, Felix
(30.11.1863–31.10.1933)

Das Grabmal für die Eheleute **Makower** besteht aus zwei ebenerdig aufgestellten Scheinsarkophagen, die ganz aus weißem Marmor gearbeitet wurden. Die Ecken der sich nach oben verjüngenden Särge werden durch große Akanthusblätter betont und durch naturalistische Blumengirlanden miteinander verbunden. Eine Schmuckleiste in Form eines Eierstabes bildet den oberen Abschluß. Die Namenstafeln, die wie ausgerollte Schriftrollen gestaltet sind, stehen aufrecht und werden an beiden Seiten von Rosenzweigen eingefaßt.

Der Jurist und Autor **Hermann Makower** galt als einer der bedeutendsten Interpreten des Handelsrechts. In Santomischl/Posen wurde er als Sohn einer aus Makow in Rußland stammenden Familie geboren. **Makower** studierte in Berlin, wurde Grundbuchrichter am Berliner Stadtgericht und machte sich 1860 als Notar und Rechtsanwalt selbständig. Zeit seines Lebens hat er sich der Erforschung und Dokumentation der Rechtsentwicklung gewidmet. In seiner ersten wissenschaftlichen Arbeit befaßte er sich mit der „Stellung der Verteidigung im preußischen Strafverfahren". Mit dem „Allgemeinen Deutschen Handelsgesetzbuch" (1862), das er gemeinsam mit seinem Freund **Sigmund Joel Meyer** (Nr. 185) herausgab, schuf sich **Makower** in der juristischen Fachwelt einen bedeutenden Namen. Ebenso anerkannt waren seine Studien zur Konkursordnung, zu Versicherungsaktien, über Wechselproteste und über die Begrenzung von Konventionalstrafen. Aufgrund seines Fachwissens wurde er als Gutachter in die „Kommission zur Beratung des Entwurfes einer neuen Zivilprozeßordnung und der Konkursordnung" berufen. Er fungierte jahrzehntelang als Schriftführer des Deutschen Juristentages. 1876 wurde **Makower** als erster Jude in die wissenschaftliche Prüfungskommission für Juristen aufgenommen. Von 1866 bis 1892 gehörte er der Repräsentantenversammlung der Jüdischen Gemeinde an; seit 1870 war er deren Vorsitzender. **Makower** war ein Gegner des traditionellen Religionsunterrichtes und setzte sich für die Reformierung der Gemeindeeinrichtungen sowie die Schaffung eines neuen, liberalen Gebetbuches ein. Im Ausschuß für Wohltätigkeitsanstalten und Armenfürsorge engagierte er sich für die Krankenpflege und das Beerdigungswesen.

Über den Charakter **Makowers** gibt eine Rede von **Sigmund Joel Meyer** Auskunft, die dieser 1897 am Grab seines verstorbenen Freundes hielt (AZJ 1897, 173–176). **Meyer** und **Makower** besuchten beide das Französische Gymnasium und trafen erstmals 1840 im Chor bei der synagogalen Feier zu Ehren der Krönung Friedrich Wilhelms IV. zusammen. **Meyer** berichtete über **Makowers** Kindheit: „Er lebte als Knabe in sehr engen Verhältnissen, aber niemals beugte oder bückte er sich vor den Reichen und Mächtigen; die strenge Erziehung seines Onkels hatte ihn gelehrt, daß der Mann auf sich selbst vertrauen müßte und nur durch eigene Tüchtigkeit sich eine geachtete Stellung erwerben könne. Die Lehren seines Vaters, eines Mannes von tiefem Nachdenken, bestärkten ihn in der Überzeugung, daß nur der gerade Weg zum Ziel führe, und daß die

Zierde des Mannes in Wahrheit, Offenheit und Furchtlosigkeit bestehe. Diese Lehren hat er während seines ganzen Lebens bestätigt und gegenüber dem Streberthum, das mehr und mehr die Signatur der Zeit wurde, verdient seine feste Haltung auch bei mancherlei Widerwärtigkeiten vollste Anerkennung." Über die Tätigkeit **Makowers** als Rechtsanwalt heißt es im Nachruf: „Er genoß das vollste Vertrauen bei denen, die seinen Rath suchten – Hoch und Niedrig – und großes Ansehen bei den Richtern. Charakteristisch erschien mir, daß er selbst im Anfang seiner Praxis die Stellung als Anwalt nicht als die Quelle ansah, schnell Geld zu verdienen, sondern alle Mandate zurückwies, die nur den Schein des unsauberen an sich trugen. Sein unentwegtes Streben ging dahin, dem Rechte zum Siege zu verhelfen." **Siegmund Joel Meyer** wurde sechs Jahre nach dem Tod **Makowers** unmittelbar an dessen Seite beigesetzt.

Als **Makowers** besonderer Verdienst ist die Schaffung eines jüdischen Waisenhauses in Berlin-Pankow anzusehen. Das Gebäude in der Berliner Straße 120/121 steht heute noch und wird zur Zeit als Kubanische Botschaft genutzt. **Makower** gründete das Waisenhaus 1882 als ein Heim für russische Kinder, die Opfer der Pogrome geworden waren. Rückblickend auf die Geschichte des Waisenhauses heißt es in der „Central-Vereins-Zeitung" 1934: „Im Jahre 1881 setzte aus Rußland als Folge der Pogrome eine starke jüdische Fluchtbewegung ein. In Deutschland bildeten sich auf die Schreckensnachrichten hin Hilfskomitees, die sich dann zu einem Zentralkomitee zusammenschlossen. Im Auftrag des Zentralkomitees reiste Justizrat **Hermann Makower** im Jahre 1882 nach Brody (Rußland). Er brachte von dort 40 jüdische Knaben mit, Opfer der

wirtschaftlichen und seelischen Not. Das preußische Innenministerium gab die Genehmigung, daß die Kinder hier unterrichtet und beruflich ausgebildet würden, stellte aber die Bedingung, daß sie nach vollendeter Ausbildung Deutschland wieder verlassen müßten. (...) In den Gründungsakten des Waisenhauses hieß es: die Knaben sollen die Arbeit lieben lernen und nach Erlernen der nötigen Schulkenntnisse ohne Ausnahme Handwerker werden, damit sie ihren Familien eine Stütze und ihren Brüdern in Rußland ein Vorbild werden." Neben dem Schulunterricht wurden handwerkliche Kenntnisse vermittelt und die Schüler verließen das Heim erst nach einer abgeschlossenen Berufsausbildung. Die meisten gingen jedoch nicht nach Rußland zurück, sondern wanderten in die Vereinigten Staaten aus. 1912 wurde auf dem Grundstück ein Neubau errichtet, in dem es Schlafsäle, Spielräume, einen Zeichensaal, Krankenstuben und einen prächtigen Gebetssaal gab. 1926 bewohnten 59 Schüler und vier Lehrer das Waisenheim. Während der NS-Diktatur gelang es einigen Jugendlichen mit der „Jugend-Aliya" nach Palästina zu entkommen. Über das weitere Schicksal der Kinder und Jugendlichen nach der Schließung des Heimes im Jahre 1942 ist nichts bekannt.

Im Anschluß an die genannte Rede Meyers findet sich auch eine detaillierte Schilderung der Trauerfeier, die für Hermann Makower in seinem Haus Victoriastraße 26 abgehalten wurde: „Das Zimmer, in welchem die Aufbahrung stattgefunden hatte, war in einen Blumenhain verwandelt, und groß war die Anzahl der herrlichsten Kränze, Palmenzweige und ganzer Blumenarrangements, die zu Füßen des Sarges niedergelegt wurden. Vom Chor der Synagoge Kaiserstraße wurde die wehmütige Feier mit dem Psalm ,Das Menschenleben gleicht den Blumen auf dem Felde' " eingelei-

tet. Dann nahm der Rabbiner Dr. Maybaum das Wort zu einer gedankenreichen und ergreifenden Trauerrede, welcher er die Worte des Hohen Liedes zugrunde legte: ,Er war mein Freund, mein Geliebter, ihr Töchter in Jerusalem.' (...) Abermaliger Chorgesang beendete die Trauerfeier im Hause. In einer langen Wagenreihe bewegte sich dann der Konduit hinaus nach dem alten Friedhof der Jüdischen Gemeinde an der Schönhauser Allee. Zu beiden Seiten des Eingangs zur Begräbnishalle hatten die Knaben und Mädchen des Erziehungshauses und des jüdischen Mädchenheimes in Pankow (...) Aufstellung genommen. Jeder Zögling trug als letzte Liebesgabe einen kleinen Lorbeerkranz in der Hand. Auch auf dem Friedhof hatte sich eine stattliche Menge eingefunden, um dem Toten die letzte Ehre zu erweisen. (...) Unter den Klängen des ergreifenden Liedes ,Es ist bestimmt in Gottes Rat', wurde der Sarg hinausgetragen und, während die Zöglinge des Erziehungshauses ihre Stimmen erschallen ließen, nach den üblichen Trauergebeten in die kühle Erde hinabgesenkt. Von diesen Zöglingen wurde auch das Kaddischgebet für den Entschlafenen gesprochen, dessen Andenken nicht erlöschen wird in der Geschichte der deutschen Judenheit."

Felix Makower war der Sohn von Hermann und Doris Makower. Felix beteiligte sich 1881/82 an den Bemühungen seines Vaters, die Not der durch die russischen Pogrome verfolgten Juden zu lindern. Gemeinsam reisten sie an die österreichisch-russische Grenze, zu der damals Tausende flüchtender Juden unterwegs waren, und standen ihnen mit Rat und Tat zur Seite.

Felix Makower war Justizrat und Notar und veröffentlichte Schriften über „Die Verfassung der Kirche in England" (1894) und die „Gezügelte Kirche im freien Staat" (1908). In einflußreichen Organisationen der

Berliner Judenschaft, wie dem „Verband deutscher Juden", war er Vorsitzender. Darüber hinaus stand er an der Spitze der „Vereinigung für Schriften über jüdische Religion". RK

168/W3
Manheimer, Valentin
(13.7.1815–7.2.1889)
Manheimer, Philippine geb.
Joseph
(19.8.1821–3.4.1893)
Manheimer, Gustav
(6.3.1845–6.4.1915)
Manheimer, Eugenie geb.
Nachmann
(27.7.1856–11.8.1919)

169/L4
Manheimer, David
(14.9.1818–5.8.1882)
Manheimer, Friederike geb.
Behrend
(ohne Daten)

170/W4
Manheimer, Moritz
(1.5.1826–27.3.1916)
Manheimer, Bertha geb. **Lehwess**
(21.3.1837–26.4.1918)

Die Familie **Manheimer** gehört zu den Begründern der Berliner Bekleidungsindustrie. Die Brüder **Valentin**, **David** und **Moritz Manheimer**, sowie **Valentins** Sohn **Gustav** mit ihren Ehefrauen wurden auf dem Schönhauser Friedhof beigesetzt.

In einem Bericht zur Berliner Gewerbeausstellung von 1896 heißt es: „Der alte Manheimer (Valentin) kam, im glücklichen Besitz eines Lotteriegewinnes von einigen hundert Thalern, aus Magdeburg nach Berlin. Er errichtete in einem der kleinen Läden der Bauakademie (...) ein Geschäft in Herrenschlafröcken. Nachdem er sich auch Damenmäntel, die bereits aus dem gleichen dickwollenen Stoff mit karierter Rückseite gefertigt worden waren, zugelegt hatte, bezog er bald einen Laden in der Oberwallstraße".

Zunächst betrieb **Valentin Manheimer** das Geschäft mit seinem Bruder **David**. Nach dessen Ausscheiden trat 1839 **Moritz Manheimer** in das Unternehmen ein. Im gleichen Jahr richtete **Valentin Manheimer** einen Betrieb für Damenkonfektion (Mantillen, Pelerinen, sogenannte „Confectionees") ein. Fast gleichzeitig eröffneten **Hermann Gerson** (Nr. 80) ein Modehaus und Heinrich Jordans eine Firma für Wäscheausstattungen.

Nach **Manheimers** preisgünstigen Damenmänteln entwickelte sich sehr rasch eine rege Nachfrage. Die Berliner Konfektion, bei der Produktion, Groß- und Einzelhandel meist im selben Unternehmen vereinigt waren, ging nicht vom Handwerk, sondern vom Kleiderhandel aus. In ihm spielten jüdische Geschäftsleute eine bedeutende Rolle. Die besondere unternehmerische Leistung der Familie **Manheimer** war es, daß die Möglichkeiten des traditionsreichen Berliner Schneiderhandwerks im großen Stil industriell genutzt wurden. Ihr Geschäft nahm in den folgenden Jahren einen enormen Aufschwung. Auch im Ausland – in London – wurde eine Filiale gegründet.

Die Blütezeit der Berliner Bekleidungsindustrie begann nach der Reichsgründung 1871. War bis dahin ausschließlich für den deutschen Markt produziert worden, erlangten deutsche Konfektionäre mit ihren modischen und preiswerten Erzeugnissen nun auch international eine führende Stellung und konnten erfolgreich mit Pariser Modemachern konkurrieren. Selbst aus den Vereinigten Staaten kamen Einkäufer nach Berlin. 1894 machte die Firma **Manheimer** einen Umsatz von 100 Millionen Mark, 90 Millionen davon allein durch den Verkauf von Damenmänteln. 8.000 Personen waren in der Produktion beschäftigt. Bei seinem Tod 1889 hinterließ **Valentin Manheimer** ein Vermögen von zwölf Millionen Mark.

Das Manheimer Grabmal;
fotografiert aus dem 2. Stockwerk des ehem. Altenheimes

Von dem Architekten Friedrich Hitzig (1811–1881) ließen sich die **Manheimers** ein Haus in der Bellevuestraße 8 erbauen. Vom großzügigen Lebensstil in diesem Haus spricht folgende Notiz: „In dem prächtigen Wohnhaus versammelten sich an bestimmten Tagen Kinder und Enkelkinder. Jedes bekam beim Fortgehen ein Einhundertmarkstück in Silber, das neu aus der Münze geholt worden war, als Geschenk" (Dähn, 31). Im Jahre 1907 wurde das Haus für 1.800.000 Mark an die Familie Mendelssohn-Bartholdy verkauft; später ging es in den Besitz des Warenhauskonzerns Wertheim über, das dort eine Kunstabteilung einrichtete.

Moritz Manheimer verließ 1872 das Familienunternehmen, um sich wohltätigen Aufgaben widmen zu können. Zahlreiche Stiftungen und Einrichtungen für arme und alte jüdische Bürger gingen auf die Initiativen von **Moritz** und **Bertha Manheimer** zurück. Der größte Teil ihres Vermögens floß in den Bau einer Altersversorgungsanstalt an der Schönhauser Allee. Das Gebäude, das am 11. November 1883 seiner Bestimmung übergeben wurde, schließt direkt an das Friedhofsgelände an. „In tiefer Dankbarkeit gegen Gott, der ihre Arbeit gesegnet hat, der sie aus kleinen Anfängen zu Ansehen und Wohlstand geführt hatte, gedachten **Moritz** und **Bertha Manheimer** an einem Markstein des Lebens, wie der Tag der Silberhochzeit ihn bildet, derer unter ihren Glaubensgenossen, die dem Alter nicht mit der gleichen Ruhe und Gelassenheit entgegensehen durften, wie es ihnen vergönnt war" (Hirschfeld, 26). Es existieren Aufzeichnungen, die einen detaillierten Einblick in den Alltag des Altenheimes geben. Nach Plänen von Professor Schwatlow wurde das Gebäude vom Maurermeister Freimark errichtet. Viele großzügige Spenden flossen dem Altenheim zu, von denen die an den Zimmertüren angebrachten ‚Schenkungstafeln' kündeten. Viele prominente Namen befanden sich darunter: **Gerson von Bleichröder** (Nr. 36), **Ludwig Max Goldberger** (Nr. 84), **Jacob Israel** (Nr. 118) und **Moritz Veit** (Nr. 257), um nur einige zu nennen.

In den Notzeiten des 1. Weltkrieges konnte sich die Heimleitung auf die Hilfe verständnisvoller Mäzene verlassen. „Da die Vorräte auf die Neige gehen, wird der Vorstand ersucht, mit Graupen, Gries, Nudeln und Kartoffeln bald nachzuhelfen" (Tagebucheintragung 1916). Während der Inflationszeit schickten die Firmen Tietz und Israel wiederholt teures und schwererhältliches Näh- und Handarbeitsmaterial; zu Chanukka 1930 bekamen die ‚Pensionäre' einen modernen Radioapparat.

Wie sich die Lebensgewohnheiten der heutigen Menschen im Vergleich zu früher verändert haben, wird durch Aufzeichnungen der Heimleitung deutlich. Gut und reichlich mußte die Verpflegung sein. Die Fleischmenge betrug täglich ein Drittel Pfund pro Person, an Festtagen sogar ein halbes Pfund. Jeder Bewohner erhielt am Tag Backwaren im Wert von zwanzig Pfennigen, wobei allein ein sechs Pfund schwerer Brotlaib vierzig Pfennige kostete; fünf Brötchen oder Schrippen waren für zehn Pfennige zu haben. Auch Getränke wurden großzügig ausgeschenkt. Im Jahre 1884 wurde der hohe Bierkonsum bemängelt. Daraufhin ordnete der Vorstand an, daß künftig die männlichen Insassen eine Flasche Bier täglich erhalten sollten, die weiblichen jedoch nur vier Flaschen in der Woche. Bier galt damals in Bürgerkreisen als unentbehrliches Nahrungsmittel, dessen Nährwert niemand bezweifelte.

Bertha Manheimer hatte die Sorge für das Altersheim zu ihrer Lebensaufgabe gemacht. „Täglich besuchte sie das Haus, schaute in Küche und Keller nach und sorgte dafür, daß vernünftig und sparsam gewirtschaftet wurde. ‚Es muß doch von gestern noch ein Eiweiß da sein...', hat sie einmal die Köchin erinnert. Denn **Bertha Manheimer** blieb Zeit ihres Lebens, trotz der Ehren und Titel ihres Gatten, trotz der Villa in der Tiergartenstraße, die tüchtige jüdische Hausfrau, die überall selbst zugreifen muß. Während sie Wohltätigkeit in großem Stile übte, konnte sie andererseits nicht mitansehen, daß auch nur Geringes vergeudet wurde. Und zu ihrer täglichen Fahrt von der Tiergartenstraße zur Schönhauser Allee benutzte sie nicht den eigenen Wagen, sondern den ‚Sechser-Omnibus'" (Hirschfeld, 29).

Den Eheleuten **Manheimer** war ein langes, gemeinsames Leben beschieden. Zu ihrer diamantenen Hochzeit konnten sie die Glückwünsche des deutschen Kaiserpaares entgegennehmen.

Auch die Bewohner des jüdischen Altenheims an der Schönhauser Allee entgingen den gezielten Vernichtungsaktionen der Nationalsozialisten nicht. 1941 wurde das Heim geschlossen, Bewohner und Pflegepersonal nach Auschwitz deportiert. Bis 1945 wurde das Haus von der SS genutzt, später war es Sitz der Volkspolizei. Nach der Wiedervereinigung der beiden deutschen Staaten bezog die Polizeidirektion 1, Abschnitt Prenzlauer Berg das Gebäude, um dessen Rückführung in ihren Besitz sich die Jüdische Gemeinde bemüht.

Nach dem Tod von **Valentin Manheimer** übernahmen seine Söhne Ferdinand, **Gustav** und Alfred das Unternehmen. 1903, bzw. 1904 zogen sich **Gustav** und Alfred aus dem Geschäftsleben zurück und lebten – vorwiegend in Paris – als Rentiers. Ferdinand Manheimer führte den Betrieb allein weiter. Ob er ebenfalls in der Erbbegräbnisstätte seines Vaters seine letzte Ruhestätte gefunden hat, kann nicht mit Bestimmtheit gesagt werden, da einige Grabplatten verloren gegangen sind. Ferdinand starb 1906 und sein Sohn Adolf übernahm die Leitung der Firma. In der Weltwirtschaftskrise 1929 erlitt das Unternehmen starke Verluste, 1932 machte es bankrott. Im gleichen Jahr setzte der früh konvertierte Adolph

Manheimer seinem Leben selbst ein
Ende. „Mehr als zwei Mark, die er
(der Tote) in seiner Tasche hatte, besaß er nicht" (Dähn, 36). RK

171/B
Marckwald, Heinrich Benjamin
(24.8.1816–25.8.1870)
Marckwald, Ottilie
geb. **Pringsheim**
(3.11.1829–4.9.1902)

Heinrich Benjamin und **Ottilie Marckwald** sind die Eltern von **Martha Liebermann**, der Ehefrau von **Max Liebermann** (Nr. 146).
Marckwald wurde in Märkisch
Friedland geboren. Er wurde zum
Handlungsbuchhalter ausgebildet
und eröffnete in Berlin, wo er 1843
den Bürgereid ablegte, einen Wollgroßhandel. Mit seiner Frau, einer
Tochter des Gutsbesitzers Emanuel
Pringsheim aus Oppeln, wohnte er in
der Brüderstraße 21. UK

172/H
Marckwald, Philipp
(30.9.1818–15.4.1888)
Marckwald, Pauline geb. **Herz**
(10.8.1828–11.5.1912)
Marckwald, Hermann Bendix
(30.9.1818–25.10.1899)
Marckwald, Amalie
geb. **Marckwald**
(17.12.1832–1.5.1903)

Die Zwillingsbrüder **Philipp** und
Hermann Marckwald betrieben Unter den Linden 34 das Bank-, Wech-
sel- und Kommissionsgeschäft „Gebrüder Marckwald & Co.".
Gemeinsam mit ihren Ehefrauen
Amalie und **Pauline** bewohnten sie
ein Haus in der Burgstraße 15. UKW

173/L4
Mecklenburg, Salli
(16.9.1854–11.6.1927)

Mecklenburg, Martha geb.
Moritzsohn
(10.10.1867–23.9.1929)

An der Friedhofsmauer zur Schönhauser Allee findet man den guterhaltenen Granitgrabstein für **Salli Mecklenburg**, ein wenig entfernt den für
seine Ehefrau **Martha**. **Mecklenburg**
stammte aus Märkisch-Friedland. Seiner Grabinschrift zufolge erwarb er
sich Hochschätzung und Liebe durch
*„seine große Herzensgüte und seinen
unerschütterlichen Gerechtigkeitssinn."*
Sein Lebensleitspruch war: *„Ich hand-
le stets so, daß ich vor mir selbst bestehen kann."* **Martha Mecklenburg**
wurde in Danzig geboren. Nach dem
Tod *„ihres heißgeliebten Gatten"* waren ihre letzten beiden Lebensjahre
*„im Übermaß erfüllt von Trauer um
ihn und Sehnsucht nach ihm"* (Grabspruch). UKW

175/W3
Mendelssohn, Joseph
(11.8.1770–24.11.1848)
Mendelssohn, Henriette geb. **Meyer**
(13.2.5536/1776–4.12.5622/1862)
Mendelssohn, Alexander
(19.9.1798–25.10.1878)
Mendelssohn, Marianne
geb. **Seeligmann**
(22.4.1799–20.7.1880)

Vier Mitglieder der Familie **Mendelssohn**, deren Stammvater der berühmte Philosoph Moses Mendelssohn
war, haben ihre letzte Ruhestätte auf
dem Schönhauser Friedhof gefunden.
Als Moses Mendelssohn starb, war
sein ältester Sohn **Joseph** erst sechzehn Jahre alt. Moses Mendelssohn
soll seinen Sohn wie folgt einge-
schätzt haben: „Worüber zu klagen
sei, das sei das Unbiegsame in seinem
Charakter, das Unsanfte in seinem
Wesen. Er sei immer von einer
Gemütsart gewesen, die zehnmal eher
bricht als biegt" (Achterberg, 128).
Joseph, der eine gute Erziehung genossen hatte, war zunächst als Buch-

halter im Handelsunternehmen „Itzig & Co." tätig. Noch vor dem Zusammenbruch dieser Firma machte er sich selbständig und gründete 1795 ein Wechsel- und Bankgeschäft in der Spandauer Straße in Berlin. Seit 1799 betrieb er dies gemeinsam mit **Moses Friedländer** (Nr. 71) in der Burgstraße 25. 1803 wurde die Partnerschaft gelöst, und **Joseph Mendelssohn** nahm seinen sechs Jahre jüngeren Bruder Abraham, der seine Kenntnisse beim Bankhaus Fould in Paris erworben hatte, als Teilhaber der Firma „J. & A. Mendelssohn" auf. Die Büroräume wurden in das Ephraim'sche Haus in der Poststraße 16 verlegt.

Um 1800 war die Geschäftslage für Bankiers nicht günstig, da der Bargeldumlauf stockte, Handel und Verkehr zum Erliegen kamen; weder Zinsen für Hypotheken und für Staatsschulden wurden gezahlt, noch die öffentlich Bediensteten besoldet. Bevor Napoleon I. in Berlin einzog, verließen die **Mendelssohns** die Stadt und gründeten in Hamburg 1804 die Firma „Gebrüder Mendelssohn". Sieben Jahre wirkten sie in Hamburg, ehe sie 1811 nach Berlin zurückkehrten. Durch die akute Finanznot des preußischen Staates gestaltete sich die Geschäftslage der **Mendelssohns** äußerst erfolgreich. Wurden die benötigten Anleihen dem preußischen Staat nicht freiwillig gewährt, so erzwang er sie von den Bankiers. Im März 1812 wurde das Bankhaus **Mendelssohn** mit einer Zahlung von 15.000 Talern belegt. **Joseph Mendelssohn** zahlte 10.000 Taler, lehnte aber nach erneuter Aufforderung jede weitere Beteiligung ab. Daher wurde er vom Kanzler persönlich mit dem höchsten Anschlag von 25.000 Talern ‚bestraft'.

Die Firma verlegte ihren Sitz 1815 in das Haus Jägerstraße 51, in dem sich auch die Apotheke „Zum König Salomon" befand. Dieses Gebäude, das **Joseph Mendelssohn** 1839 für 70.000 Taler kaufte, blieb bis ins 20. Jahrhundert der Sitz des Bankhauses.

Nach den Befreiungskriegen beteiligten sich **Joseph Mendelssohn** und die Frankfurter Bankiers Rothschild und Gontard an den mit der Übermittlung der französischen Kriegsentschädigung für Preußen verbundenen Geschäften. Zu diesem Zwecke richtete die Firma von 1815 bis 1827 in Paris ein eigenes ‚Abwicklungs-Comptoir' ein. Ein enges Vertrauensverhältnis verband die Regierung Hardenberg mit der Mendelssohn-Bank. Der preußische Geschäftsträger in Paris wurde sogar angewiesen, seine Briefe für den Staatskanzler „an unseren dort anwesenden Bankier, Herrn Mendelssohn" (Achterberg, 126) zur Beförderung weiterzugeben.

Das Bankhaus **Mendelssohn** hatte wichtigen Anteil an der Gründung neuer Berliner Unternehmen (Neue Berliner Handelsversicherung; Preußische Rentenversicherungsanstalt) und der Gründung des „Cassenvereins", einer vom Staat beaufsichtigten privaten Notenbank. Die Transaktionen des Bankhauses Mendelssohn reichten in dieser Zeit von ‚grundsolide bis wagemutig spekulativ'. Nicht immer machte sie Gewinne, wie einem Schreiben **Joseph Mendelssohns** von 1818 entnommen werden kann: „Ich brauche jetzt wahrlich Verdienst, es ist mir in der letzten Zeit manches schiefgegangen" (Rachel/Wallich 3, 103).

1821 schied Abraham Mendelssohn aus der Firma aus, und **Joseph**, bis zu seinem Tode der führende Kopf des Hauses, nahm seinen Sohn **Alexander** als Teilhaber auf.

Joseph Mendelssohn galt „als geistig hochstehend, fein gebildet und immer bereit, anregend und unternehmend seiner Zeit vorauszugehen" (Rachel/Wallich 3, 106).

Schon 1792 hatte er mit anderen jungen Männern die philantropische „Gesellschaft der Freunde" gegründet, deren Ziel es war, sich in Krisenzeiten brüderlich und selbstlos zu helfen. Er engagierte sich auch bei der Errichtung des ersten bürgerlichen Schauspielhauses, des Königstädtischen Theaters am Alexanderplatz. Eine lebenslange Freundschaft verband ihn mit Alexander von Humboldt. Überliefert ist eine Anekdote, die das freundschaftliche Verhältnis der beiden belegt: Humboldt hatte im Laufe seiner Studien eine umfangreiche naturhistorische Sammlung angelegt. Er berichtete **Joseph Mendelssohn** bekümmert, daß sein Hauswirt ihm gekündigt habe und er nun gezwungen sei, die Sachen zu ordnen und einzupacken, was ihm unendliche Mühe machen werde. **Joseph** hörte ihn ruhig an, sagte nichts dazu, ließ ihn aber am Nachmittag in einem Brief wissen, er solle ungestört dort wohnen bleiben, solange er wolle. Sein Hauswirt hieße jetzt **Joseph Mendelssohn.**

Rüstig bis ins hohe Alter lenkte er die Geschicke der Firma. Sein Neffe, der Komponist Felix Mendelssohn-Bartholdy, berichtete seiner Schwester Fanny über einen Besuch bei seinem 76jährigen Onkel auf dessen Weingut Horchheim bei Koblenz: „Dann blieb ich vier Tage in Horchheim; hier führte mich Onkel in der Mittagshitze durch die Weinberge, anderthalb Stunden lang, und lief so, daß ich immer sagen wollte, ich könnte nicht mitkommen. Ich schämte mich aber und stopfte mir den Mund mit blauen warmen Trauben. Dann blieb ich einen Tag in Frankfurt wegen Ermüdung. Und seit ich nun hier bin, ruhe ich mich aus" (Achterberg, 129).

Henriette Mendelssohn war die Tochter des Strehlitzer Hofagenten Nathan Meyer. In die Ehe mit **Joseph Mendelssohn** brachte sie eine Mitgift von 8.000 Talen ein. Einen Einblick in die Vermögensverhältnisse der Eheleute gibt das von **Joseph Mendelssohn** 1813 aufgesetzte Testament. Danach überließ er seiner Frau die Wahl, entweder die Hälfte des gemeinsamen Vermögens oder einen festen Betrag von 12.000 Talern als Erbe zu übernehmen.

Alexander, der jüngste Sohn von **Joseph Mendelssohn,** führte nach dem Tod seines Vaters die Bankgeschäfte weiter. Als um 1850 das Geschäft mit russischen Anleihen begann, wurden die Mendelssohns Bankiers des Zarenreiches. **Alexander** erlebte noch die Reichsgründung und den damit verbundenen enormen Wirtschaftsaufschwung. Von seinen acht Kindern übernahm Franz (1829–1889), von Kaiser Friedrich III. in den erblichen Adelsstand erhoben, das Bankhaus. Es existierte bis 1932.

Alexander Mendelssohn hielt – wie seine Eltern – am jüdischen Glauben fest. Er war im Vorstand vieler jüdischer Vereine und setzte sich für die handwerkliche Ausbildung jüdischer Jugendlicher ein.

Seine Frau **Marianne** ist die Namensgeberin des „Mariannenstifts" in Berlin-Charlottenburg, Scharnstraße 5, eine soziale Einrichtung, die die Eheleute **Mendelssohn** gemeinsam stifteten. Diese Stiftung umfaßte das Grundstück und ein Kapital von 60.000 Mark, „dessen Zinsen zu Zwecken der Stiftung verwendet werden können, während das Kapital nicht angegriffen werden darf" (§ 2, Statut des Mariannenstifts, 1881). Nach der Satzung hatte die Stiftung die Aufgabe, „weiblichen, ausnahmsweise männlichen Personen in vorgerücktem Lebensalter freie Wohnung nebst Heizungsmaterial zu gewähren" (§ 1). Aufgenommen wurden Menschen, die in Charlottenburg geboren waren, ein jährliches Einkommen von mindestens 180 Mark und nicht über 600 Mark hatten und „einen unbescholtenen Lebenswandel geführt" hatten (§ 3f). Das Gebäude des Mariannenstifts, das in den 20er Jahren abgerissen wurde, befand sich in der heutigen Schustherusstraße. RK

176/W4
Meyer, Adolph
(19.2.1812–30.8.1870)
Meyer, Pauline geb. **Arons**
(14.2.1814–15.4.1896)

Aus welchem Grund für die Eheleute **Meyer** und die Familie **Magnus** (Nr. 164) eine gemeinsame Grabstätte errichtet wurde, ließ sich nicht in Erfahrung bringen. Da jedoch keine familiären Verflechtungen zu bestehen scheinen, kann man davon ausgehen, daß **Adolph Meyer** gemeinsame Unternehmen mit dem Bankier und Seidenfabrikanten **Magnus** betrieb. Die Frau von **Adolph Meyer, Pauline,** war eine Tochter von **Lazarus Arons** (Nr. 11).

Das imposante Grabmahl befindet sich an der kurzen Südwand des Friedhofes, dort wo heute ein großes Wohnhaus direkt an das Gelände grenzt.

Die an drei Seiten und oben offene Grabarchitektur erinnert an ein antikes Atrium. In der frühchristlichen und mittelalterlichen Baukunst wurden derartige Säulenhöfe den Kirchen vorgelagert. Zwei quadratische Pfeiler, zwei Pilaster und zwei ionische Säulen mit Volutenkapitell tragen einen breiten, mehrfach profilierten Architrav (Hauptbalken). Sehr zurückhaltend wurden die klassizistischen Dekors verwendet. Im Innenbereich der Grabanlage findet man schlichte, hohe Granitstelen. UKW

177/W1
Meyer, Joel Wolff
(22.10.1794–25.9.1869)
Meyer, Caroline geb. **Hirschfeld**
(ohne Daten)

Im Alter von 21 Jahren wurde **Joel Wolff Meyer** in die Berliner Bürgerschaft aufgenommen. Mit seinem Bruder leitete er die Seidenwarenfabrik „Jacob Abr. Meyer & Compagnie". **Joel Wolff Meyer** war Geheimer Kommerzienrat und als Kaufmann Mitglied der Berliner Korporation. Er war Mitglied der Repräsentantenversammlung und gehörte 1828 zu den Gründungsmitgliedern der ersten Altersversorgungs-Anstalt der Jüdischen Gemeinde. UKW

178/L3
Meyer, Joseph
(10.7.1816–25.9.1887)
Meyer, Rudolphine geb. **Markuse**
(ohne Daten)

Seit 1836 studierte der aus Stralsund stammende **Joseph Meyer** in Berlin Medizin. Er promovierte 1845 und war danach einige Jahre Assistent der Charité – Professoren Schönlein und Frerich. Seit 1855 Privatdozent, seit 1862 dirigierender Arzt, erhielt **Meyer** 1864 die ministerielle Genehmigung „zur Erstellung von Kursen in den verschiedenen, auf innere Krankheiten bezüglichen Unterrichtsmethoden". 1867 wurde er außerordentlicher Professor und Direktor der medizinischen Poliklinik der Charité. Seine zahlreichen wissenschaftlichen Schriften finden sich in den Annalen der Charité und im Virchow-Archiv.

Joseph Meyer galt als „scharfsinniger Diagnostiker, humaner Arzt, beliebter Lehrer und liebenswürdiger Mensch von edlem und lauterem Charakter" (Winniger, 365). In seinem Todesjahr 1887 wurde er zum Geheimen Sanitätsrat ernannt. UKW

179/J
Meyer, Martin
(17.8.1809–17.9.1872)
Meyer, Zerline geb. **Meyer**
(11.10.1812–4.5.1894)

Martin Meyer war der Sohn des Berliner Bankiers Salomon Meyer. Er war verheiratet mit seiner Cousine **Zerline**, einer Tochter von Simon Meyer. Im Bankhaus Gebrüder Meyer, Heiligegeiststraße 44, war er als Bankier tätig. UKW

180/F
Meyer, Moritz
(6.11.1821–30.10.1883)
Meyer, Minna geb. **Büding**
(17.2.1824–2.9.1896)

Moritz Meyer studierte in Heidelberg, Halle und Berlin. Nach seiner Promotion 1844 wirkte er als praktischer Arzt, seit 1854 als Spezialarzt für Elektrizität und Nervenkrankheiten in Berlin. 1854 erschien auch sein Buch „Die Elektrizität in ihrer Anwendung auf praktische Medizin", ein vielbeachtetes Werk, das zum ersten Mal den Einsatz der Elektrotherapie im Gesamtbereich der Medizin (Chirurgie, Geburtshilfe u.a.) untersuchte. Es war **Meyers** Verdienst, daß das reichhaltige Material zu diesem Thema gesichtet und geordnet wurde. Er trennte wissenschaftliche von phantastischen Informationen und schuf daraus ein wissenschaftlich brauchbares Lehrbuch. **Meyer** arbeitete auch auf praktischem Gebiet. Er entwickel-

te den sogenannten „Meyer'schen Unterbrecher", ein Instrument, mit dem Muskel- und Nervenreaktionen getestet werden konnten. Bei seinen Untersuchungen entdeckte er 1854 den Zusammenhang zwischen Lähmungserscheinungen und dem langjährigen Gebrauch von bleihaltigem Schnupfpulver. **Moritz Meyer** trug den Titel eines Geheimen Sanitätsrates. UKW

181/G
Meyer, Paul
(18.5.1844–18.12.1925)
Meyer, Helene geb. **Speyer**
(24.1.1857–3.4.1898)

Dicht beieinander stehen im Gräberfeld G eine abgebrochene Säule aus weißem Marmor und eine ebensolche aus schwarzem Granit. Obwohl diese Säulen optisch eine Einheit bilden, hatten die hier Beigesetzten zu Lebzeiten keinerlei Verbindungen. Die eine Grabstatt wurde zum Gedenken an Oberregierungsrat **Paul Meyer** und dessen Frau **Helene** errichtet, die andere erinnert an den Arzt und Stadtverordneten **Wolfgang Straßmann** (Nr. 250).

Geborstene Säulen, die auf vielen Gräbern dieses Friedhofes stehen, verkörpern den symbolischen Gedanken der Vergänglichkeit. Die Säule, der ein Kapitell als Abschluß fehlt, soll verdeutlichen, daß die Verstorbenen durch ihren meist sehr frühen Tod daran gehindert wurden, ihr Lebenswerk zu vollenden. Die Säule für die in Kairo gestorbene **Helene Meyer** steht auf einem mehrstufigen Piedestal (Podest), dessen Ecken in Voluten auslaufen. Den kannelierten Säulenschaft schmückt eine Rosenranke, die sich am Sockel um einen welken Palmwedel legt und an einer Lyra endet, die – von einem dünnen Tuch bedeckt – am Fuß des Grabmals lehnt. Drei Symbole werden hier miteinander verbunden: die Rose, universelles Sinnbild der Liebe; die Pal-

„Abgebrochene" Säulen für Helene Meyer und Wolfgang Strassmann

me, Symbol für das ewige Leben und die Lyra (Leier) als Attribut von König David, der als Verfasser der Psalmen gilt. An **Paul Meyer**, der seine Frau um fast dreißig Jahre überlebte, erinnert eine schlichte, mit Rosenblüten verzierte Marmortafel, auf der man folgende Worte findet: *Ein Leben voll Arbeit, Liebe und Güte.* UKW

182/C
Meyer, Rahel geb. **Weiss**
(11.3.1806–8.2.1874)
Meyer, Zacharias
(17.11.1797–18.2.1871)

Rahel Meyer gehörte zu den wenigen Schriftstellerinnen des vergangenen Jahrhunderts, die nicht nur für den „Hausgebrauch" schrieben, sondern schon zu Lebzeiten eine breite Leserschaft fanden.

Als Tochter eines angesehenen Danziger Kaufmannes genoß sie eine gute Erziehung, wurde früh mit dem Bernsteinhändler **Zacharias Meyer** verheiratet und lebte in glücklichen Verhältnissen. Sie widmete ihre freie Zeit „wohltätigem Tun", unterrichtete zum Beispiel an einer von ihr ins Leben gerufenen Armenschule in ihrer Geburtsstadt. Später ging sie nach Wien, wo sie mit Schriftstellern wie Friedrich Hebbel Umgang pflegte. Neben ihren Romanen „Zwei Schwestern", „Wider die Natur" und „In Banden frei", schrieb **Rahel Meyer** mehrere kleine Lust- und Schauspiele, sowie eine Biographie des englischen Erfinders George Stephenson (1781–1848). RK

183/G
Meyer, Richard Moritz
(5.7.1860–8.10.1914)

„Ein deutscher Philologe aus der Schule Wilhelm Scherers" – so wird **Richard Moritz Meyer** durch eine Inschrift auf seinem Grabstein beschrie-ben. **Meyer** studierte Literaturwissenschaften in seiner Vaterstadt Berlin, an den Universitäten von Leipzig und Straßburg. Nach Abschluß seiner Studien widmete er sich vorwiegend den historischen Aspekten der deutschen Literaturentwicklung. Sowohl „Die altgermanische Poesie" (1889), als auch „Die altgermanische Religionsgeschichte" (1910) waren Gegenstand seiner Untersuchungen. Seine Bücher über Goethe (1895) und Nietzsche (1913), sowie seine grundlegenden Werke über die Literatur des 19. Jahrhunderts (1900, 1901) fanden viel Beachtung.

Nach fast zwanzig Jahren, in denen **Meyer** als Privatdozent an der Friedrich-Wilhelm-Universität gelehrt hatte, wurde er 1903 zum außerordentlichen Professor ernannt. Eine ordentliche Professur aber blieb ihm aufgrund seines jüdischen Glaubens verwehrt. UKW

184/A
Meyer, Sara (Zirel) geb. **Benda**
(1779–26.6.1827)

Der vergilbte, stark verwitterte Grabstein für **Sara Meyer**, in dessen spitzen Giebel ein Quadrat mit der Nummer 1 eingemeißelt wurde, ist das älteste Zeugnis, das sich auf dem Schönhauser Friedhof befindet.

Sara Meyer war die Witwe des Armenvorstehers Meyer Moses Meyer. Mit der Anlage ihrer Grabstelle wurde am 29. Juni 1827 der Friedhof seiner Bestimmung übergeben. Den Einweihungsfeierlichkeiten, die der Rabbiner **Jacob Joseph Oettinger** (Nr. 195) leitete, wohnten prominente Mitglieder der Jüdischen Gemeinde bei, darunter der Stadtrat **David Friedländer** (Nr. 70) und der Gemeindeälteste Samuel Berensdorf.

Links neben dem Grab Nr. 1 liegt ein umgestürzter, zerbrochener Gedenkstein, der ebenfalls den Namenszug Sara Meyer trägt, allerdings mit dem Geburtsnamen Friedländer. Das Geburtsdatum auf dem Stein ist 1781, ein Sterbedatum ist nicht mehr erkennbar. UKW

185/B
Meyer Siegmund Joel
(22.11.1830–8.3.1903)
Meyer, Johanna geb. **Levy**
(31.12.1837–28.9.1919)

Siegmund Joel Meyer war in Berlin als Notar und Rechtsanwalt beim Landgericht I tätig. Er war Vorsteher der Repräsentantenversammlung und fungierte von 1876 bis 1883 als 1. Stellvertreter des Vorsitzenden im Vorstand der Jüdischen Gemeinde. Darüber hinaus gehörte er über viele Jahre der Berliner Stadtverordnetenversammlung an.

Meyer und sein langjähriger Freund **Hermann Makower** (Nr. 166) trugen als erste Juden den Titel „Königlicher Notar" (JBB, Nr. 532, Anm. zu Seite 131). RK

Meyerbeer, Giacomo
s. Familie Beer

186/W2
Meyerstein, Hugo
(24.2.1836–27.6.1906)
Meyerstein, Henriette geb. **Gebert**
(23.6.1847–11.4.1915)

Neben der Erbbegräbnisstätte **Israel Hirschfeld** (Nr. 109) steht der rustizierte Grabstein für **Hugo** und **Henriette Meyerstein**. Sie waren die Eltern des Nationalökonomen Dr. Eduard Meyerstein. Ein Freund des Hauses **Meyerstein** war der Schriftsteller Georg Hermann (1871–1943 Auschwitz). Ob **Henriette Meyerstein**, geborene Gebert, Hermanns Romanheldin „Jettchen Gebert" nur den Namen oder auch ihre Charakterzüge gab, muß unbeantwortet bleiben (vgl. Nr. 87). UKW

187/W1
Michael, Max
(23.3.1823–24.3.1891)

Bereits an der dekorativen Ausgestaltung des Gedenksteines für **Max Michael** läßt sich dessen Metier deutlich ablesen: Die Grabstele aus schwarzem, schwedischen Granit wird von einer Malerpalette und Pinseln – umrankt von Lorbeerzweigen – geschmückt.

Im Alter von achtzehn Jahren begann der gebürtige Hamburger **Max Michael** eine fünfjährige Ausbildung an der Dresdener Kunstakademie. Wie viele Künstler vor und nach ihm, zog es **Michael** zu weiteren Studien in die Kunstzentren von Frankreich und Italien. Von 1846 bis 1850 war er in Paris Schüler von Lehmann und Conture. Besonders sein langjähriger Aufenthalt in Rom, wo er seit 1850 fast zwanzig Jahre lebte und arbeitete, war prägend für die Auswahl seiner Bildthemen. Ob „Neapolitanische Fischer" oder „Mädchenschule in den Sabinerbergen", ob „Bauernfamilie in

Grabstein Max Michael

*Bildnis
Paul Model*

ärmlicher Behausung" oder „Die Mönche von Cortona" – immer wieder stellte er auf seinen Genrebildern das Leben der untersten Gesellschaftsschicht Italiens dar. 1875 trat er in das Kollegium der Akademischen Hochschule für bildende Künste in Berlin ein, an der er bis zu seinem Tod als Professor für Malerei lehrte. UKW

**188/K
Model, Julius**
(11.7.1838–22.9.1920)
Model, Paul
(gestorben 1895)

Vergleicht man die Grabmalskunst eines jüdischen Friedhofes mit der eines christlichen, so fällt bei erstgenanntem der nahezu vollständige Verzicht auf figürliche Darstellungen auf. Viele Bibelstellen lassen sich zur Begründung dieser Bildnislosigkeit anführen. Nicht nur in den Zehn Geboten, sondern auch an anderen Stellen des Alten Testamentes wird das Anfertigen eines Abbildes scharf verurteilt: „Verflucht sei, wer einen Götzen oder gegossen Bild macht, einen Greuel des Herrn" (5. Mose 27, 15).

Trotzdem gibt es auf dem Schönhauser Friedhof zwei Verstöße gegen dieses Bildnisverbot: die Grabstätte für **Paul Model** und das Pyramidengrab für **Sophie Loewe** (Nr. 159).

Zur Erinnerung an seinen Sohn **Paul** ließ der Bankier **Julius Model** ein Denkmal aus weißem Carrara-

Marmor anfertigen. Der auf einer Bergtour bei Bad Ischl 1895 tödlich verunglückte **Paul Model** wird als stattlicher junger Mann im Halbprofil dargestellt. Kunstvoll umrahmt wird sein Brustbild von Blumen, drapierten Tüchern und zwei kleinen knieenden Figuren, die sich schmerzgebeugt abwenden. Eingemeißelt in den Sockel aus schwedischem Granit findet man den Spruch:

Suchet mich nicht hier
Suchet mich in Euren Herzen!

Julius Model wurde 1920 an der Seite seines Sohnes beerdigt. UKW

189/H
Mos(s)ner, Max
(1.4.1819–22.8.1872)
Mos(s)ner, Caroline
geb. **Schönlank**
(4.2.1829–8.5.1881)

In das Geburtsregister seiner Heimatstadt Märkisch-Friedland wurde **Max Mos(s)ner**, Sohn des Kaufmanns Liepmann Mos(s)ner, mit dem Vornamen Moses eingetragen. Wohnhaft in Berlin, Burgstraße 7, führte er zusammen mit seiner Ehefrau **Caroline**, eine Tochter des Kaufmanns Julius Schönlank aus Königsberg, einen Wollgroßhandel. UKW

190/K
Mosse, Albert
(4.10.1846–30.5.1925)
Mosse, Caroline geb. **Meyer**
(13.1.1859–14.7.1934)
Mosse, Hans
(27.12.1888–3.8.1916)

Albert Mosse war einer von acht Söhnen des Arztes und Stadtverordneten Marcus Mosse aus Graetz. (**Alberts** Bruder, der bekannte Berliner Zeitungsverleger Rudolph Mosse, fand seine letzte Ruhestätte auf dem jüdischen Friedhof Weissensee.) Nach Abschluß eines dreijährigen Studiums an der Berliner Universität nahm

der promovierte Jurist am Krieg 1870/71 als Freiwilliger teil.

Seine richterliche Laufbahn begann er 1876 als Kreisrichter in Spandau, stieg 1879 in Berlin zum Stadt- und Amtsrichter auf und wurde sechs Jahre später zum Landesrichter befördert. Wahrscheinlich wäre auch **Mosse** aufgrund seiner Konfession über den Rang eines Landgerichtsrates (1888) nicht hinausgelangt. Er hatte jedoch das Glück, daß er in seiner Funktion als Dozent für Staats- und Verwaltungsrecht Vorlesungen für eine japanische Regierungsdelegation hielt. Diese aus Diplomaten und Juristen bestehende Delegation hatte den Auftrag, für die Schaffung eines modernen japanischen Rechtssystems in Westeuropa geeignete Vorbilder zu studieren. Auf Empfehlung von Rudolph Gneist, dem „Meister des deutschen Verfassungs- und Verwaltungsrechts", wurde **Mosse** im Frühjahr 1886 von der japanischen Regierung als Rechtsberater eingeladen. Während seiner fast vierjährigen Arbeit am kaiserlich-japanischen Staatsministerium in Tokio schuf er die Grundlagen der heutigen japanischen Verfassung und formulierte die juristischen Voraussetzungen für die Verwaltung von Gemeinden, Landkreisen und Provinzen. Nach Inkrafttreten der Verfassung regte der deutsche Botschafter in Tokio, Theodor von Holleben, als Anerkennung für seine Verdienste **Mosses** Beförderung an. Er begründete sein Anliegen damit, daß es in erster Linie **Mosse** zu verdanken sei, daß „das japanische Staatsleben in seinen Grundzügen sich nach deutschem Muster gestaltet und (...) Deutschland hier (in Japan) nach wie vor in hohem Ansehen steht." Diese Argumentation machte es der preußischen Regierung nahezu unmöglich, **Mosse** die verdiente Beförderung zu verweigern. So wurden **Albert Mosse** und **Julius Litten** (Nr. 158) 1890 als erste Juden zu Oberlandesgerichtsräten ernannt.

Im Jahre 1900 wurde **Mosse** an das Oberlandesgericht Königsberg berufen und lehrte an der dortigen Universität als ordentlicher Honorarprofessor. In dieser Zeit verfaßte er seinen „Kommentar zum Handelsgesetzbuch". Trotz seiner beachtlichen Leistungen blieb **Mosse** jede weitere Beförderung versagt, so daß er 1907 enttäuscht sein Richteramt niederlegte. **Albert Mosse** kehrte nach Berlin zurück, wo er sich in den folgenden Jahren ausschließlich öffentlichen Aufgaben widmete. Er war als unbesoldeter Stadtrat und Stadtältester tätig und wurde Mitglied im Vorstand des Städtetages. Auch am jüdischen Gemeindeleben in Berlin nahm er aktiv teil. Er wurde Vorstandsmitglied, war Vizepräsident im Verband der deuschen Juden und Präsident des Kuratoriums der jüdischen wissenschaftlichen Hochschule. **Albert Mosses** Sohn **Hans** wurde in Tokio geboren und war ebenfalls Jurist. Wie auf dem Grabstein zu lesen ist, fiel der 27jährige 1916 in der Schlacht bei Fleury vor Verdun. UKW

191/K
Munk, Moritz
(15.3.1816–13.1.1900)
Munk, Philippine geb. **Misch**
(12.10.1819–24.12.1876)

Der Kaufmannssohn **Moritz Munk** ließ sich nach einer Ausbildung zum Handlungsdiener in seiner Geburtsstadt Glogau in Berlin nieder. Er wohnte am Hackeschen Markt Nr. 3 und war Manufakturwarenhändler. Gemeinsam mit seinem jüngeren Bruder Heinrich (Heimann) eröffnete er in der Gertraudenstraße 22 die „erste deutsche Volkskleiderhandlung". UKW

192/L1
Neisser, Joseph
(18.4.1830–21.4.1884)
Neisser, Emma geb. **Friedheim**
(28.4.1837–4.1.1877)

Auf einem einfachen Gedenkstein aus schwarzem Granit findet man neben dem Namen **Joseph Neisser** die Angabe „Rentier". Mit dem ihm befreundeten **Leopold Ullstein** (Nr. 254) gründete **Neisser** am 1. August 1877 eine offene Handelsgesellschaft. Diese Gesellschaft, deren gerichtliche Eintragung durch Verkündigung des Königlichen Staatsgerichts am 11. September 1877 erfolgte, war der Ausgangspunkt für das bis heute erfolgreiche Verlagshaus Ullstein. Bereits am 10. Januar 1879 kündigte **Neisser** seine Beteiligung an dem Unternehmen auf. 54jährig starb er am 21. April 1884 in Bellagio am Comer See. UKW

193/K
Neufeld, Chaim Salomon
(30.8.1806–12.4.1882)
Neufeld, Sara Rebecca geb.
Cohn
(23.9.1809–27.11.1876)

Über **Chaim Salomon Neufeld** ließ sich nur in Erfahrung bringen, daß er 1873 Mitglied des Lehrinstitutes „Beth Hamidrasch" gewesen ist. UKW

194/L1
Neumark, Joseph
(28.2.1801–21.5.1879)
Neumark, Julie Caroline geb.
Hirsch
(7.8.1813–12.5.1886)

Joseph Neumark, gebürtiger Danziger, Sohn des Wolff Joseph Neumark, leistete einen einjährigen Militärdienst im 1. Infanterie-Regiment, bevor er sich als Kaufmann in der Berliner Oranienburger Straße 23 – unweit der Synagoge – niederließ. **Neumarks** Naturalisationspatent ist auf den 9. April 1844 datiert. Am 2. Juni 1844 heiratete er die ebenfalls aus Danzig stammende **Julie Caroline**, Tochter des Kaufmanns Elkan Samuel Hirsch. UKW

195/A
Oettinger, Jacob Joseph
(1780–7.2.1860)

Eine besondere Bedeutung für den Schönhauser Friedhof hat **Jacob Joseph Oettinger**. Er war nicht nur der erste Rabbiner, der hier in der Ehrenreihe beigesetzt wurde, er war auch derjenige, der diesen Friedhof am 29. Juni 1827 feierlich einweihte. In vielerlei Hinsicht vertrat der in Glogau geborene **Oettinger** für die damalige Zeit fortschrittliche Ansichten. So geht es auf seine Initiative zurück, daß auf dem Schönhauser Friedhof – im Gegensatz zum bis dahin gültigen Bestattungsrecht – Selbstmörder nicht mehr auf einem Sonderfeld bestattet werden mußten und auch nichtjüdische Ehepartner ihre letzte Ruhe an der Seite ihrer Gatten finden durften. Besonders umstritten war die Totenrede, die **Oettinger** zur Einweihung am Grab von **Sara Meyer** (Nr. 184) hielt.

In einigen Publikationen über den Schönhauser Friedhof ist zu lesen, daß der Rabbiner diese Rede in hochdeutscher Sprache vortrug. Damit zog er sich nicht nur den Unmut der preußischen Regierung zu, welche seine Vorgehensweise als unstatthafte „Nachahmung christlicher Sitten" auf das Schärfste verurteilte; auch von Seiten seiner orthodoxen Glaubensbrüder war er heftigsten Angriffen ausgesetzt. Das Jüdische Gemeindeblatt vom 27. Juni 1927 geht davon aus, daß „eine richtige hochdeutsche Predigt" nicht gehalten wurde. Nach **Oettingers** eigenen Worten hat er „seinen Vortrag in derselben Art und Sprache gehalten (...), in welcher all' seine Vorgänger seit uralter Zeit während des Sommers religiöse Vorträge an jedem Sabbatnachmittag in der Synagoge hielten." Er räumte jedoch ein, daß er ein geborener Deutscher aus Glogau sei, und daß daher seine Mundart von der seiner polnischen Glaubensgenossen abweichen und sich der hochdeutschen Sprache nähern könne.

Oettinger stellte eine Liste der religiösen Vorschriften und örtlichen Bräuche zusammen, die bei der Behandlung verstorbener Juden in Berlin zur Anwendung kamen. Zusammen mit dem Rabbiner **Elkanan Rosenstein** (Nr. 216) überarbeitete **Jacob Joseph Oettinger** wichtige hebräische Werke, verfaßte aber im Gegensatz zu den ebenfalls auf dem Schönhauser Friedhof beerdigten Rabbinern **Michael Sachs** (Nr. 221) und **Abraham Geiger** (Nr. 78) keine nennenswerten eigenen Texte. UKW

196/H
Oppenheim, Abraham Simon
(3.9.1797–9.6.1869)
Oppenheim, Henriette geb.
Fränkel
(? –17.2.1879)

Sowohl in Schwerin an der Warthe im Großherzogtum Posen, als auch später in Berlin war **Abraham Simon Oppenheim** als Wollhändler tätig. Er betrieb ein Geschäft in der Bischofstraße 1, wo er auch mit seiner Frau **Henriette** und seinen Kindern Simon und Male wohnte. RK

197/SF
Oppenheim, Heinrich Bernhard
(20.7.1819–29.3.1880)

Heinrich Bernhard Oppenheim war unterschiedlichen Quellen zufolge Sohn eines Frankfurter Juwelenhändlers (Kohut, 160) oder Bankiers (ADB, 396; Winninger, 568). Sein Großvater war jener Hamburger Bankier Gumpel, den Heinrich Heine in seinen „Reisebildern" als „Marchese Gumpelino so köstlich-niederträchtig verspottet hat" (Kohut, 160). Nach Abschluß des Gymnasiums in seiner Vaterstadt, studierte **Oppenheim** Rechtswissenschaften in Göttingen, Heidelberg und Berlin und konnte

schon mit neunzehn Jahren den Titel
Dr. jur. erwerben.

Max Ring (Nr. 213) beschreibt
Oppenheim in seinen „Erinnerungen"
als einen jungen Mann, der mit seinem runden, rotwangigen Knabenge-
sicht und den dunkelfeurigen Augen,
durch seinen frühreifen Verstand und
seinen kecken sprühenden Geist ein
ungewöhnliches Aufsehen in der Berliner Gesellschaft erregt haben soll,
besonders in der Damenwelt, deren
erklärter Liebling er war.

Oppenheim und der berühmte
Rechtslehrer und spätere Justizminister Friedrich Karl von Savigny
(1779–1861) trafen häufig im Salon
der Bettina von Arnim zusammen.
Von Savigny nahm Anstoß an dem jugendlichen Kollegen und sprach ihm
den Doktorgrad ab, da die Rechtswissenschaften auch Kenntnisse im Kir-
chenrecht einschlössen und ein Jude
unfähig sei, sich diese anzueignen.
Überliefert ist eine eher scherzhafte
Unterhaltung: Bettina von Arnim befürwortete die Habilitierung des von
ihr protegierten **Oppenheim**, was der
judenfeindliche von Savigny mit den
Worten zurückwies: „Ein Jude kann
und darf nie Privatdozent und Lehrer
an einer preußischen Universität werden." – „Was?" soll Bettina spöttisch
entgegnet haben, „nicht einmal Privatdozent solle die Jude werde, nicht
einmal verhungern derfe se?"

Die gering entlohnte Stellung als
Privatdozent für Staatswissenschaft
und Völkerrecht in Heidelberg gab
der begüterte **Oppenheim** nach kurzer Zeit wieder auf, um sich publizistisch betätigen zu können. Er veröffentlichte umfangreiche Schriften
(„Studien der inneren Politik", „Geschichte und staatsrechtliche Entwicklung des Rheins", beide 1842),
ließ sich aber auch gern auf tagespoli-
tische Fragen ein. 1843 erschien in
Weil's „Constitutionellen Jahrbüchern" **Oppenheims** Aufsatz
„Staatsrechtliche Betrachtung über
Regierungsfähigkeit und Regent-

Heinrich Bernhard Oppenheim

schaft, mit besonderer Rücksicht auf
die Thronfolge in Hannover", eine
Arbeit in der er sich gegen die Thron-
folgefähigkeit des blinden Kronprinzen Georg von Hannover aussprach.
In einer viel diskutierten Schrift
„Über die Kunst, mit einer Verfassung zu regieren" (1861) stellt er in
einem fiktiven Briefwechsel ein raffi-
niert konstruiertes System zur Umge-
hung von Recht und Gesetz auf.

Die Revolutionsereignisse von
1848 beschäftigten **Oppenheim** in
ihren theoretischen Zielvorstellun-
gen. Seine Versuche, in die praktische
Politik einzusteigen, scheiterten jedoch, war **Oppenheim** doch eher ein
Mann der Feder als des gesprochenen
Wortes.

In Berlin redigierte er 1848 die
Zeitung „Die Reform – Organ der demokratischen Partei". Zu den Mitarbeitern dieses Blattes, das sich später
„Organ der Linken Nationalversamm-
lung" nannte, gehörten Michael Baku-
nin (1814–1876) und Georg Her-
wegh (1817–1875).

1849 ging **Oppenheim** nach Baden, beteiligte sich dort an der Revolution, mußte fliehen und verbrachte

*Sandsteinsarko-
phag Oppenheim
(Nr. 198)*

elf Jahre im Exil in Frankreich, Holland, England und der Schweiz. **Oppenheims** staatspolitische Schriften sind leidenschaftliche Äußerungen zu politischen Ereignissen, kritisieren aber auch das Verhalten in den eigenen Reihen. In den Reden Heinrich von Gagerns (1799–1880) und Genossen sah er die „Blumenlese des Verrats" (ADB, 398) und machte die „Abnahme des Idealismus" (ADB, 398) für das Scheitern der Revolution verantwortlich. **Oppenheim** war Mitglied der Fortschrittspartei, und als solches gehörte er einem Komitee an, das am 12. November 1866 einen Wahlaufruf zum ersten Norddeutschen Reichstag erließ. In Berliner Volksversammlungen trat er für eine starke Zentralgewalt Preußens ein und verlangte eine entscheidende Mitwirkung des Parlaments bei Gesetzgebung und Steuerbewilligung.

Zu wichtigen sozialen Fragen äußerte er sich in der Schrift „Die Hilfs- und Versicherungskassen der arbeitenden Classen" (1880) und in Artikeln für die Berliner Zeitung „Tribüne". In vielen Fragen wich er von der Linie seiner Partei ab. Er forderte die Lösung sozialer Mißstände, wie Überbevölkerung und Woh-

nungsnot in den Großstädten, die durch das schnelle wirtschaftliche Wachstum nach der Reichsgründung entstanden waren.

Oppenheim prägte in seiner politischen Arbeit den Begriff des „Katheder-Sozialismus". Ursprünglich ein polemischer Begriff, war das Ziel der „Katheder-Sozialisten" die Integration der Arbeiter in den Rechtsstaat durch Sozialreform und Staatsintervention.

Die Tatsache, daß sich seine politischen Ziele in der Realität nicht umsetzen ließen, erfüllte **Oppenheim** „mit persönlichem Schmerz" und ließ ihn „eine Zurücksetzung in stolzer Seele fühlen" (Deutsche Rundschau, 7/1880, 411).

Trotz seiner persönlichen Eigenarten genoß **Oppenheim** in Parteikreisen höchste Wertschätzung.

Die Gedenkreden bei **Oppenheims** Beisetzung hielten die ehemaligen Reichstags- und Fraktionskollegen Max von Forckenbeck (Oberbürgermeister von Berlin) und Friedrich Kapp, der Vater des 1920 in den rechtsradikalen Putsch verwickelten Wolfgang Kapp. **Heinrich Bernhard Oppenheim** wurde neben der Grabstätte seiner Schwester **Bernadine Friedeberg** (Nr. 67) beerdigt. RK

198/H
Oppenheim, Louis
(? – 1909)
Oppenheim, Jenny
(26.10.1846–7.11.1930)
Abel, Georg
(9.11.1890–17.8.1923)

Ein massiver Steinblock, flankiert von zierlichen Balustraden, trägt den Sandsteinsarkophag für **Louis Oppenheim**, seine Ehefrau **Jenny** und **Dr. Georg Abel**. Die Grabstätte wurde vom Architekten Max Landsberg entworfen, der auch die Erbbegräbnisstätte **Herz-Katz-Grau** (Nr. 102) gestaltete. Der untere trapezförmige Teil des Sarkophages ist mit einer ovalen Inschrifttafel und detailreichen, durch wehende Schleifen verbundene Festons geschmückt. Diese in der Renaissance beliebten Blumen- und Fruchtgirlanden fanden im Barock und Neoklassizismus erneut als Dekoration Verwendung. Der Rand des Sarkophagdeckels wird von einem Lorbeerprofil, seine Mitte von einem Eierstab betont. Den oberen Abschluß des spitzzulaufenden Deckels bildet eine kleine, blumengefüllte Schale. UKW

199/W3
Oppenheim, Moritz
(30.10.1802–23.10.1883)
Oppenheim, Lea geb. **Kersten**
(12.5.5562/1802–28.6.5606/1845)

Das Grabmal für **Moritz Oppenheim** wurde in Form einer Arkade gestaltet. Auf vier massiven Pilastern (Wandpfeiler) ruht ein Blendbogen mit aufgesetztem Spitzgiebel. In der Arkadenöffnung befindet sich ein Blendbiforium (Doppelfenster), das von einer kannelierten, ionischen Säule geteilt und einem Okulus mit Maßwerkrosette bekrönt wird.

Biographische Informationen über **Oppenheim** und seine Angehörigen konnten nicht ermittelt werden. UKW

Ohne Nummer
Pappenheim, Marcus
(16.2.1790–16.7.1868)
Pappenheim, Dorothea
geb. **Philipp**
(20.8.1795–12.8.1856)

Markus Pappenheim wurde in Peiskretcham geboren. Die Regierung von Königsberg verlieh ihm im Dezember 1814 das Staatsbürgerrecht. Seit 1815 lebte er als eingetragener Bürger in Breslau, ließ sich dann 1836 in Berlin nieder, wo er einen Farbwarenhandel in der Prenzlauer Straße 31 unterhielt. UKW

200/L1
Philippi, Naphtali
(15.3.1832–14.9.1889)
Philippi, Clara geb. **Arons**
(8.9.1842–4.5.1895)

Gegenüber der Grabstätte **Bamberger/Lasker** (Nr. 19) stehen die streng klassizistischen Grabstelen für **Naphtali Philippi** und seine Frau. **Philippi** wurde in Stettin geboren und heiratete später die Tochter von **Lazarus Arons** (Nr. 11), **Clara**. Obwohl die jüdische Religion die Einäscherung von Toten ablehnt, findet sich am Fuß der Grabsteine die Inschrift: *„Friede Ihrer (Seiner) Asche"*. UKW

201/F
Pitsch, Joseph
(2.9.1815–11.2.1892)
Pitsch, Charlotte geb. **Castel**
(17.12.1817–2.10.1858)

Eines der seltenen, guterhaltenen Grabdenkmäler aus Metall ist jenes vom Klempnermeister **Joseph Pitsch**

Grabstätte Pitsch – eines der wenigen erhaltenen schmiedeeisernen Grabmale

und seiner Frau **Charlotte** im Gräberfeld F.

Im Zentrum des schmiedeeisernen Grabmales sieht man eine runde Metalltafel. Ihre Mittelachse wird durch einen fruchttragenden Lorbeerzweig betont, der in einem Davidstern endet. Der kleinteilige, von einem Rundbogen abgeschlossene Zierrahmen, der die Grabtafel umgibt, ist von den Dekorationsformen des Spätbarock geprägt. Um ein feinliniges Gittergeflecht schlingen sich aufgerollte Blattformen (sogenanntes Rollwerk) und asymmetrische, muschelförmige Rocaillen. Das Ganze wird von einer stilisierten Blüte bekrönt. UKW

202/K
Plaut, Moritz
(24.6.1822–17.5.1910)
Plaut, Julie geb. **Rosenthal**
(8.6.1831–22.12.1896)

Bereits vor 1740 erhielten die Vorfahren von **Moritz Plaut** die Erlaubnis, sich als Schutzjuden in Kurhessen niederzulassen. Wie sein Vater leitete auch **Moritz Plaut** ein Bankhaus, das seinen Sitz in der Berliner Königsstraße 35 hatte. Der sehr erfolgreiche Bankier beteiligte sich an der Gründung zahlreicher Industrieunternehmen und gehörte dem Beirat der 1875 konstituierten Reichsbank an. Gemeinsam mit seinen Brüdern Jacob und Gustav, die in Leipzig ebenfalls als Bankiers tätig waren, wurde ihm 1865 die Ehrenbürgerschaft seiner Geburtsstadt Nordhausen verliehen. Trotz seines immensen Reichtums von „vielen Millionen Goldmark" hielt **Moritz Plaut** unbeirrbar an seinem einfachen Lebensstil fest und lehnte – bis auf den Titel Geheimer Kommerzienrat – alle öffentlichen Auszeichnungen ab. Seine Frau **Julie**, die er 1851 heiratete, war die Tochter des Rittergutsbesitzers Bernhard Rosenthal aus Breslau. UKW

203/L4
Poppelauer, Moritz
(22.1.1824–17.8.1880)
Poppelauer, Clara geb. **Mankiewitz**
(23.5.1835–5.12.1912)

Moritz Poppelauer, der im polnischen Kalisch zur Welt kam, erwarb sich bereits in seiner Heimatstadt und später in Posen fundierte Kenntnisse über die Bibel und den Talmud, bevor er an den Universitäten von Leipzig und Jena Philosophie und orientalische Sprachen studierte. Nach seiner Promotion (Dissertationsthema: „Das apokryphische Buch Henoch") war er mehrere Jahre in Frankfurt am Main als Privatlehrer tätig. In der 1860 in Berlin gegründeten Poppelauer'schen Buchhandlung spezialisierte er sich auf die Herausgabe liturgischer und pädagogischer Schriften, z.B. jenen von **Leopold Zunz** (Nr. 274), Moritz Steinschneider und **Fürchtegott Lebrecht** (Nr. 131). **Poppelauer** starb im Alter von 56 Jahren in Karlsbad in der Tschechoslowakei. Seinen Grabstein aus schwarzem Granit ziert die Inschrift: *Gott ist der Hirt meines Herzens und mein Teil für ewig* (Psalm 73, 26). UKW

204/E
Pringsheim, Nathanael
(30.11.1823–6.10.1894)
Pringsheim, Henriette
geb. **Guradze**
(14.1.1830–4.2.1893)
Pringsheim, Elisabeth
(31.12.1858–28.8.1874)

„Der Name des Berliner Gelehrten **Nathanael Pringsheim** wird in der Geschichte der Botanik unvergessen bleiben, da seine Arbeiten und Forschungen grundlegend für den weiteren Fortschritt auf diesem Gebiete der exakten Wissenschaften war", heißt es in dem Buch „Juden als Erfinder und Entdecker" (Heppner, 41).

Die Heimat **Pringsheims** lag in Schlesien, wo er als Sohn eines begüterten Industriellen aufwuchs und sich an der Universität Breslau philosophischen und botanischen Studien widmete. Sein Vater drängte ihn zu einem „Brotstudium" (ADB, 120), das ein gesichertes Einkommen gewährleisten sollte. Also wechselte **Pringsheim** 1844 zur medizinischen Fakultät nach Leipzig. Doch seine Liebe zur Botanik war stärker. **Pringsheim** erwarb ein Mikroskop und vertiefte sich in die „neue Welt" des pflanzlichen Lebens. In der Technik des Mikroskopierens wurde er „sein eigener Lehrer" (ADB, 120). 1845 zog er nach Berlin, wo er Physik, Chemie und Botanik studierte. Seine Arbeit über den „Bau und das Wachstum verdickter Membranteile in der Samenhaut der Erbse" brachte ihm 1848 den Doktortitel ein. Nach einem Studienaufenthalt in London und Paris kehrte er 1849 nach Berlin zurück, um seine botanischen Forschungen fortzusetzen. **Pringsheims** wichtigste Forschungsergebnisse lagen in der Entdeckung der Sexualität von Algen, das heißt in der Erkenntnis, daß sich selbst diese niedrigen Lebensformen durch Geschlechtsverkehr vermehren. Die einfachste, überhaupt denkbare Form der Sexualität, die sogenannte Kopulation oder Paarung von Sporen, bei denen Männliches und Weibliches nicht mehr zu unterscheiden ist, beobachtete Pringsheim unter seinem Mikroskop. Diese wissenschaftlich bedeutsamen Beobachtungen stehen gleichrangig neben der Theorie, die **Pringsheim** über den Zweck des Chlorophylls und die Wirkung des Lichtes auf die Pflanzen aufstellte. Das Pflanzengrün, das in lebenden Pflanzen – an Teile des Protoplasmas gebunden – in Gestalt der Chlorophyllkörner vorkommt, ist nach **Pringsheims** These als Schutzvorkehrung gegen die unterschiedlichen Lichteinwirkungen anzusehen. **Pringsheims** Untersuchungen ergaben die heute allgemein bekannte Tatsache, daß Pflanzenteile, die durch Lichtentzug etioliert, das heißt gelb geworden sind, nach wenigen Tagen wieder ergrünen, das Etiolin also wieder in Chlorophyll verwandelt wird, wenn sich die Lichtverhältnisse verbessern. Die Entdeckungen **Pringsheims** begründeten die moderne mikroskopisch-botanische Technik, wie sie heute in allen botanischen Instituten angewendet wird.

Über das Privatleben **Pringsheims** gibt eine zeitgenössische Quelle Aufschluß: „Er führte ein gleichmäßiges, geräuschloses Gelehrtenleben in einer infolge günstiger Vermögenslage unabhängigen Stellung und unter angenehmen häuslichen Verhältnissen, die er in Gemeinschaft mit seiner geistig ebenbürtigen Gattin durch edle Geselligkeit zu verschönern wußte" (ADB, 121). **Pringsheim** war seit 1851 mit **Henriette Guradze**, der Tochter eines wohlhabenden Kaufmannes aus Oppeln verheiratet.

Nur kurze Zeit lehrte **Pringsheim** an der Berliner Universität, denn er war mehr Forscher als Lehrer. Wiederholt reiste er in die Mittelmeerregion, in die Bretagne und an die provencalische Küste, um hier Feldforschung zu betreiben. Eine besondere Liebe verband ihn mit der Insel Helgoland, die er erstmals 1852 aufsuchte. Hier gelang es ihm, eine botanische Station einzurichten, die noch

Der Botaniker Nathanael Pringsheim

über seinen Tod hinaus von großer Bedeutung blieb. Seine Kinder hatten finanzielle Mittel zur Errichtung eines „Nordsee-Museums" bereitgestellt, welches mit kaiserlicher Genehmigung den Namen „Pringsheim-Museum" führte.

1864 folgte **Pringsheim** einem Ruf an die Universität Jena, wurde dort ordentlicher Professor der Botanik und Direktor des Botanischen Gartens. Nach Berlin zurückgekehrt, entstanden auf seine Anregung die „Jahrbücher der wissenschaftlichen Botanik", die in 26 Bänden erschienen und seinen Namen trugen.

Nathanael Pringsheim wurde 1858 in die Akademie der Wissenschaften aufgenommen und begründete die Deutsche Botanische Gesellschaft, in der sich namhafte Botaniker zusammenfanden. RK

205/E
Rathenau, Benjamin
(15.1.1798/5558–17.8.1849/5609)
Rathenau, Therese geb. **Philipp**
(14.6.1812–24.10.1883)

Benjamin, oder wie auf dem Grabstein steht **Benny Rathenau**, wurde in Prenzlau als Sohn des Kaufmannes Abraham Salomon Rathenau geboren. 1832 wurde er in die Berliner Bürgerschaft aufgenommen, heiratete **Therese Philipp** und ließ sich in der Poststraße 1 nieder. Als Mitinhaber der Firma „Haller & Rathenau", Unter den Linden 34, handelte er mit Juwelen, Gold, Silber und Antiquitäten. Er wurde später Hoflieferant des niederländischen Kronprinzen Friedrich.
UKW

206/K
Rathenau, Moritz
(19.5.1800–14.6.1871)
Rathenau, Therese geb.
Liebermann
(10.10.1815–9.3.1895)

Moritz (Moses Abraham) Rathenau gehörte einer jüdischen Familie an, deren Mitglieder in Deutschland vom ausgehenden 19. Jahrhundert bis in die 20er Jahre unseres Jahrhunderts auf wirtschaftlich-technischem und politischem Gebiet einflußreiche Positionen bekleideten. Sein Sohn Emil gründete die Allgemeine Elektrizitäts Gesellschaft (AEG); sein Enkel Walther war während der Weimarer Republik Minister für wirtschaftlichen Wiederaufbau und Reichsaußenminister.

Unterschiedlichen Quellen zufolge war **Moritz Rathenau** „als Fabrikant ohne Erfolg und verarmt" (Berglar, 307) oder „schon in jungen Jahren (als Getreidehändler) zu solchem Wohlstand gelangt" (Hagen, 1047), daß er sich bald nach der Geburt seines zweiten Sohnes (1838) zur Ruhe setzen konnte. Da **Moritz Rathenau** mit **Therese Liebermann**, einer Tochter von **Joseph Liebermann** (Nr. 144), verheiratet war, ist von der Unrichtigkeit der ersten Quellenangabe auszugehen. Die Liebermanns waren eine „Familie von beachtlicher Reputation in Preußen und besonders in Berlin" (Berglar, 9) und hatten es als Hüttenbesitzer, Industrielle und Kattunfabrikanten zu enormem Reichtum gebracht.

Als am 19. März 1848 im Berliner Zeughaus eine Bürgerwehr ‚aufrüstete‘, griff auch **Moritz Rathenau** zu den Waffen. Bei Kämpfen zwischen Revolutionären und Regierungstreuen wurde er auf dem Köpenicker Feld fast getötet. Seine Rettung verdankte er einem – namentlich nicht genannten – demokratischen Führer (vgl. Riedler, 4).

Das Haus der **Rathenaus** am Monbijouplatz 3 war geprägt von der „betriebsamen Geselligkeit (...) der guten jüdischen Gesellschaft" (Kessler, 10). Hier verkehrten Karl und Rahel Varnhagen, Ferdinand Lasalle, Bettina von Arnim und Franz Liszt. In einer Selbstbiographie beschreibt Emil Rathenau seine Eltern: **Moritz Rathenau** war „streng und gewissenhaft und führte eine korrekte Ehe mit der klugen und geistreichen Mutter, die Ehrgeiz besaß und die Eleganz in ihrer Erscheinung bis an ihr spätes Lebensende zu bewahren die Schwäche hatte."

Bei Ausbruch des deutsch-französischen Krieges verlor die Familie ihr gesamtes Vermögen, so daß **Therese Rathenau** „ihren Kindern bei ihrem Tod (1895) als einziges Vermächtnis einen Tischkasten voll unbezahlter Rechnungen hinterließ" (Kessler, 10). UKW

207/A
Reichenheim, Leonor
(3.5.1814–26.1.1868)
Reichenheim, Helena geb. **Arndt**
(6.1.1821–6.2.1892)

208/A
Reichenheim, Moritz
(14.9.1815–16.4.1872)
Reichenheim, Sara geb. **Prins**
(8.5.1815–26.8.1881)

209/H
Reichenheim, Ferdinand
(20.9.1817–3.11.1902)
Reichenheim, Fanny geb.
Liebermann
(11.12.1832–28.8.1923)
Reichenheim, Elise
(25.10.1851–10.6.1852)
Reichenheim, Ernst
(18.7.1854–20.1.1880)

Ohne Nummer
Reichenheim, Adolph
(ohne Daten)

Der aus Bernburg stammende, später nach Berlin übergesiedelte Nathanael Reichenheim hatte zwölf Kinder und zahlreiche Enkel. Im politischen und gesellschaftlichen Leben des 19. Jahrhunderts nahm die Familie **Reichenheim** eine bedeutende Stellung ein. Sie war mit vielen angesehenen jüdischen und halbjüdischen Familien verbunden, die den preußischen Staat und das Deutsche Reich mit ihrer vollen Kraft unterstützten. So war der Textilfabrikant und Kunstmäzen **James Henry Simon** (Nr. 242) ein Schwiegersohn von **Leonor Reichenheim**. Die Tochter des Kommerzienrates **Joseph Liebermann** (Nr. 144), **Fanny**, war mit **Ferdinand Reichenheim** verheiratet.

Auf dem Schönhauser Friedhof haben vier Söhne von Nathanael Reichenheim und einige ihrer Anverwandten ihre letzte Ruhestätte gefunden.

Leonor Reichenheim wurde in Bernburg/Anhalt geboren und begann mit vierzehn Jahren eine Lehre im väterlichen Geschäft in Magdeburg. Später gründete er mit seinem Vater eine Manufakturenwarenhandlung in Berlin. 1848 übernahmen er und seine drei Brüder eine Wollweberei in Mittelschlesien. **Reichenheims** wirtschaftlicher Erfolg hat seine politische Karriere entscheidend beeinflußt. 1858 zog er als Vertreter des Kreises Waldenburg-Reichenbach in das preußische Abgeordnetenhaus

ein. Er war Mitglied der „Kommission für Handel und Gewerbe" und der „Budget-Kommission". Im Norddeutschen Reichstag gehörte er zunächst der Fortschritts-, später der Nationalliberalen Partei an, die er gemeinsam mit **Eduard Lasker** (Nr. 19) und **Ludwig Bamberger** (Nr. 19) gegründet hatte. Seit 1864 war er unbesoldeter Berliner Stadtrat.

Die Maschinenwollweberei im schlesischen Wüstegiersdorf erwarben die **Reichenheims** von der preußischen Staatsbank, der sogenannten Seehandlung. Diese befand sich in finanziellen Schwierigkeiten und so bezahlten die **Reichenheims** für das marode Unternehmen eine so geringe Summe, daß Ferdinand Lasalle die Transaktion im Parlament als unseriös anprangerte. Der Verkauf staatlicher Betriebe stand aber damals in Übereinstimmung mit der Forderung des liberalen Bürgertums, wonach der Staat sich jeder wirtschaftlichen Betätigung enthalten sollte. Mit Kapital und Unternehmergeist machten die **Reichenheims** aus der rückständigen Fabrik ein florierendes Unternehmen, das durchaus mit den vorbildhaften englischen Industriewerken konkurrieren konnte. Zwanzig Jahre nach dem Erwerb arbeiteten 2.500 Beschäftigte in der Spinnerei und Weberei, dazu kam eine stattliche Anzahl Heimarbeiter.

Die damalige katastrophale Lage der schlesischen Weber hat Gerhart Hauptmann in seinem Stück „Die Weber" (UA 1893) eindringlich geschildert. Die Löhne lagen unter dem Existenzminimum, die Arbeitsbedingungen waren menschenunwürdig und der moralische Verfall einer ganzen Generation bereitete dem Staat erhebliche Sorgen. Die behördliche Fürsorge umfaßte lediglich die Einschränkung der Kinderarbeit, weil die Armee halbwegs gesunden Nachwuchs brauchte. (Kinder zwischen zwölf und vierzehn Jahren sollten nicht mehr als sechs Stunden täglich arbeiten.) Die gesamte Fürsorge für die Arbeiter lag in den Händen der Fabrikbesitzer. **Leonor Reichenheim** war ein überzeugter Anhänger des freien Spiels der Kräfte und ein Gegner von staatlichen Eingriffen in das wirtschaftliche und soziale Leben. **Reichenheims** patriarchische Fürsorge war vorbildlich. In Wüstegiersdorf ließ er eine Schule und ein Waisenhaus errichten, baute für seine Arbeiter Wohnungen und eine Fabrikbäckerei. Auch in Berlin war er in zahlreichen Wohltätigkeitseinrichtungen tätig. Seine Überzeugung, daß soziale Fürsorge Aufgabe und Verpflichtung des Unternehmers sei, brachte **Reichenheim** in seiner politischen Arbeit viele Angriffe, auch von Seiten der jüdischen Bevölkerung ein. Als sich die beiden jüdischen Abgeordnetenhausmitglieder **Moritz Veit** (Nr. 257) und **Leonor Reichenheim** für eine Beseitigung von Schutzbestimmungen des Handwerks in der preußischen Gewerbeordnung einsetzten, argumentierten die Konservativen, dies geschehe nur, damit das jüdische Kapital und die Presse Nutzen daraus ziehen könne. Die Agitation verband sich mit allgemeinen antisemitischen Ausfällen, so daß die jüdische Bevölkerung ihren Abgeordneten vorwarf, hier zu weit gegangen zu sein. **Reichenheim** geriet ins politische Schlaglicht, als es in Schlesien durch eine verschlechterte Auftragslage zu sozialen Unruhen mit Massenentlassungen, Streiks und Aussperrungen kam. Den Höhepunkt des Konfliktes bildete eine Audienz schlesischer Arbeiter – auch aus **Reichenheims** Fabrik – bei Bismarck und beim König. In den Wortgefechten, die sich Ferdinand Lasalle und **Reichenheim** im Parlament lieferten, fand die Empörung ihren heftigsten Ausdruck. Es schien, als sei das Verhältnis zu Bismarck schlecht und auf Dauer unversöhnlich. Doch nach 1866 war es **Reichenheims** geschickter Taktik zu verdanken, daß die

Mehrheit der Abgeordneten Bismarcks Militärbudget zustimmte. **Reichenheim**, für Bismarck wieder wichtig, wurde zu den Gala-Diners im Reichskanzlerpalais eingeladen, wo in zwangloser Atmosphäre die Grundlagen der zukünftigen Politik festgelegt wurden. Als **Leonor Reichenheim** 53jährig starb, wurde die schlesische Fabrik von seinen Brüdern weitergeführt. Sein Grab in der Ehrenreihe des Friedhofes trägt den Spruch:

Besser als Stein und Erz
ihm ein Denkmal kündet
daß in der Menschen Herzen
er selber sich gegründet. RK

Moritz Reichenheim, unmittelbar neben seinem Bruder **Leonor** und dessen Frau beigesetzt, wurde schon zu Lebzeiten durch großherzige Stiftungen bekannt. Er war „einer der noch immer seltenen Männer unter den Reichen dieser Erde, welche sich bei Lebzeiten von einer größeren Summe Geldes trennen können, um vor ihren Augen die Früchte ihrer Wohltätigkeit reifen zu sehen" (AZJ, 1872, 18). Zusammen mit seiner Frau **Sarah** stiftete er 1870 die stattliche Summe von 750.000 Reichsmark zur Errichtung des nach ihnen benannten jüdischen Waisenhauses am Weinbergsweg. Diese Einrichtung galt in der Ausstattung und der pädagogischen Leitung viele Jahre als vorbildlich. Für die jüdische Gemeinde war es eine ehrenvolle Verpflichtung, das Waisenhaus nach dem Tod des Begründers in jeder Hinsicht zu unterstützen. Viele bekannte Mitglieder der Jüdischen Gemeinde, darunter einige auf dem Schönhauser Friedhof beigesetzte, waren im Vorstand des Waisenhauses tätig: **Wilhelm Herz** (Nr. 102), **Louis Bamberger** (Nr. 18), Julius Stern. Auch **James Henry Simon** (Nr. 242) kam an Feiertagen zum Waisenhaus, um Geschenke zu verteilen. Die Tochter des langjährigen (1906–1935) Direktors

Das Reichen-heim'sche Waisenheim

Sigmund Feist erinnert sich: „An einem Chanukka kam **James Simon** ins Haus und brachte meiner Schwester und mir riesige Puppen, die ein paar Worte Französisch sagen und laufen konnten. Leider schloß sie meine Mutter in einen Schrank und gab sie uns nur bei besonderen Gelegenheiten zum Spielen heraus" (Wegweiser, 273).

Ein Höhepunkt in der späteren Geschichte des Reichenheim'schen Waisenhauses waren die Dreharbeiten zu dem Film „Das Waisenhaus", der 1917 mit Asta Nielsen in der Hauptrolle uraufgeführt wurde.

Über das Schicksal des Waisenhauses nach 1938 ist wenig bekannt. Es muß aber davon ausgegangen werden, das die Kinder und Erzieher, ähnlich wie Personal und Insassen des Manheimer-Altersheimes, geschlossen in ein Konzentrationslager deportiert wurden.

Das vornehme Haus von **Moritz Reichenheim** in der Tiergartenstraße 33 war ein gesellschaftlich-kultureller Sammelpunkt im damaligen Berlin.

Ferdinand Reichenheim, ebenfalls im Familienunternehmen tätig, war zwanzig Jahre Mitglied der Repräsentanversammlung der Jüdischen Gemeinde. Er „betätigte auf mannigfache Weise seinen sozialen Sinn in Krieg und Frieden" (JBB, Nr. 2632, 479). Mit seiner Frau **Fanny** wohnte er Unter den Linden 6, später in der Tiergartenstraße 16. Sie hatten zwei Kinder, die jedoch früh verstarben. Ihre Tochter **Elise** starb als Säugling. Nach dem Tod ihres Sohnes **Ernst**, der Maler war und im Alter von 23 Jahren verstarb, richtete **Ferdinand Reichenheim** eine Stiftung für Künstlerstipendien ein. **Ferdinand Reichenheim** und seine Kinder wurden in einer gemeinsamen Grabstätte beerdigt. Ob auch **Fanny Reichenheim** hier beigesetzt wurde, ist fraglich. Ihre zerbrochene Grabtafel liegt heute am Boden hinter den Grabsteinen ihrer Eltern **Joseph** und **Marianne Liebermann** (Nr. 144).

Über **Adolph Reichenheim** sind die Informationen sehr spärlich. Wie seine Brüder tat auch er sich auf sozialem Gebiet hervor. Als um 1870 eine Erweiterung der Altersversorgungsanstalt der Jüdischen Gemeinde in der Großen Hamburger Straße unumgänglich wurde, finanzierte er die Baumaßnahmen mit einer Schenkung über 30.000 Taler (vgl. Hirschfeld, 13). UKW

210/J
Remak, Robert
(26.7.1815–29.8.1865)
Remak, Feodore geb. **Meyer**
(8.1.1828–21.4.1863)
Remak, Ernst
(26.5.1849–24.5.1911)
Remak, Martha geb. **Hahn**
(14.6.1857–8.1.1932)
Remak, Friedrich
(24.1.1859–6.3.1917)

Robert Remak war der Sohn armer Posener Handelsleute. Über seine Studienorte und -zeiten ist nichts bekannt, doch wurde er schon 1837 aufgrund einer preisgekrönten Publikation als Professor der Physiologie an der Universität Wilna vorgeschlagen. Alexander von Humboldt hatte ihn auf Anregung von Fachkollegen der russischen Regierung als Spezialisten empfohlen. Aber den Juden **Remak** hatte man in St. Petersburg nicht haben wollen; aus „religiöser und christlicher Intoleranz", die der zuständige russische Minister – wie er Humboldt schriftlich mitteilte – „gezwungen teilte".

In Preußen verhinderte das Edikt von 1822, welches die Bestimmungen von 1812 aufgehoben hatte, eine Habilitation **Remaks**. Er durfte zwar in der Klinik vor Studenten und Wissenschaftlern Vorträge halten, erhielt auch eine staatliche Besoldung, aber der Eintritt in den Lehrkörper blieb ihm verwehrt.

1843 wandte sich **Remak** an den preußischen Minister mit dem Wunsch, sich für mikroskopische Anatomie und allgemeine Pathologie habilitieren zu dürfen. Diese Bitte und ein entsprechendes Gesuch an den König wurden abgelehnt. In jener Zeit kämpften viele jüdische Mediziner vergebens um ein Lehramt an einer preußischen Universität. Nach **Remak** bewarb sich – ebenfalls erfolglos – Dr. Sigmund Eduard Loewenhardt, der „selbst Feldzüge mitgemacht und in der Cholerazeit eine ersprießliche Wirksamkeit entfaltet hatte", obwohl sich der Innenminister, Graf Arnim, „warm für ihn verwandte".

Als **Remak** 1847 schließlich seinen Lehrstuhl erhielt – neun Jahre nachdem er mit einer epochalen Schrift promoviert hatte – gab es bereits Bestimmungen, die eine Habilitation auch ohne allerhöchste Erlaubnis gestatteten. Wissenschaftliche Anerkennung erlangte **Remak** durch die Einführung des konstanten Stromes bei der Behandlung von Nerven-, Gehirn- und Rückenmarkserkrankungen. **Remak** begann „mit Eifer als Elektrotherapeut zu praktizieren" (ADB, 191), hatte bald einen umfangreichen Patientenkreis, mußte die anstrengende Tätigkeit aber mehrfach aus Gesundheitsgründen und wegen persönlicher Schicksalsschläge unterbrechen. In Kissingen starb der erst 50jährige **Remak**, ein „selten begabter, fleißiger, strebsamer, von Ehrgeiz nicht freier Arzt" (ADB, 191).

Robert Remak und seine Frau **Feodore** hatten zwei Söhne, die an ihrer Seite beigesetzt wurden. **Ernst Remak** studierte Medizin in Berlin, Breslau und Würzburg, promovierte in Berlin und diente als Militärarzt im Krieg 1870/71. Nach seiner Habilitation an der Berliner Charité errichtete er dort zu Unterrichtszwecken eine Poliklinik für Nervenkranke. 1902 wurde **Ernst Remak** außerordentlicher Professor, 1910 Geheimer Medizinalrat. Er arbeitete über die Wirkung von Blei auf das Nervensystem, Rückenmarkschwindsucht, spinale Muskelatrophie und veröffentlichte einen Grundriß der Elektrodiagnostik und -therapie. **Friedrich Remak** war Doktor der Rechtswissenschaften.
RK

211/F
Riess, Cäcilie geb. **Joseph**
(1.7.1839–6.6.1864)

Cäcilie Riess
Grabstein mit gesenkten Fackeln

„*In voller Jugendfrische schied sie nach kurzem Eheglück von den Eltern, vom Gatten, von ihren Kindern*" (Grabinschrift).

Cäcilie Riess, die nur 23jährig verstarb, wurde im Gräberfeld F beerdigt. Ihr Grabstein trägt eine besondere Verzierung. Von Efeu umkränzt sieht man am Fuß der schlanken, hohen Stele zwei gekreuzte, gesenkte Fackeln. Dieses im Klassizismus beliebte Motiv greift ein Sinnbild der griechischen Antike auf, wonach ein fackeltragender Genius die Sterbenden vom Leben in den Tod führte. Bei Eintritt des Todes wurde die Fackel gesenkt und erlosch. UKW

Ohne Nummer
Riess, David Jacob
(16.2.1768–3.4.1849)
Riess, Rebecca geb. **Kallmann**
(1773–29.6.1825)

David Jacob Riess oder – wie sein hebräischer Name lautet – Tewele, Sohn

des Koppel, führte in Berlin einen Juwelenhandel. Da sein Geschäft florierte, war es ihm möglich, eine Summe von 10.000 Reichstalern zu stiften, mit der eine Töchterschule für arme jüdische Mädchen errichtet werden sollte. Die Zeitschrift „Sulamith" kommentierte Riess' wohltätige Geste mit folgenden Worten: „Möge die große, edle Absicht des menschenfreundlichen Herrn Riess im ganzen Umfange erreicht und erfüllt werden, und möge diese That zugleich manche Reiche in Israel zu ähnlichen Stiftungen aufmuntern! Der Himmel segne diesen edlen Menschenfreund!" (Sulamith, 7. Jg., Heft 2, 135 f.)

David Jacob und **Rebecca Riess** sind die Eltern des berühmten Physikers **Peter Theophil Riess** (Nr. 212). UKW

212/W3
Riess, Peter Theophil
(27.6.1805–23.10.1883)
Riess, Fanny geb. **Güterbock**
(14.2.1810–26.8.1889)

Als Geburtsjahr von **Peter Theophil Riess** wird häufig 1804 angegeben. Er wurde jedoch als Sohn des Juwelenhändlers **Jacob Riess** (o. Nr.) 1805 geboren. **Riess** wuchs in begüterten Verhältnissen auf, genoß eine standesgemäße Ausbildung am „Gymnasium zum Grauen Kloster" und studierte Physik an der Berliner Universität. Während dieser Zeit wurde er Anhänger der Hegel'schen Philosophie. Nach Erlangung der Doktorwürde 1831 lehnte er das Angebot einer ordentlichen Professur in Breslau ab, um seinem kranken Vater nahe zu bleiben und ihn in seinen Geschäften zu unterstützen. Nach dessen Tod widmete sich **Riess** nur seinen wissenschaftlichen Forschungen. Obwohl er niemals Vorlesungen an Universitäten gehalten hat, waren seine wissenschaftlichen Studien von großem Einfluß. In seiner Jugend war er eng mit Alexander von Humboldt befreundet, durch dessen Fürsprache **Riess** 1842 in die Berliner Akademie der Wissenschaften aufgenommen wurde. Gegen den Willen des damaligen Ministers, aber ausdrücklich von Friedrich Wilhelm IV. bestätigt, war **Riess** der erste Wissenschaftler jüdischen Glaubens in der Akademie. Von Humboldt gratulierte ihm mit den Worten: „Daß dieser Schritt der Anfang der Sühne sei, welche den preußischen Juden angetragen wurde, für das 25jährige Unrecht, das sie erdulden mußten." (Kohut, 235) In späteren Jahren wurde **Riess** auch Akademiemitglied in St. Petersburg, Göttingen und München.

Als Gelehrter hat sich **Riess** vorzugsweise mit der Reibungselektrizität und dem Magnetismus beschäftigt. Er war ein Meister des Experiments und hat alle von ihm beobachteten physikalischen Erscheinungen kritisch überprüft. Zu seiner Zeit waren die physikalischen Institute höchst mangelhaft ausgestattet, und daher hat **Riess** aus eigenen Mitteln Instrumente für seine Untersuchungen beschafft und der Forschung zur Verfügung gestellt. Besonders hervorzuheben sind die Riess'schen Untersuchungen über: 1) die Anordnung der Elektrizität auf Leitern; 2) die Messung der Wirkung elektrischer Entladungen (für die Ableitung von Blitzschlägen von praktischer Bedeutung); 3) die Trennung elektrischer Ladungen auf der Oberfläche eines Körpers (Influenz).

Bis ins hohe Alter war **Riess** ein vielseitig interessierter Intellektueller; sein gastfreundliches Haus war der Mittelpunkt von Gelehrten, Literaten und Musikern. Seine Freunde schätzten ihn als lebhaften Gesprächspartner, der „mit scharfen Verstande und schlagendem Witz für alles ein(trat), was er für gut und recht hielt." (ADB, 585) RK

213/A
Ring, Max
(4.8.1817–28.3.1901)
Ring, Elvira geb. **Heymann**
(19.1.1833–29.8.1906)

„Als Verfasser ebenso interessanter wie spannender geschichtlicher, kulturhistorischer und Zeitromane hat **Ring** seinen Namen mit goldenen Lettern in der deutschen Nationalliteratur verewigt." – So wurde im Jahre 1910 sein Werk betrachtet (Kohut, 66). Auch wenn der goldene Glanz verblichen ist, lohnt sich eine ausführliche Würdigung dieses ungemein aktiven und lebendigen Menschen, der in gleicher Weise als Arzt und Literat erfolgreich war. (Doppelbegabungen im Bereich der Medizin und Literatur sind in der deutschen Kulturgeschichte nicht selten, wie die Biographien von Gottfried Benn, Alfred Döblin, Hans Carossa, Peter Bamm u.a. beweisen.)

Max Ring, Sohn eines Landwirtes aus Zauditz (Schlesien), entwickelte früh ein poetisches Talent, studierte aber dennoch Medizin an der Universität Breslau. Eine lebenslange Freundschaft verband ihn mit seinem Schulfreund **Ludwig Traube** (Nr. 252). Als dieser als Neurologe an die Charité ging, folgte ihm **Ring** nach Berlin und schloß dort sein Studium ab. Durch Empfehlungsschreiben lernte er in Berlin interessante Persönlichkeiten kennen, unter anderen den Literaturhistoriker **Leopold Zunz** (Nr. 274) und den Juristen Eduard Gans.

Zunächst arbeitete **Ring** als Arzt in Breslau, später in Gleiwitz; für die Ärmsten der Armen, die in jener Zeit massenhaft am „oberschlesischen Hungertyphus" erkrankten, nahm er sich ebenso Zeit wie für die „besseren Kreise" (Kohut, 65). Nach Berlin zurückgekehrt, wurde er Hausarzt vieler vornehmer christlicher und jüdischer Familien, zum Beispiel der Familie Varnhagen von Ense (JGB,

Der Arzt und Schriftsteller Max Ring

Nr. 6/1927, 144). Eine hübsche Anekdote sei hier erwähnt: Als sich **Ring** auf die Stelle eines Hof- und Leibarztes beim Fürsten von Pless bewarb, nahm dieser Anstoß am jugendlichen Alter des Doktors. „Die Erfahrung bleibt für mich die Hauptsache. Ich gestehe ihnen offen, daß ich für meine Person mehr Vertrauen zu einem alten Schäfer als zu einem so jungen Arzt habe." **Rings** freimütige Entgegnung – „Hoheit haben ganz Recht, wenn es sich nicht um kranke Menschen, sondern um Schafe handelt" – soll ihn das Amt gekostet haben (Kohut, II, 65).

Um soziale Veränderungen herbeizuführen, schrieb **Ring** viele Erlebnisse vom Leiden der einfachen, in unglaublichem Elend lebenden Landleute auf; die Zensur verbot jedoch jedwede Publikation.

Ring hat als ein produktiver und vielseitiger Schriftsteller fast hundert Romane, Novellen, Humoresken und zwanzig Bände mit Gedichten hinterlassen. Seine Romane behandeln in populär-philosophischer Form soziale Fragen der Gegenwart und Vergan-

genheit. Er schrieb für humoristische Zeitschriften ebenso wie für die „Gartenlaube". Als dieses liberale Blatt in den sechziger Jahren in Preußen verboten wurde, trat der „Volksgarten", deren Redaktion **Ring** einige Jahre leitete, die Nachfolge an. **Ring** war befreundet mit Karl Gutzkow, dem Redakteur des „Kladderadatsch", David Kalisch und später in Erfurt mit Fritz Reuter. Nach seinem Tod geriet **Rings** Werk schnell in Vergessenheit. RK

214/H
Robinson, Heinrich Robert
(7.9.1792–9.2.1870)
Robinson, Friederike geb. **Bentheim**
(7.9.1802–20.10.1878)

In seiner Fabrik in der Spandauer Straße 10 fertigte **Heinrich Robert Robinson** Pfeifen und Pfeifenschläuche. Außerdem handelte er mit Rohprodukten für Drechsler, sowie Kurz- und Galanteriewaren. Der gebürtige Königsberger war der Sohn von Ruben Mendel, dem langjährigen Kassierer der dortigen Jüdischen Gemeinde. Als Unternehmer wurde **Robinson** Mitglied der Berliner Korporation der Kaufleute. Am 7. Mai 1826 heiratete er **Friederike**, eine Tochter von Samuel Bentheim. RK

215/L3
Rosendorn, Jacob
(9.12.1800–16.5.1879)
Rosendorn, Amalie
geb. **Wittkowska**
(4.5.1827–4.10.1893)

Jacob Rosendorn wurde als Sohn des Bankiers Levin Gumperz Rosendorn in Berlin geboren. 1831 erhielt er die Berliner Bürgerrechte, 1844 heiratete er die Kaufmannstochter **Amalie Wittkowska** aus Gnesen. **Rosendorn** war von Beruf Handlungsdiener und vertrieb in seinem Geschäft am Königsgraben 4 Baumwollwaren. UKW

216/A
Rosenstein, Elkanan
(? –14.1.1869)

Das Grab Nr. 10470 – in der Ehrenreihe – erinnert an den orthodoxen Rabbiner **Elkanan Rosenstein**.

Rosenstein kam in Chodziesen, dem späteren Kolmar/Posen, zur Welt. Er war Schüler vom Oberrabbiner Raw Akiba Eger in Posen und studierte später beim Oberlandesrabbiner Meyer Simon Weyl in Berlin. 1826 wurde er Lehrer am orthodoxen Lehrinstitut „Beth Hamidrasch" und Rabbinatsassessor der Berliner Jüdischen Gemeinde. Während viele Rabbiner sich den liberalen Reformideen öffneten, vertrat **Elkanan Rosenstein** seine strenggläubige Lehrauffassung bis an sein Lebensende. UKW

217/M
Rothmann, Max
(26.12.1868–11.7.1915)
Rothmann, Anna geb. ?
(17.8.1871–17.6.1936)
Rothmann, Otto
(17.1.1896–23.10.1914)
Rothmann, Hedwig
(6.12.1894–6.2.1898)

„Gleich einem Arbeiter, der in der tiefe der Erde nach Schätzen gräbt und sie an das Tageslicht fördert, enthüllte er (Max Rothmann) den dichten Schleier, mit dem die Natur alle Vorgänge geheimnisvoll verdeckt, und brachte Licht in die vielfach noch unbekannten Lebensvorgänge des Zentralnervensystems."

Mit diesen eindrucksvollen Worten würdigte der Nervenarzt Dr. Gustav Hillel in einem Nachruf (AZJ, 29.9.1915) die Verdienste seines verstorbenen Freundes Prof. Dr. **Max Rothmann**.

Als Sohn des Geheimen Sanitätsrates Oskar Rothmann schlug auch **Max** nach dem Abitur am Köllnischen Gymnasium die gleiche berufliche Laufbahn wie sein „rühmlicher bekannter" (ebd.) Vater ein. Er studierte Medizin an den Universitäten von Berlin und Freiburg und erlangte, nur 21jährig, 1889 seine Doktorwürde. Neben seiner ärztlichen Praxis, die er opferfreudig und oftmals ohne Rücksicht auf materiellen Gewinn betrieb, war er als wissenschaftlicher Forscher tätig. Im Mittelpunkt seiner zahlreichen Abhandlungen über die Physiologie und Pathologie des zentralen Nervensystems, stand sein Bestreben, Heilmethoden für die Leiden der besonders unglücklichen Nervenkranken zu entwickeln. Nach Verleihung des Professorentitels war es Rothmann als Lehrendem nicht nur daran gelegen, für die fachkundige Ausbildung seiner Studenten zu sorgen, sondern er betonte immer wieder, daß besonders für einen Medizi-

Grabstätte Rothmann
rohbehauener Granitgrabstein

ner menschliche Qualitäten unverzichtbar seien. Nur ein guter Mensch könne auch ein guter Arzt sein.

Bei Ausbruch des 1. Weltkrieges stellte er alle seine Kräfte in den Dienst seines Vaterlandes. Er versorgte als Nervenarzt die Verwundeten in den Lazaretten und stand dem Gardecorps fachmännisch mit Rat und Tat zur Seite. Er vertrat befreundete Ärzte, die an der Front ihren Dienst taten, arbeitete als Redakteur einer wissenschaftlichen Zeitung und leitete zeitweise ein städtisches Krankenhaus. Neben all dem fand er auch noch die Zeit, seine Erfahrungen über die Kriegsverletzungen des Zentralnervensystems niederzuschreiben und zu veröffentlichen. Im o.g. Nachruf ist zu lesen, daß Rothmann wegen Überarbeitung zusammenbrach und „jäh und unerwartet im Dienste des Vaterlandes" verstarb. Aus einem Brief, den sein Enkel John F. Rothmann im Juli 1991 schrieb, geht jedoch hervor, daß Max Rothmann seinem Leben selbst ein Ende setzte. Sein ältester Sohn Otto, der sich gleich zu Beginn des Krieges als Freiwilliger gemeldet hatte, fiel, nur 18 Jahre alt, feindlichen Kugeln zum Opfer. Seinem zweiten Sohn Hans verweigerte der Infanteriegeneral Helmut von Moltke aufgrund seiner jüdischen Abstammung den Eintritt ins Kadetten-Korps. Nach diesen unüberwindbaren Schicksalsschlägen starb Max Rothmann am 11. August 1915 „of a broken heart".

Nicht nachprüfbar blieb folgende Angabe aus einem Brief von Frau Otti Jarislowsky, USA. Danach soll Max Rothmann Direktor der Preußischen Affenversuchsanstalt gewesen sein, einer Einrichtung, die wegen der ungeeigneten klimatischen Verhältnisse in Berlin später nach Teneriffa verlegt und dort von Rothmanns Assistenten, dem Antropologen Wolfgang Koehler, weitergeführt wurde. UKW

218/W2
Rubo, Julius
(19.6.1794–1866)
Rubo, Ernst Traugott
(8.7.1843–18.3.1895)

Der in Halberstadt geborene **Julius Rubo** war der erste jüdische Rechtslehrer an der Universität Halle, wo er sich 1826 habilitieren konnte. Er kam 1824 nach Berlin, da er in Halle aufgrund eines Gesetzes, das Juden eine akademische Laufbahn verwehrte, keinerlei Chancen für eine berufliche Zukunft sah. **Rubo** fand als „wissenschaftlich gediegener, praktisch gewandter Jurist" (Geiger, 160) schnell Zugang zu einflußreichen Persönlichkeiten des öffentlichen Lebens. Als Rechtskonsulent war er fünfundzwanzig Jahre Verwaltungsdirektor der Jüdischen Gemeinde Berlins. In dieser Funktion erstellte er ein Archiv über „Fremde Juden", in dem er „mit einer manchmals ans Kleinliche grenzenden peinlichen Sorgfalt" (JBB, 12) Informationen über jene Juden zusammentrug, die nicht in Berlin ansässig waren, aber das Bürgerrecht der Stadt erwerben wollten. 1844 veröffentlichte er ein grundlegendes Werk über „Die Rechtsverhältnisse der Jüdischen Gemeinde". Seiner Initiative sind auch einige freisinnige Judengesetze zu verdanken.

Rubos 1834 geborener Sohn **Ernst Traugott** war ebenfalls Jurist. Er absolvierte das Friedrich-Werder'sche Gymnasium und studierte in Berlin und Heidelberg. 1857 schloß er sein Studium mit der (ungedruckten) Dissertation „Quac sit doli natura" ab und trat in den preußischen Staatsdienst ein. 1862 wurde er Gerichtsassessor, 1870 Stadtrichter. Von 1879 bis zu seinem Tod war er Amtsgerichtsrat am Amtsgericht Berlin I.

Als Dozent las er über Straf- und Strafprozeßrecht, Zivilprozeß- und Völkerrecht. Bei den wichtigen gesetzgeberischen Arbeiten im Norddeutschen Bund (1868) und später im Deutschen Reich fand „Rubos tüchtige und zuverlässige Arbeitskraft mehrfach Verwendung" (ADB, 572). Er verfaßte Abhandlungen zu juristischen Einzelproblemen wie „Zur Lehre von der Verleumdung" und „Über den Zeugniszwang". In einer zeitgenössischen Betrachtung über seine publizistische Tätigkeit heißt es: „Seine Werke zeichnen sich weniger durch Originalität und Tiefe, als durch dialektische Schärfe aus. Die etwas schwerfällige, oft ins Grübeln verfallende Art der Darstellung hat seinen ‚Commentar' – (...) – keine große Verbreitung finden lassen. Eine 2. Auflage ist ihm nicht beschieden gewesen" (ADB, 573). RK

219/B
Rudolphsohn, Samuel
(5.8.1786–1.1.1875)

Samuel Rudolphsohn stammte aus Czarnikau an der Netze und war in Berlin Posamentierwarenhändler und Buchhalter. Seit 1812 stand er in den Diensten von Samuel Liepmann Loewen bei der Armee im Kurland. In Berlin machte er sich im Droschkenfuhrunternehmen von Alexi Mortier derart unentbehrlich, daß dieser die hohen Naturalisationskosten für **Rudolphsohns** Einbürgerung übernahm. UKW

220/F
Russ, Wolff Abraham
(5.3.1795–5.5.1861)
Russ, Minna geb. **Pinner**
(20.12.1798–8.2.1869)

Seit 1839 war **Wolff Abraham Russ** eingetragener Bürger seiner Vaterstadt Lissa in der Provinz Posen. Wie sein Synagogen-Ablösungspatent belegt, verließ er Lissa nach dem 10. Februar 1843. In Berlin wurden ihm am 28. September desselben Jahres die Bürgerrechte zuerkannt. Der Kaufmann **Russ** und seine Gattin **Minna** ließen sich als Modewarenhändler in der Neuen Friedrichstraße 42 nieder. UKW

Ohne Nummer
Sachs, Louis
(Ohne Daten)

Louis Sachs entstammte einer Familie, die für ihre Wohltätigkeit bekannt war und sich mit Hingabe jüdischen Angelegenheiten widmete. **Sachs** war Vorsteher der Repräsentantenversammlung und machte auch als Stadtverordneter seinen Einfluß geltend. UKW

221/A
Sachs, Michael
(11. Elul 5568–24. Schebat 5624)
(3.9.1808–31.1.1864)
Sachs, Henriette geb. **Lehfeldt**
(26. Tewet 5576–25. Nissan 5656)

„Er war schön von Angesicht und groß an Geist; Gott und den Menschen ein Wohlgefallen" – diese poetischen Worte wurden zum 50. Todestag von **Michael Sachs** an der Hochschule für die Wissenschaft des Judentums gesprochen (JGB, Nr. 6/1927, 138). **Sachs** gehörte zweifelsohne zu den herausragenden Persönlichkeiten des Judentums im vergangenen Jahrhundert.

In Großglogau als Sohn eines Kaufmannes, der ihn schon früh in das Verständnis der Bibel und des Talmud einführte, geboren, besuchte **Sachs** das Gymnasium seiner Vaterstadt und ab 1828 die Berliner Universität, an der er Philologie, Philosophie und orientalische Sprachen studierte. Die Vorträge von August Böckh und die philosophischen Vorlesungen über Schleiermacher und Hegel zogen ihn besonders an. Nach Beendigung seiner Studien (1834) trat er mit einer bemerkenswerten Veröffentlichung hervor: der Versuch einer wissenschaftlichen, streng philologischen Auslegung der Psalmen. Ungewöhnlich für die damaligen Auffassungen waren eine Fülle von neuen Erklärungen und eine freizügig-gewagte Übersetzung, „die mit der sprachbildenden Kraft übermüthig spielende Kühnheit der treuen Wiedergabe vielfach Bedenken erregen mußte" (ADB, 131).

Für zehn Jahre ging **Sachs** als Rabbiner nach Prag, wo er, freundschaftlich verbunden mit dem Rabbiner Salomo Löb Rapoport, seine Studien fortsetzen konnte. 1844 kam er als Prediger und Rabbinatsassessor nach Berlin, widmete sich dem Talmudstudium und der Erforschung der hebräischen Literatur- und Kulturgeschichte. Durch die Bekanntschaft mit **Leopold Zunz** (Nr. 274), Schelling, Alexander von Humboldt, Varnhagen von Ense und anderen wuchs er zu „einer Persönlichkeit von außerordentlicher Kraft" (Winninger, 311). Als Meister der deutschen Predigt genoß er schwärmerische Verehrung und einen fast legendären Ruf. „Für die Kanzel gleichsam geboren, vom Augenblick seine Inspiration empfangend, machtvoll wirkend durch die Würde seiner Erscheinung, durch den überwältigenden Zauber seiner Stimme, durch eine alle Register des Pathos und der Schönheit meisternde Sprachgewalt, war er ein Prediger, dem die tiefsten Wirkungen nicht versagt blieben. (...) Kritik auch an der Kritik übend, voll Verachtung gegen Schlagworte und Gemeinplätze, ein Feind aller Flachheit und kahler Verständigkeit, wie er war, mochte des Mannes eigener Sinn als Eigensinn, seine auf das Ganze und Echte gerichtete Natur leicht als Schroffheit erscheinen." (ADB, 133) **Sachs**, der seine Predigten nie schriftlich ausformulierte, konnte durch seine große Popularität auch längst notwendig gewordene Veränderungen der Gottesdienstordnung durchsetzen und auch einen musikalisch ausgebildeten Chor

in seiner Gemeinde einsetzen. Mit der Übersetzung religiöser Dichtung der spanischen Epoche, welche **Sachs** unter dem Titel „Religiöse Poesie der Juden in Spanien" veröffentlichte und in „dankbarster Verehrung" Varnhagen von Ense widmete, leistete er einen wesentlichen Beitrag zur Forschung über die Literatur und Geschichte des Judentums. Ein Beispiel für sein poetisches Sprachgefühl ist die Übersetzung eines Verses von Salomo Ibn Gabriol:

Vergiß dein Klagen,
Wogendes Herz,
Warum verzagen
ob irdischem Schmerz?
Ruhet die Hülle,
Gebettet im Staub,
alles ist stille
Der Vergessenheit Raub.
Du aber mußt zittern
Vor dem Tode, dem bittern,
Ewiger Geist!
Ob es dir nütze,
Ob es dich schütze,
Sollst du ihm nahn,
Deiner Werke Lohn zu empfah'n.

Sachs erwies sich auch als meisterhafter Übersetzer der israelitischen Fastengebete (Machsor) und des Gebetbuches (Siddur). Darüber hinaus brillierte er mit Beiträgen zur Sprach- und Altertumsforschung.

Mit dem Verlagsbuchhändler und Parlamentarier **Moritz Veit** (Nr. 257) war **Sachs** so eng befreundet, daß die beiden Unzertrennlichen in der Gemeinde nur „David und Jonathan" genannt wurden. Beide starben 55jährig im Jahre 1864. Der höchst geistvolle Briefwechsel zwischen **Sachs** und **Veit** wurde 1897 von **Ludwig Geiger** (Nr. 79) herausgegeben. RK

222/W1
Sachs, Salo(mon)
(5.9.1858–5.9.1916)
Sachs, Walter
(10.5.1895–29.4.1917)

Eine abgebrochene Grabtafel erinnert an **Salo Sachs** und seinen Sohn **Walter**. Über **Salo Sachs** liegen keine Informationen vor. Sein Sohn **Walter** war während des 1. Weltkrieges Feldunterarzt. Er fiel 21jährig bei Oppy und wurde in Petit-Cuines beerdigt. UKW

223/K
Salinger, Gerson
(3.1.1823–5.8.1875)
Salinger, Johanna geb. **Ruhemann**
(20.5.1826–? 1876)

„Auf dem Pfade der Gerechtigkeit ist Leben" steht auf der Rückseite des Grabsteins für **Gerson Salinger** aus Callies und dessen Frau **Johanna**. Das Grabmal bietet eine ungewöhnliche Mischung aus gotischen Formen und stark formalisiertem Dekor. Während die profilierten Kanten der spitzgiebeligen Grabplatte mit plastischen Blättern, sogenannten gotischen Kriechblumen besetzt sind, findet man in der Fläche und auf den schmalen Türmchen an den Seiten jugendstilähnliche Ornamente: auf Dornenranken stehen Kerzen, deren Flammen miteinander verbunden sind, und streng geometrisch konstruierte Blattranken, die in stilisierten Blüten enden. Die Inschriften wurden in gotisierenden Buchstaben ausgeführt. UKW

224/H
Salinger, Salomon
(9.11.1805–30.1.1869)
Salinger, Eva geb. **Heimann**
(28.8.1811–2.7.1889)

Als Sohn eines Kaufmanns wurde **Salomon Salinger** in Strausberg bei Berlin geboren. Er war Handlungsdiener und führte später einen Tuchhandel in der großen Friedrichstraße 158. **Salomon Salingers** Unterschrift findet sich unter einem Protokoll vom 30. Juli 1828, das als Gründungsdokument für die erste Altersversorgungsanstalt der Berliner Jüdischen Gemeinde anzusehen ist. UKW

225/E
Salingré, Hermann
(17.5.1833–4.2.1879)

Volkstümliches Theater erfreute sich Mitte des vergangenen Jahrhunderts großer Beliebtheit. Auf den Brettern des Königstädtischen, des Meysel'schen und des Wallner Theaters in Berlin wurden zahlreiche Stücke des zu seiner Zeit sehr bekannten Possendichters **Hermann Salingré** aufgeführt. Über hundert Bühnenwerke hat er verfaßt, von denen viele sich durch derben Witz auszeichnen und oftmals klassische oder populäre Vorlagen kolportieren. Schon die Titel sprechen Bände: „Jettchen Liebe und Kabale"; „Die Reise durch Berlin in 80 Stunden"; „Des Friseurs letztes Stündchen"; „Durchs Schlüsselloch" und „Was sich die Kaserne erzählt".

Salingré stammte aus Berlin. Über seinen Zugang zur Welt des Theaters heißt es in einer zeitgenössischen Beschreibung:

„**Salingré** hatte nicht viel gelernt, aber er hatte das Bestreben, sich weiterzubilden, und er war ein kreuzbraver, allzeit lustiger Kumpan. Als neunzehnjähriger junger Mensch, in einem Berliner Kaufmannshause angestellt, hatte er die Bekanntschaft einiger Schauspieler gemacht und war durch diese veranlaßt worden, seinen oft in Gesellschaft belachten Mutterwitz in einem kleinen Theaterstück, „Blauer Montag" betitelt, zu versuchen. Das Stück wurde im August 1852 im Meysel'schen Sommertheater aufgeführt und gefiel. Von da an blieb **Salingré** bei dem lustigen Geschäft" (ADB, 232).

Während des deutsch-französischen Krieges war **Salingré** neun Monate Kriegsberichterstatter im königlichen Hauptquartier in Frankreich. In Berlin arbeitete er als Journalist und versuchte sich – allerdings wenig erfolgreich – als Verleger. Er kaufte die „Neue Freie Zeitung" und wurde sein eigener Chefredakteur. Da er bald in den roten Zahlen war, opferte er seine Ersparnisse zur Rettung des Unternehmens. Völlig verarmt, erblindet und gelähmt, verstarb **Salingré** nur 45jährig in Berlin. Heute sind seine Stücke von den Spielplänen verschwunden. Noch zu **Salingrés** Lebzeiten spöttelten die Kritiker, er schriebe seine Texte „ohne den geringsten Respekt gegen das ehrwürdige Alter eines Scherzes" (ADB, 232). Der Titel eines seiner Stücke verdeutlicht **Salingrés** Lebensmaxime: „Fürs Theater lasse ich mein Leben" (1873). RK

226/B
Salomon, Joseph
(19.12.1809–23.11.1878)
Der Königsberger Fabrikant **Joseph Salomon** wohnte in der Königsstraße 31 und war Besitzer der Firma Gebrüder Wolff & Co., einer in der Spandauer Straße 17 ansässigen Fabrik für Wollendruck. UKW

227/L3
Salomon, Julius
(21.10.1824–9.12.1878)
Salomon, Pauline geb. **Cohn**
(17.2.1835–17.11.1884)
Im Geschäft seines Vaters Isaac Moses Salomon, welcher einen Lederwarenhandel in Cörlin und später in der Berliner Friedrichstraße 76 betrieb, war **Julius Salomon** als Gehilfe tätig. Seine Militärzeit von drei Jahren und vier Monaten absolvierte er „anständig, gesittet und mit größter Hingebung" (JBB, Nr. 3018). Seit April 1850 war **Salomon** eingetragenes Mitglied der Berliner Bürgerschaft. UKW

228/SF
Samter, Michael
(18.12.1815–12.2.1880)
Michael Samter stammte aus Meseritz, erwarb dort die Gymnasialreife und war in Berlin Inhaber der Firma H.J. Prager in der Klosterstraße 68. UKW

229/L1
Schlesinger, Benjamin
(14.4.1807–23.1.1880)
Schlesinger, Nathan
(3.9.1810–19.10.1891)
Die Kaufmannssöhne **Benjamin** und **Nathan Schlesinger** stammten aus Schermeisel. **Benjamin** besuchte das Gymnasium zum Grauen Kloster und das Friedrich Werder'sche Gymnasium. 1834 erhielt er die Buchdruckerkonzession und eröffnete in Zielenzig einen Druckereibetrieb, in dem sein Bruder **Nathan** als Gehilfe angestellt war. Gemeinsam errichteten sie 1837 eine Buchdruckerei in der Berliner Sophienstraße 24. UKW

230/L2
Schlesinger, Hermann
(30.1.1823–22.11.1894)
Schlesinger, Johanna geb. **Levin**
(20.11.1826–5.7.1896)
Als Sohn eines jüdischen Gelehrten wurde **Hermann Schlesinger** in Zielenzig geboren. Bevor er 1849 in Berlin einen Lederwarenhandel eröffnete, war er als Handlungsreisender tätig. Mit seiner Frau **Johanna**, einer Tochter von Heimann Levin aus Stargard in Pommern, wohnte er in der Spandauer Straße 8 (bei Mohr). UKW

231/W2
Schneider, Levin Wigdor
(5.11.1787–8.5.1844)

Schneider, Minna geb. **Beschütz**
(30.5.1796–17.7.1860)

Wie aus dem westpreußischen Generalverzeichnis zu ersehen ist, erhielt **Levin Wigdor Schneider** am 2. Februar 1813 in seiner Geburtsstadt Märkisch-Friedland die Staatsbürgerrechte. In Berlin war der ausgebildete Kaufmann mit seiner Gattin **Minna** in der Klosterstraße 92 gemeldet. UKW

232/W3
Schönlank, Salomon
(7.3.1765–14.1.1851)
Schönlank, Dorothea geb.
Arnheim
(11.1.1776–10.10.1854)
Schönlank, Isaac
(7.8.1800–8.12.1863)
Schönlank, Philippine geb. **Lande**
(3.8.1804–4.2.1875)
Schönlank, Hermann
(22.3.1803–1.6.1853)
Schönlank, Rebecca geb. **Wolff**
(7.3.1807–7.2.1865)
Schönlank, William
(5.8.1814–23.12.1897)
Schönlank, Amalie geb. **Simon**
(12.9.1820–24.3.1902)
Schönlank, Gustav
(14.6.1817–17.2.1878)
Schönlank, Wilhelmine geb. **Hahn**
(30.4.1828–18.12.1884)
Schönlank, Adolph
(3.8.1828–31.1.1873)
Schönlank, Julius
(15.6.1828–14.11.1878)
Schönlank, Ludwig Arthur
(13.4.1857–19.4.1858)

Entlang der Friedhofsmauer, gegenüber von Feld E, stößt man auf eine lange Reihe von Grabsteinen, die an dreizehn Mitglieder der Familie **Schönlank** erinnern. Der Familienname **Schönlank** leitet sich von dem kleinen Ort Schönlanke in Posen ab, in dem **Salomon Schönlank** als Sohn des Kaufmanns Jüdel Hirsch geboren wurde. Nach seiner Heirat mit **Doro-**

thea Arnheim zog er nach Märkisch-Friedland, erwarb die Bürgerrechte dieser Stadt und wurde Vorsteher der dortigen Jüdischen Gemeinde. Auch nach seiner Übersiedlung nach Berlin blieb er weiterhin Märkisch-Friedländer, da er hier über Grundbesitz verfügte. Mit seinen Söhnen **Isaac, William** und **Gustav** gründete er das Kommissions- und Speditionsgeschäft **Salomon Schönlank & Söhne**. In ihrem Unternehmen, das seinen Sitz in der Königsstraße 44 hatte, handelten sie mit Hanf, Honig und anderen Rohprodukten, Farbwaren (Indigo) und russischen Erzeugnissen.

Während sich die meisten männlichen Familienmitglieder ausschließlich den Firmengeschäften widmeten, gingen die Aktivitäten von **William Schönlank** darüber hinaus. Er wurde Generalkonsul und war Gründer und langjähriger Vorsitzender des „Hilfsvereins der Märkisch-Friedländer" und wurde wiederholt in die Repräsentantenversammlung der Jüdischen Gemeinde gewählt.

Williams Steckenpferd, das er mit nahezu wissenschaftlichem Eifer betrieb, war die Zoologie. Einen beträchtlichen Teil seines exotischen Tierbestandes verdankt der Berliner Zoologische Garten der persönlichen Initiative **William Schönlanks**. Neben seinen Handelswaren aus fernen Ländern importierte er nämlich auch seltene Tiere, die er später freigiebig dem Zoo stiftete. UKW

233/L3
Schulvater, Jacob Moses
(27.5.1805–16.10.1886)

Die ersten dreißig Jahre seines Lebens verbrachte **Jacob Schulvater** in Meseritz an der Obra, wo ihm der Stadtrat am 7. Juli 1834 ein Naturalisationspatent und die Bürgerrechte des Großherzogtums Posen zuerkannte. Wie in seiner Heimatstadt betrieb

Schulvater auch in Berlin einen Rauchwarenhandel. Mit seiner Ehefrau **Henriette**, der unehelichen Tochter von Sara Cohn, wohnte er in der Klosterstraße 13. Sechzehn Jahre lang war **Schulvater** Vorsteher der Altersversorgungsanstalt (1854–1870) UKW

234/H
Schwabach, Joseph Isaac
(27.12.1806–1.11.1871)

Der Kaufmannssohn **Joseph Isaac Schwabach** hatte in seinem Geburtsort Birnbaum eine Sattlerei und handelte mit Leder. Dieser Tätigkeit ging der 1845 in die Bürgerschaft aufgenommene **Schwabach** auch in Berlin nach, wo er in der Königsstraße 54 wohnte. UKW

235/L2
Schwabach, Julius Leopold
(12.5.1831–23.2.1898)

Der gebürtige Breslauer **Julius Leopold Schwabach** war ein Vetter des Bankiers **Gerson von Bleichröder** (Nr. 36), in dessen Firma er seit 1847 tätig war. Erst Prokurist, wurde er 1868 nach Ausscheiden des Bleichröder-Bruders **Julius** (Nr. 37) Teilhaber des Unternehmens. 1878 wurde **Schwabach**, der „caritativ (...) sehr großzügig und auch sonst in jeder Hinsicht tadelsfrei" war (Stern, 252), zum Geheimen Kommerzienrat ernannt. Als er 66jährig starb, widmete man seinem Andenken eines der schönsten Grabmäler des Friedhofs. Vor einer hohen, schmucklosen Stele ist ein mehrfach gestuftes Postament zu sehen, reich verziert mit abstrakten Blättern und einem Eierstab als Abschlußleiste. Darauf steht ein amphorenähnliches Gefäß, vielleicht eine Urne, über das ein Tuch in weichen Falten bis zum Sockel gleitet.

Ein welkender Palmenzweig hinter der Vase und eine detailliert modellierte Blütengirlande, die bis zur Inschrifttafel reicht, betonen die melancholische Stimmung dieses Marmorgrabmales. UKW

236/B
Sefer-Thora
(Gesetzesrollen)

Nur wenige Schritte vom Sarkophaggrab der Eheleute **Makower** (Nr. 166), jedoch leicht zu übersehen, befindet sich ein kleiner, liegender Grabstein mit einem Davidstern. Hier wurden abgenutzte Sefer-Thora (Gesetzesrollen) begraben. Die Thorarollen, die aus der Haut rituell reiner Tiere angefertigt werden, enthalten die fünf Bücher Mose. Bei ihrem ersten Verlesen wird eine neue Sefer-Thora „sehr feierlich eingeweiht, und die ganze Synagoge bereitet ihr einen königlichen Empfang" (de Vries, 24). Die Beerdigung alter Gesetzesrollen wird von einem ähnlich feierlichen Zeremoniell begleitet. UKW

237/M
Seligsohn, Arnold
(13.9.1854–3.2.1939)
Seligsohn, Charlotte geb. **Köhne**
(11.5.1862–25.10.1931)
Seligsohn, Julius
(7.5.1890–28.2.1942)
Feig, Henriette geb. **Seligsohn**
(13.4.1885–2.7.1920)

Die Erbbegräbnisstätte der Familie **Seligsohn** wurde um 1926 von dem Architekten Otto Firle gestaltet. Über einem halbkreisförmigen Grundriß erhebt sich eine mehrstufige Grabanlage aus Sandstein, deren oberer Abschluß von einem massiven Quader mit aufgesetzter Pyramide gebildet wird. Die untere Umrandung der

Marmorgrabmal für Julius Leopold Schwabach ▷

Grabstätte wird durch schildähnliche Steinblöcke gegliedert, von denen einer ein Medaillon mit eingemeißeltem Stahlhelm trägt. Auf der Ummauerung der zweiten Ebene findet man im Wechsel die Totengedenktafeln aus schwarzem Granit und Davidsterne. Der quadratische Sockel, auf dem die Pyramide ruht, zeigt an allen Seiten den Namenszug **Seligsohn**.

Arnold Seligsohn wurde 1854 in Samotschin in Posen geboren und betrieb in Berlin eine Anwaltskanzlei. Er verfaßte zahlreiche juristische Studien, die sich mit dem gewerblichen Rechtsschutz, dem Patent- und Gebrauchsmusterrecht und dem Schutz von Warenbezeichnungen beschäftigten. An der Berliner Universität, die ihm die Ehrendoktorwürde zuerkannte, hielt **Seligsohn** staatswissenschaftliche Vorträge. Außerdem war er Vorsitzender im Direktorium der Hochschule für die Wissenschaft des Judentums.

Auch die Urne mit der Asche seines Sohnes **Julius Seligsohn**, der 1942 im Konzentrationslager Sachsenhausen ermordet wurde, ist hier beigesetzt. **Julius Seligsohn** wurde im 1. Weltkrieg mit dem Eisernen Kreuz I. Klasse ausgezeichnet und war aktiv im Reichsbund jüdischer Frontsoldaten tätig. 1936 gehörten dieser Organisation ungefähr 30.000 jüdische Kriegsteilnehmer an, die bei öffentlichen Veranstaltungen (z.B. Beerdigungen) voller Stolz ihre Ehrenabzeichen des 1. Weltkrieges trugen und damit ihre Verbundenheit mit dem „Deutschen Vaterland" demonstrieren wollten. **Seligsohn** war Mitglied der „Reichsvertretung der Deutschen Juden", die am 17.9.1933 gegründet wurde und auf Anweisung der Nationalsozialisten die Nachfolge der Reichsvertretung der jüdischen Landesverbände antreten mußte. Zu den bedeutendsten Repräsentanten der deutschen Juden gegenüber dem NS-Regime gehörte Leo Baeck. Sein Name und Wirken ist allgemein bekannt, wohingegen seine Mitstreiter Otto Hirsch und **Julius Seligsohn**, die einen beträchtlichen Teil der Bürde und Gewissenslast mittrugen, heute weitgehend vergessen sind. **Seligsohns** Aufruf an die deutschen Juden, zum Gedenken an die aus Baden und der Pfalz nach Frankreich verschleppten Juden einen Fastentag abzuhalten, führte schließlich im November 1940 zu seiner Verhaftung und Deportation. RK

238/L1
Senator, Hermann
(6.12.1834–14.7.1911)
Senator, Marie geb. **Bendix**
(31.10.1844–25.7.1919)

Das Wirken des Professors der Medizin **Hermann Senator** ist eng mit der Geschichte der Berliner Charité verbunden. Seit 1881 war er dort dirigierender Arzt und später – nach dem frühen Tod von **Ludwig Traube** (Nr. 252) – Leiter der Universitätspoliklinik und der Medizinischen Klinik. **Senator** stammte aus Gneesen, besuchte ein Gymnasium in Posen und studierte seit 1853 an der Berliner Universität. Nach der Promotion ließ er sich 1857 in Berlin als Arzt nieder und wurde 1868 Privatdozent an der medizinischen Fakultät. In den Kriegen 1866 und 1870/71 war er als Stabsarzt im Felde.

Die Gemahlin Wilhelms I., Kaiserin Augusta (1811–1890), die sich stark in sozialen und wohltätigen Einrichtungen engagierte, berief **Senator** 1875 als Chefarzt der Inneren Abteilung an das Augusta-Hospital. Durch seine Ernennung zum Professor konnte er sich völlig der klinischen Lehrtätigkeit widmen. Seine Arbeit an der Charité war für die Innere Medizin und ihre Hilfswissenschaften außergewöhnlich nützlich. Der vielseitig interessierte und umfassend gebildete **Senator** arbeitete über folgende medizinische Gebiete:

Der Mediziner Hermann Senator

Der Jüdischen Gemeinde zu Berlin gehörte der konservative **Senator** fünfzehn Jahre lang – bis zu seinem Tod 1911 – als Repräsentant an. RK

239/A
Silbergleit, Heinrich
(2.7.1858–15.3.1939)

Der in Gleiwitz geborene **Heinrich Silbergleit** studierte an den Universitäten Breslau, Leipzig und Berlin Mathematik und Staatswissenschaften. Nach seiner Promotion in Gießen, wurde er 1886 Volontär im Berliner Statistischen Amt. Als „dritter wissenschaftlicher Hülfsarbeiter" hatte er offenbar „Liegengebliebenes" aufzuarbeiten, begann er doch mit der „Bearbeitung einiger rückständiger Abschnitte des Programms der Bevölkerungsstatistik". Im Februar 1890 übernahm er das Statistische Amt Magdeburg, welches er bis zu seiner Berufung als Direktor an das Statistische Amt der Stadt Schöneberg (1903) leitete. Von 1906 bis zu seiner Pensionierung am 30. September 1923 stand er an der Spitze des Statistischen Amtes der Stadt Berlin. Für die Entwicklung der modernen Statistik ist die Volkszählung, die **Silbergleit** 1910 in Berlin durchführte, von besonderer Bedeutung. Erstmals wurden die Hollerith'schen elektrischen Zählmaschinen benutzt. Durch die speziell für dieses Verfahren entwickelten Lochkarten war man in der Lage, detaillierteres Zahlenmaterial zu ermitteln. Auch der zunehmende Verkehr auf den Berliner Straßen beschäftigte schon damals die Statistiker. Bei einer Zählung des Personen- und Fahrdammverkehrs wurden aufgenommen: Straßenbahnwagen mit und ohne Anhänger, gewöhnliche Omnibusse, Autoomnibusse, Droschken, Privatwagen, Zwei- und Dreiräder, leichte Geschäftswagen, Last-, Hand- und Kinderwagen; Reiter und Militärtrupps wurden ebenfalls er-

Einfluß von Atmungsstörungen auf den Stoffwechsel; über die Bedeutung der Bauchspeicheldrüse; über Eigenwärme und Fieber und über die Körperwärme bei Abkühlung der Haut; über krankhafte Veränderungen des Stoffwechsels.

Auch heute noch sind seine wissenschaftlichen Abhandlungen über Nierenkrankheiten, Eiweißausscheidung, Nervenleiden und Zuckerkrankheiten von medizin-historischer Bedeutung. Eine einbändige Volksausgabe seines dreibändigen Werkes „Krankheiten und Ehe" erschien 1908 in Berlin. 1907 wurde ihm als hohe Auszeichnung die Präsidentschaft der Medizinischen Gesellschaft übertragen. Als er 1910 in den Ruhestand trat, erhielt **Senator** zum Abschluß seiner medizinischen Laufbahn das Eiserne Kreuz und den Kronenorden II. Klasse. Seine umfangreiche Bibliothek vermachte er dem Königlichen Poliklinischen Institut der Berliner Universität.

faßt. Der stärkste Fußgängerverkehr bewegte sich damals auf der Leipziger Straße, der stärkste Fahrzeugverkehr Unter den Linden.

Während seiner Amtszeit hat **Silbergleit** wichtige Grundlagen für die „Preisstatistik" geschaffen. Um möglichst genaue Zahlen für Lebensmittel zu erhalten, verließ man sich nicht nur auf die Angaben von Händlern und Markthallen. Zur präzisen Ermittlung der Brotpreise kauften **Silbergleits** Mitarbeiter überall in der Stadt Brote. Sie wurden gewogen und anhand der gezahlten Preise wurde der Durchschnittswert von 100 Kilogramm Roggenbrot errechnet. In vergleichbarer Weise wurden Niedrig-, Höchst- und Durchschnittspreise für Fleisch, Butter, Gemüse und Obst, aber auch Blei, Kupfer und Steinkohle festgestellt. Im 1. Weltkrieg wurde die Veröffentlichung der Preisstatistik weitgehend eingestellt, trotzdem boten die verbliebenen Angaben ein wertvolles Quellenmaterial für die Versorgungsplanung der Berliner Bevölkerung in den „Hungerwintern". In einer Festschrift zum 100jährigen Bestehen der Berliner Statistik (1862–1962) kann man nachlesen, was in **Silbergleits** Amtszeit „alles gezählt" wurde: unter anderem Arbeitslose, Todesursachen, Kindersterblichkeit, unterschiedlicher Lebensmittelverbrauch bei Arbeitern und Angestellten, Geldbedarf, Beschaffung von Nahrungsmitteln durch Schleichhandel. Selbst die jüngsten Berliner und ihre Mütter wurden 1916 befragt, ob sie Mutter-, Ammen- oder Flaschenmilch tranken.

Silbergleit war offenbar ein uneitler Mensch, denn die Herausgeber der Festschrift bedauern, daß von ihrem ehemaligen Amtsleiter „leider kein befriedigendes Bild, wie ein Portrait oder eine photographische Aufnahme beschafft werden konnte". Über seinen persönlichen Arbeitsstil heißt es: „Er wurde als regsamer und selbstbewußter Mann geschildert, der dem Rat seiner älteren Mitarbeiter zugänglich war. An jedem Vormittag ließ er nacheinander seine Mitarbeiter in sein Zimmer rufen, bis sich ein großer Kreis von Zuhörern um ihn versammelt hatte. Diese oft sehr ausgedehnten Colloquien waren Zeichen eines noch patriarchalischen Amtsbetriebes, sie mußten aber bald neuzeitlichen, rationelleren Arbeitsweisen weichen."

Wie zahlreiche Veröffentlichungen belegen, war **Silbergleit** auch nach seiner Pensionierung noch publizistisch tätig. Sein wichtiges Werk „Die Bevölkerungs- und Berufsverhältnisse der Juden im Deutschen Reich" erschien im Jahre 1930. **Silbergleit** starb im Alter von achtzig Jahren. RK

240/L3
Simon, Gerson
(31.5.1858–6.2.1931)
Simon, Margarete geb. **Gotthelf**
(4.11.1864–7.8.1937)
Der in Lechenich im Rheinland geborene **Gerson Simon** war Inhaber der Weißwarenhandlung Jacob & Richter in Berlin. Er gehörte zu den Begründern des Reichsverbandes des deutschen Groß- und Überseehandels, dessen Vorstandsmitglied er war. **Simon** war Mitglied der Repräsentantenversammlung der Jüdischen Gemeinde und seit 1927 Vorsteher der Synagoge in der Lindenstraße. UKW

241/K
Simon, Isaac
(16.2.1816–1.7.1890)
Simon, Adolphine geb. **Heilborn**
(10.5.1820–8.12.1902)
Nach Beendigung einer Schneiderlehre verließ **Isaac Simon** seine Geburtsstadt Pyritz und ging nach Posen. Um 1840 kam er nach Berlin, wo er zwei Jahre in der Firma „David & Silber" arbeitete. Angeblich besaß er zu diesem Zeitpunkt schon ein Vermögen

von 2.000 Reichstalern (JBB, Nr. 2118, 401). Als Inhaber leitete er ein Magazin für Herrenoberbekleidung in der Firma „Simon & Neumann". 1847 heiratete er die Posener Rabbinertochter **Adolphine Heilborn**, mit der er einen Sohn, **James Henry** (Nr. 242), hatte. 1857 trat er in die Firma seines Bruders Louis ein, nachdem dessen Partner Siegmund Liepmann das Unternehmen verlassen hatte. Das Geschäft in der Klosterstraße 72 führte den Namen „Gebrüder Simon, Leinen- und Baumwollniederlage". **Simon** war ein angesehener Berliner Bürger. 1877 wurde er Stadtrat, 1880 Kommerzienrat. Vielfältig waren seine Aufgaben in der Jüdischen Gemeinde. Er war Mitglied des Repräsentanten-Kollegiums und des Kuratoriums der Hochschule für jüdische Wissenschaften. Er saß im Vorstand des „Brüdervereins zur gegenseitigen Unterstützung" und war Schatzmeister der „Witwen- und Waisen-Unterstützungsanstalt".

1886 ließ er sich ein Haus in der Tiergartenstraße 15a bauen, das sein Sohn noch bis in die 30er Jahre unseres Jahrhunderts bewohnte. RK

242/L3
Simon, James Henry
(17.9.1851-23.5.1932)
Simon, Agnes geb. **Reichenheim**
(14.5.1852–12.1.1921)
Simon, Marie Luise
(10.5.1886–25.12.1900)

Der Name **James Henry Simon** ist eng mit der Geschichte der Berliner Museen und ihrer Kunstschätze verbunden. Zahlreiche Gemälde, Skulpturen und archäologische Funde verdanken die Berliner Museen **James Henry Simon**. Auch die berühmte „Nofretete", eines der Wahrzeichen der Kulturstadt Berlin, war einst ein Geschenk dieses großzügigen Mäzens.

Der Sohn des wohlhabenden Kaufmanns **Isaac Simon** (Nr. 241) besuchte die Königstädtische Realschule und später das Gymnasium zum Grauen Kloster. In einem Selbstzeugnis von **Simon** heißt es: „Ich fühlte mich am meisten zum Studium der alten Sprachen und der Geschichte hingezogen, doch war meine Neigung nicht so stark, daß es mich besondere Überwindung gekostet hätte, dem Wunsche meines Vaters zu entsprechen, der mich, den einzigen Sohn, gern zum Mitarbeiter im Geschäft (...) haben wollte. Ich trat daher im November in die Handlung Gebrüder Simon als Lehrling ein und habe ihr den Hauptteil meiner Arbeitszeit ununterbrochen (...) gewidmet" (AZJ, 1910, 40 f.).

Die Firma „Gebrüder Simon, Baumwolle- und Leinenfabrik" nahm unter seiner Leitung einen schnellen wirtschaftlichen Aufschwung. Bereits vor dem 1. Weltkrieg betrug der Jahresumsatz mehr als 600 Millionen Mark. Die Firma war – nach der Deutschen Bank – der zweitgrößte Steuerzahler Preußens. In der Textilbranche bezeichnete man die Aufträge, die an das Unternehmen ergingen, als „Äquator-Aufträge", weil der Verkauf von jährlich rund 40 Millionen Metern Baumwolle dem Erdumfang entsprach.

Neben seiner geschäftlichen Tätigkeit widmete sich **Simon** wohltätigen Aufgaben und gründete einige Hilfsvereine. Es gelang ihm durch sein hohes Ansehen, viele einflußreiche Persönlichkeiten zu Spenden zu bewegen. In zeitgenössischen Berichten wird immer wieder die strenge Selbstdisziplin des Geschäftsmannes erwähnt, der seine Aktivitäten der Wohlfahrtspflege nur am Wochenende betrieb. Zu den Einrichtungen, die **James Simon** mitbegründete, gehörte der „Verein zum Schutze der Kinder vor Mißbrauch und Ausnutzung" und der „Verein für Ferienkolonien", der Ferien- und Wanderfahrten für Berliner Schulkinder finanzierte und organisierte. Desweiteren setzte sich **Simon** für den Bau öffentlicher Volksbäder, zur Verbesserung der hygienischen Verhältnisse ein.

Der umfassend gebildete **Simon** trug mit Leidenschaft und Kunstverstand eine Sammlung bedeutender Kunstwerke zusammen. Gemeinsam mit seinem Freund Wilhelm von Bode (1845–1929) gründete er den Kaiser-Friedrich-Museumsverein. Durch häufigen Umgang mit namhaften Kunsthistorikern wurde **Simon** selbst zu einem Kunstsachverständigen hohen Ranges. Bei Eröffnung des Kaiser-Friedrich-Museums (heute Bode-Museum) im Jahre 1904 stiftete **Simon** große Teile seiner Sammlung, darunter wertvolle Gemälde der italienischen und deutschen Renaissance. Das berühmteste Bild, Andrea Mantegnas „Madonna mit dem schlafenden Kinde" (1454), das in der Kunstgeschichte als „Madonna-Simon" bezeichnet wird, ist heute geschätzter Mittelpunkt der Dahlemer Gemäldegalerie.

Am Ende des 1. Weltkrieges überließ **Simon** den Berliner Museen weitere Werke altdeutscher Kunst, Plastiken der Renaissance und Gotik, sowie Bildteppiche und Kunstgewerbe. „Alles in allem umfaßten die Spenden **James Simons** Tausende von Einzelstücken im Wert von vielen Millionen Mark. Nicht ehrgeiziger Geltungsdrang oder aus eigenem Überfluß geborene Spenden ohne Ziel lagen dem zugrunde. Bewußter Grundgedanke seines Wirkens blieb stets: Wirtschaftliche Entfaltung muß gleichzeitig das kulturelle Leben befruchten, wenn materielle Macht an geistige Verantwortung gebunden bleiben will" (Wormit, 194).

Aufgrund seiner Begeisterung für die Kunst der Antike und die Archäologie gründete **James Simon** die Deutsche Orientgesellschaft, die bald an den bedeutendsten Ausgrabungsarbeiten in aller Welt teilnahm. Sen-

sationelle Funde förderten die Grabungen in Babylon, Jericho, Galiläa und Assur zutage. Um die kostspieligen Expeditionen finanzieren zu können, bedurfte es der Protektion Kaiser Wilhelms II., zu dem **James Simon** persönliche Beziehungen unterhielt. Um die beiden so wesensverschiedenen Männer ranken sich viele Anekdoten. **Simon**, der noch häufig im väterlichen Textilgeschäft anwesend war, lehnte den vom Kaiser angebotenen Adelstitel und den Titel Exzellenz mit der Bemerkung ab: „Das geht doch nicht! Soll mich denn ein Kunde im Geschäft anreden: ,Exzellenz, ich möchte noch einmal eineinhalb Meter Stoff haben!'?" (Wormit, 197)

Drei Jahrzehnte lang, bis zu seinem Tod, war **James Simon** Präsident des „Hilfsvereins der deutschen Juden". Ziel dieses Vereins war es, den rund 200.000 Juden, die aufgrund der Pogrome Rußland und Polen verlassen mußten, den Weg in eine neue Heimat zu ebnen, seien es die Vereinigten Staaten oder Palästina.

Die Beziehungen zum Kaiser wurden in der Öffentlichkeit unterschiedlich bewertet. **Simon** wurde auch verächtlich als „Kaiserjude" bezeichnet. Emanzipierte jüdische Kreise dagegen sahen in der Verbindung zum Hof ein Zeichen fortschreitender Assimilation; Skeptiker fürchteten die Umkehr konservativ monarchistischer Kreise in antisemitische Reaktion.

Die Folgen des Weltkrieges und der Inflation trafen das Unternehmen hart und unerbittlich. Die Baumwollimporte aus Ägypten blieben aus, Kunstseide eroberte den Markt und so kam die Firma in die roten Zahlen. **James Simon** mußte seine Villa in der Tiergartenstraße verkaufen und die Familie bezog eine bescheidenere Wohnung in der Kaiserallee 23. Nur wenige Kunstwerke blieben in **Simons** Besitz. Dennoch betrachtete er die neuen Lebensumstände mit heiterer Gelassenheit: „Wann immer ich

Ausstellungsraum der Sammlung James Simon im Kaiser-Friedrich-Museum (heute: Bodemuseum) 1905

meine Sammlung ansehen möchte, kann ich ins Museum gehen; aber es trifft mich hart, daß ich nicht länger in der Lage bin, Geld zu verschenken, wenn ich es gerne möchte" (Feder, 21). Titel und Ehrungen lehnte **James Simon** grundsätzlich ab; seine natürliche Bescheidenheit ist legendär. Lediglich die Verleihung der Ehrendoktorwürde anläßlich des 100jährigen Bestehens der Berliner Universität im Jahre 1910 nahm er an. (Mit ihm wurden Emile Picard, Engelbert Humperdinck und Cosima Wagner geehrt.)

James Simon starb am 23. Mai 1932. Es blieb ihm erspart, Zeuge der kommenden Ereignisse zu werden. Bereits 1933 wurde seine Büste aus dem Ägyptischen- und dem Kaiser-Friedrich-Museum entfernt. Alle Kunstwerke, die seiner Sammlung entstammten, wurden bis 1945 als „Schenkung eines anonymen Stifters" bezeichnet.

Drei schlichte Grabsteine aus schwarzem Granit erinnern unweit der Ehrenreihe an **James Henry Simon**, seine Frau **Agnes** und ihre früh verstorbene Tochter **Marie-Luise**. RK

243/W3
Sklarek, Wilhelm
(22.9.1836–10.10.1915)
Sklarek, Hulda geb. **Bernstein**
(18.6.1845–26.5.1923)

In Raschkow bei Posen geboren, studierte **Wilhelm Sklarek** von 1854 bis 1858 in Berlin Medizin und arbeitete im Physiologischen Institut von Dumbol Reymond. Nach der Promotion ließ er sich 1858 in Krossen und Eikenhagen als Arzt nieder. An den Kriegen 1864, 1866 und 1870/71 beteiligte er sich als Militärarzt. Wie sein berühmter Schwiegervater, der Herausgeber der „Naturwissenschaftlichen Volksbücher" **Aaron Bernstein**

(o. Nr.) verfaßte auch **Sklarek** als Naturforscher populär-wissenschaftliche Abhandlungen. Er begründete die Wochenzeitschrift „Der Naturforscher" und leitete bis 1912 die „Naturwissenschaftliche Rundschau", beides streng wissenschaftliche und dennoch allgemein verständliche Fachzeitschriften. Im Jahre 1899 erhielt **Sklarek** den Titel eines Professors und wurde mit der Aufgabe betraut, ein Gesamtverzeichnis naturwissenschaftlicher Publikationen zu erstellen. Seine eigenen Vorträge erschienen unter dem Titel „Die Gesundheitslehre". RK

244/E
Sobernheim, Gustav
(11.6.1810–25.2.1857)
Gustav Sobernheim lebte zunächst in Magdeburg als Produktenhändler. Das Berliner Bürgerrecht erwarb er gebührenfrei, da man sein Magdeburger Bürgergeld in Anrechnung brachte. UKW

245/D
Soldatengrab
Im Gräberfeld D zieht ein hoher Sandsteinquader mit aufgesetzter Kugel das Interesse auf sich. Die Inschriften sind vollkommen verwittert, aber nach mündlichen Überlieferungen soll es sich um eine Gedenkstätte für Soldaten handeln, die vermutlich während der Befreiungskriege den Tod fanden (vgl. Etzold, 54). UKW

246/L3
Stargardt, Joseph A.
(17.6.1821–30.4.1885)
Stargardt, Mathilde geb. **Levinstein**
(14.10.1833–14.6.1914)
Joseph Stargardt wurde in Märkisch-Friedland geboren und erlernte von

1838–1840 den Beruf eines Buchhandlungsgehilfen in der Berliner Firma Asher & Compagnie. Danach war er kurze Zeit in der Amelang'schen Buchhandlung tätig, bevor er sich zur Weiterbildung von Oktober 1844 bis Dezember 1845 in Paris und 1846 in Halle aufhielt. Seine Laufbahn als selbständiger Buchhändler begann **Stargardt** als Partner jenes Paul Julius Reuter, der später die weltbekannte Nachrichtenagentur gleichen Namens gründen sollte.

In seinem Geschäft am Berliner Gendarmenmarkt, Charlottenstraße 54, dessen alleiniger Eigentümer er seit 1849 war, trug **Stargardt** im Laufe der Jahre ein umfangreiches Antiquariat zusammen, dessen exzellenter Ruf nicht zuletzt auf den Handel mit seltenen handschriftlichen Aufzeichnungen bekannter Persönlichkeiten zurückzuführen war. **Stargardt** verkaufte nicht nur Bücher und Autographen, er verlegte sie auch. So gab er 1854 Heyses „Bücherschatz der deutschen National-Literatur des XVI. und XVII. Jahrhunderts" heraus, dem von der Hagens „Bildersaal altdeutscher Dichter" (1856/61) und ein Katalog über Friedrich Schillers Handbibliothek (1859) folgten.

Stargardt, der schon während der 1848er Revolution demokratische Flugblätter verfaßt und gedruckt hatte, unterhielt Beziehungen zu anarchistischen Kreisen. Seine Bekanntschaft mit dem „berüchtigten" Philosophen Max Stirner (1806–1856) führte dazu, daß die Stargardt'sche Buchhandlung im Mai 1851 Ziel einer polizeilichen Durchsuchung wurde. Karl August Varnhagen von Ense hat diesen Vorfall am 25. Mai 1851 in seinen „Tagebüchern" festgehalten:

„Haussuchung beim Buchhändler Stargardt, während er in Leipzig ist. Man hat seine Schränke, sein Schreibpult durch Schlosser geöffnet, und zwar verbotene Schriften gefunden, aber noch in Paketen wie sie eingesandt worden, so daß man sieht, es ist noch alles beisammen und nichts davon verkauft."

Trotzalledem blieb **Stargardts** „Buch- und Kunsthandlung" weiterhin ein beliebter Treffpunkt für angesehene Berliner Bürger, bedeutende Wissenschaftler und prominente preußische Adlige. Alexander von Humboldt, Bettina von Arnim, der Goethe-Forscher von Loeper, Prinz Georg von Preußen und sogar Kaiser Friedrich III. schätzten **Stargardt** als „vorzüglichen Fachmann" und genossen seine „anregende amüsante Unterhaltung" (Nostitz, 6). In seinem Buch „Schattenrisse deutscher Antiquare" (1916) porträtiert Max Ziegert den Buchhändler **Stargardt** als „ein kleines, untersetztes Männchen mit auffallend kleinen Händen und Füßen, ergrautem Vollbart und entsprechendem Haarkranz, von gelblicher Gesichtsfarbe und mit lebendig schwarzen Augen".

Das traditionsreiche Unternehmen **J.A. Stargardt** existiert heute noch mit Sitz in Marburg an der Lahn. UKW

Ohne Nummer
Stein, Jacob Aron
(24.8.1801–23.3.1895)

Jacob Aron Stein wurde in Krojanke geboren und als Handlungsdiener ausgebildet. Schon vor 1832 nach Berlin übergesiedelt, wurde er 1836 Mitglied der dortigen Bürgerschaft und eröffnete eine Fabrik zur Herstellung von Wachs- und Zylinderdachsteinen. UKW

247/L3
Steinthal, Eduard
(6.10.1815–19.1.1896)
Steinthal, Johanna geb. **Goldstein**
(30.10.1828–16.7.1910)
Steinthal, Elise
(16.5.1855–11.3.1916)

Der in Cönnern geborene Kaufmannssohn **Eduard Steinthal** leistete freiwillig einen einjährigen Militärdienst beim 32. Infanterie-Regiment und ließ sich dann in Berlin als Produktenhändler nieder. Nachdem er zuerst als Wollkommissionär seinen Lebensunterhalt bestritt, war er später Besitzer eines Lagers für Wollgarne, welche er mit seinem eigenen Speditionsunternehmen aus England importierte. Wie die meisten erfolgreichen Kaufleute gehörte auch **Steinthal** der Korporation der Berliner Kaufmannschaft an.

Die Grabstätte für **Eduard Steinthal**, seine Frau und vermutlich seine Tochter befindet sich rechts hinter der von **Josephine Levy-Rathenau** (Nr. 143). In der Formensprache der Romanik und ganz aus rotem schwedischen Granit gestaltet, bietet sie einen imposanten Anblick. In der Mitte einer massiven Grabwand öffnet sich eine Arkade, deren drei Bögen von kurzen Säulen mit Kegelstumpfkapitellen getragen werden. Die in den Arkadenöffnungen eingestellten Grabtafeln enden auf Höhe des Abakus (Deckplatte eines Kapitells), so daß die Bogenfelder einen freien Durchblick gewähren. Am oberen Abschluß der Grabwand sind schmale Leisten aus dem Granit herausgearbeitet, die vermutlich einen Bronzefries begrenzten. Wie der größte Teil der dekorativen Metallarbeiten auf dem Schönhauser Friedhof sind auch sie wahrscheinlich den Plünderungen der Nationalsozialisten zum Opfer gefallen. UKW

248/B
Steinthal, Moses Pintus
(21.9.1749–14.6.1840)
Steinthal, Veit Michael
(17.12.1798–30.5.1866)

Der Rentier **Moses Pintus Steinthal** wurde in Rathenow im Havelland geboren und war seit 1768 in Potsdam

ansässig, wo auch sein Sohn **Veit
Michael** zur Welt kam. Dieser ließ
sich um 1837 in Berlin nieder, wohnte in der Bischofstraße 25 und trieb
Handel mit Baumwollwaren. RK

**249/K
Sternweiler, Simon**
(16.8.1855–29.6.1927)
Sternweiler, Siegfried
(11.4.1885–14.6.1941)
Sternweiler, Edith geb. **Schneller**
(2.3.1896–28.8.1976)

Gespräche mit Nachfahren haben er-
geben, daß im Gegenatz zu bisher pu-
blizierten Informationen die definitiv
letzte Beisetzung auf dem Schönhauser Friedhof diejenige von **Edith
Sternweiler** im Jahre 1976 war. Ihre
Urne wurde in der Grabstätte Nr.
22488 beigesetzt. Hier fanden schon
1927 ihr Schwiegervater **Simon
Sternweiler** aus Walldorf in Baden
und 1941 ihr Ehemann **Siegfried** ihre
letzte Ruhestätte. Obwohl **Edith
Sternweiler** zum Zeitpunkt ihres Todes Bürgerin von West-Berlin war,
konnten ihre sterblichen Überreste
auf dem Schönhauser Friedhof im damaligen Ost-Berlin (DDR) beigesetzt
werden. Die Organisation der Über-
führung und des Begräbnisses erfolgte „offiziell und ohne Probleme"
(Brief Herr Dieter B. Sternweiler,
3.12.1991) durch ein Bestattungsun-
ternehmen und die damaligen Ver-
waltungen der Jüdischen Gemeinden
von Ost- und West-Berlin.

Der Name **Sternweiler** geht
zurück auf ein kleines verfallenes
Hofgut, einen sogenannten Weiler,
zwischen Mühlhausen und Tairnbach
in Baden. Der Kaufmann Schmai erhielt die Erlaubnis, den Namen Sternweiler anzunehmen, nachdem 1809
für Juden das Führen von Familiennamen gesetzlich vorgeschrieben wurde. **Simon Sternweiler** war Eisenwa-
renhändler in Landau. Um 1920 zog
er nach Berlin, wo sich sein Sohn

*Die letzte angelegte Grabstätte des
Schönhauser Friedhofes (1976)*

Siegfried nach Ende des 1. Weltkrieges niedergelassen und eine Familie
gegründet hatte. **Siegfried Sternweiler** war als Unteroffizier für seine
Tapferkeit im 1. Weltkrieg mit dem
„Frontkämpferabzeichen" geehrt worden. In Berlin arbeitete der ausgebildete Bankkaufmann zunächst beim
„Treuhänder für das feindliche Vermögen" und trat später in das Bankhaus „Cohn & Bernstein" am Hackeschen Markt ein. Schwere Zeiten kamen auf die Familie zu, als das
jüdische Bankhaus 1937 geschlossen
und **Siegfried Sternweiler** arbeitslos
wurde. Als er 1939 zu schwerer, dis-
kriminierender Zwangsarbeit verpflichtet wurde, erwogen die **Stern-
weilers**, Deutschland zu verlassen.
Die Emigration hätte jedoch zum
Zerfall der Familie geführt. Als Chri-
stin bestand für **Edith Sternweiler**
und ihre „halb-arischen" Kinder die
Möglichkeit, mit Unterstützung der
Quäker nach England auszuwandern.

Für **Siegfried Sternweiler** stand als Jude nur der Weg nach Shanghai offen. So entschloß sich die Familie, trotz wachsender nationalsozialistischer Repressalien (drohende Zwangsausquartierung), in Berlin zu bleiben. Am 14. Juni 1941 setzte **Siegfried Sternweiler** seinem verzweifelten Leben selbst ein Ende. Er konnte „die Demütigungen auf der Arbeit" nicht länger ertragen, „die Feigheit der früher so freundlichen Mitbürger, die politische Aussichtslosigkeit der Kriegslage, bei der man sich 1941 als anständiger Mensch nicht mehr den Sieg Deutschlands wünschen durfte und die Informationen aus seiner Heimat Baden (...), wo die Deportationen schon begannen" (Brief Dieter B. Sternweiler, vom 18.12.1991).UKW

250/G
Strassmann, Wolfgang
(8.10.1821–6.12.1885)
Strassmann, Louise geb. **Cohen**
(21.7.1835–20.12.1889)

In dem kleinen Ort Rawitsch, an der Bahnlinie zwischen Posen und Breslau, kam **Wolfgang Strassmann** zur Welt. Er war praktischer Arzt, daneben Abgeordneter im Preußischen Landtag und wurde am 1. Januar 1875 Nachfolger des Stadtverordnetenvorstehers Kochhann. Der Berliner Genossenschaftsbank, mit Sitz im Stralauer Viertel, gehörte er als Vorstandsmitglied an. Neben dem Industriellen **Ludwig Loewe** (Nr. 159) war auch **Strassmann** in besonderer Weise den antisemitischen Anfeindungen des Hof- und Dompredigers Adolph Stöcker ausgesetzt. UKW

251/W1
Sussmann-Hellborn, Louis
(20.3.1828–15.8.1908)
Sussmann-Hellborn, Philipp Sigismund
(20.7.1859–24.7.1859)

Höchster Wertschätzung seitens des Kronprinzen Friedrich Wilhelm und späteren Kaisers Friedrich III. erfreute sich der in Berlin geborene Bildhauer **Louis Sussmann-Hellborn**. In Berlin war er fünf Jahre Schüler von Professor August Wredow, setzte dann seine Studien in Rom (1852–1856) fort. Die für einen Künstler der damaligen Zeit unverzichtbaren Studienreisen führten ihn nach Frankreich, Belgien und England. 1857 nahm er seinen Wohnsitz in Berlin. Sein besonderes Talent auf dem Gebiet der dekorativen Plastik, der Relieftechnik und deren Anwendung im kunstgewerblichen Bereich verhalf ihm sehr bald zu beruflichem Erfolg und öffentlicher Anerkennung. Seit 1867 gehörte er dem Vorstand des deutschen Gewerbemuseums an und wurde 1882 künstlerischer Leiter der Königlichen Porzellanmanufaktur. Gemeinsam mit Ravené führte er die Emaillefabrikation in der Hauptstadt Preußens ein. **Sussmann-Hellborn** galt als „Genremaler von lebhafter Phantasie und feinstem Geschmack" (Kohut, 322). Schon 1856 wurden seine Werke in der Nationalgalerie ausgestellt – Genrefiguren und mythologische Gestalten wie „Die haarflechtende Italienerin", „Verlassene Psyche", „Amor in Waffen" und der „Knabe als Kandelaberträger". Auch Monumentalskulpturen gehören zum Oeuvre **Sussmann-Hellborns**, wie die Marmorstatue Friedrich Wilhelms III., die 1869 im Festsaal des Berliner Rathauses aufgestellt wurde. Weitere öffentliche Aufträge erhielt er für den Stadtverordnetensaal in Breslau (Marmorstandbild des jungen Friedrich II.), für die Stadt Brieg (Bronzestatue von Friedrich II.) und für das Berliner Kunstgewerbemuseum (Statuen von Hans Holbein und Peter Vischer). Die Berliner Museumsverwaltung berief ihn in eine Sachverständigenkommission zur Einrichtung einer Sammlung von Skulpturen des Mittelalters und der Renaissance. Zahlreiche Ehrungen, Orden und Medaillen wurden **Sussmann-Hellborn** und seinem Werk zuteil. 1857 wurde ihm die „Kleine Goldene Medaille" verliehen, eine zu seiner Zeit hohe Auszeichnung für junge Künstler. In späteren Jahren erhielt er eine Professur und wurde Mitglied in den Kunstakademien von Berlin und Rotterdam. RK

252/H
Traube, Ludwig Louis
(12.1.1818–11.4.1876)
Traube, Cora geb. **Marckwald**
(21.9.1830–25.1.1876)

Als „Heros der Forschung, Wissenschaft und Lehre" (Kohut, 289) wurde zu Lebzeiten der Mediziner **Ludwig Traube** verehrt. Es heißt, „ganze Ärzte-Generationen haben zu seinen Füßen gesessen" (Winninger, 125).

Er wurde als Sohn eines Weinhändlers in Ratibor (Oberschlesien) geboren, besuchte das Gymnasium seiner Heimatstadt und studierte anschließend in Breslau Medizin. Von 1837 bis 1840 war er Student der Berliner Universität, wo sein besonderes Interesse der Pflanzenphysiologie und Mikroskopie galt. 1840 promovierte er, machte eine Studienreise nach Wien, um sich in physikalische Untersuchungsstudien und pathologisch-anatomische Diagnostik zu vertiefen. Nach Berlin zurückgekehrt, legte er sein Staatsexamen ab und ließ sich als praktischer Arzt nieder. Sein wissenschaftlicher Wunsch war jedoch stärker als der Eifer, sich praktisch-medizinisch zu betätigen. Als Assistenzarzt von Berliner Armenärzten nutzte er die Gelegenheit, an einer großen Zahl von Patienten, Studien und Beobachtungen zu betreiben. Seine in Wien gesammelten Erfahrungen kamen ihm hierbei zugute. Als er auf Bitten von Freunden Perkussions- und Auskultationskurse (Abklopfen und Abhorchen zur Untersuchung innerer Organe) einführte, erfreuten

sich diese großen Zuspruchs bei Ärzten und Studenten. Schon nach kurzer Zeit mußte er diese Tätigkeit aufgeben, da bei der Armendirektion Beschwerden über zu große Belästigung durch das Perkutieren und Auskultieren eingegangen waren.

Traube wandte sich nun Experimenten mit Tieren zu, die er zunächst in primitiver Weise in seiner Wohnung ausführte. Er erhielt die Erlaubnis, in der Tierarzneischule Experimente mit Hunden durchzuführen, deren Ergebnisse er in einer aufsehenerregenden Schrift festhielt: „Die Ursachen und Beschaffenheit derjenigen Veränderungen, welche das Lungenparenchym nach Durchschneidung der nervi vagi erleidet". Mit diesen Forschungen wurde er zum Begründer der experimentellen Pathologie.

Nach der Revolution von 1848 erhielt **Traube** als erster Jude die Erlaubnis, sich an der Berliner Universität als Privatdozent zu habilitieren. Aufgrund seiner regen Forschungstätigkeit und seiner Beliebtheit als Lehrer wurde er bald Assistenzarzt an der Charité, Leiter der neu eingerichteten propädeutischen Klinik und erster Zivillehrer an einer militärärztlichen Bildungsanstalt. 1866 wurde er zum Geheimen Medizinalrat ernannt, 1872 ordentlicher Professor. Noch vier Jahre lehrte er mit häufigen durch Krankheit verursachte Unterbrechungen, ehe er nur 58jährig in Berlin verstarb.

Traube genoß einen geradezu legendären Ruf und in einer zeitgenössischen Biographie heißt es: „**Traube** gehörte unbedingt nicht bloß zu den glänzendsten Zierden der Berliner Hochschule. (...) In ihm war eine glückliche Mischung von philosophischem Geist und der Fähigkeit naturwissenschaftlichen, namentlich physikalischen Denkens und nüchterner Beobachtungsgabe vertreten. (...) Besonders verdienstvoll und beliebt waren **Traubes** sogen. Ambulatorien, d.h. die von ihm geübte Sitte, mehr-

*Grabstein
mit bildhafter
Namens-
darstellung*

mals wöchentlich (...) mit seinen Hö-
rern die klinischen Säle von Bett zu
Bett zu durchwandern und dabei
gleichsam peripathetisch zu lehren.
Hierbei sprudelten seine Vorträge
von Bemerkungen medizinisch-ethi-
schen, man darf sagen religiös-philo-
sophisch-medizinischen, aber auch
vielfach allgemein pathologischen
und in besonders reichem Maße historischen Inhalts; sie gestalteten sich
dadurch zu einer Art therapeutisch-
klinischem Gottesdienst, bei dem
man den heren, antiken, sozusagen
hellenischen Geist und den weihevol-
len Hauch Hippokratischen Kunst-
sinns zu verspüren meinte" (ADB,
506 f).Der weitblickende **Traube**, der
auch als Erster thermometrische Studien am Krankenbett betrieb und das
Aufzeichnen genauer Krankenge-
schichten in Form von Krankenblät-
tern einführte, bestimmte in seinem
Testament, daß an seinem Grab jede
Lobrede zu vermeiden sei. So ergriff
bei der Beerdigung auf dem Schönhauser Friedhof nur sein Kollege Moritz Lazarus das Wort und rief dem
Toten einen kurzen Scheidegruß zu.

Am 3. Juli 1895 wurde für den
großen Gelehrten und Denker **Ludwig Traube** im Garten der Charité als
Denkmal eine vom Bildhauer Martin
Wolff modellierte Bronzebüste aufgestellt. RK

253/H
Traube, Ludwig
(19.6.1861–19.5.1907)

Auf ganz anderem Gebiet als sein Vater (Nr. 252) war **Ludwig Traube**
(Sohn) tätig. Er studierte Literaturwissenschaften an den Universitäten
von Berlin und München. Obwohl er
durch seine Habilitation bereits 1888
die Lehrbefugnis für klassische und
mittelalterliche Philologie erworben
hatte, wurde ihm aufgrund seines jüdischen Glaubens eine Anstellung als
ordentlicher Professor bis 1902 verwehrt. **Traubes** Spezialgebiet war die
lateinische Literatur des Mittelalters,
über die er u.a. die vielbeachteten
Schriften „Die lateinischen Dichter
des karolinischen Zeitalters" (Bd. I
1886; Bd. II 1896) sowie die zwei-
bändigen „Quellen und Untersuchungen zur lateinischen Philologie des
Mittelalters" (1907) verfaßte. Seinen
langjährigen paläographischen Untersuchungen ist es zu verdanken, daß
Schriften der griechischen Antike und
des Mittelalters für wissenschaftliche
Forschungen genutzt werden konnten. Die auf **Traubes** Grabstein einge-
meißelten Weintrauben lassen sich in
zweifacher Hinsicht deuten. Zum einen kann man sie als Hinweis auf das
fruchtbare Schaffen des Verstorbenen, zum anderen als bildhafte Sym-

bolisierung des Familiennamens **Traube** verstehen. UKW

254/E
Ullstein, Leopold
(6.9.1829–4.12.1899)
Ullstein, Mathilda geb. **Berend**
(17.4.1838–12.2.1871)
Ullstein, Else geb. **Pintus**
(11.10.1850–20.7.1922)

Eines der wenigen immer gepflegten und bepflanzten Gräber des Schönhauser Friedhofs ist das von **Leopold Ullstein** und seinen beiden Ehefrauen. Die Grabstelen aus rotem schwedischen Granit wurden 1983 vom Springer-Verlag restauriert, die Inschriften neu blattvergoldet. Das Grab liegt an einem schmalen Weg, der vom Grabe **Max Liebermanns** (Nr. 146) in das Gräberfeld E führt.

Leopold Ullstein wurde im bayerischen Fürth geboren. Sein Vater, ein Papier-Großhändler, schickte den 19jährigen 1848 nach Berlin, um dort eine Niederlassung aufzubauen. Der Handel florierte, der junge Unternehmer wurde schließlich Mitglied der Berliner Stadtverordnetenversammlung. Durch seine politische Arbeit reifte in Ullstein der Entschluß, zukünftig nicht nur Papier zu verkaufen, sondern es auch in Form von Zeitungen sinnvoll zu nutzen. 1877 bot sich ihm die Gelegenheit, in das politische Geschehen meinungsbildend einzugreifen: er erwarb das „Neue Berliner Tageblatt" mitsamt der dazugehörigen, nahezu bankrotten Druckerei Stahl & Assman in der Zimmerstraße. Er durfte den ursprünglichen Zeitungsnamen nicht beibehalten und änderte ihn in „Deutsche Union". Noch unerfahren in der Branche legte **Ullstein** die Verantwortung in die Hände des Chefredakteurs Beuthner, der als ehemaliger Regierungsrat das Blatt zu einem Kampforgan des Zentralverbandes Deutscher Unternehmer entwickelte. Er schrieb

gegen die Freiheitspolitik von **Laskers** (Nr. 19) Nationalliberalen und für die rigide Steuer- und Schutzzollpolitik von Reichskanzler Bismarck. Dies widersprach den Interessen **Ullsteins**, und so stellte die „Deutsche Union" ihr Erscheinen bald wieder ein. Mit der „Berliner Zeitung", die **Ullstein** noch im gleichen Jahr (1877) erwarb, verfolgte er eine liberale Linie. Mit diesem Blatt wollte er einen Gegenpol zur konservativen Presse etablieren, zumal durch die Sozialistengesetze das Erscheinen jedweden sozialdemokratischen Gedankengutes unterbunden wurde. Sein Blatt, das „unabhängig von allem Cliquen- und Parteiwesen" (Oschilewski, 90) sein wollte, hatte bereits im ersten Jahr 19.500 Abonnenten, im zweiten 25.000. Da die „Berliner Zeitung" ihre liberale, fortschrittliche Gesinnung manchmal in sehr polemischer Form vertrat, wurde sie häufiges Opfer der staatlichen Zensur. Prozesse wegen Majestätsbeleidigung waren an der Tagesordnung; nicht selten wurden ganze Tagesauflagen beschlagnahmt. Im April 1879 wurde den Berliner Gardekorps strikt untersagt, liberale Presseerzeugnisse zu lesen, geschweige denn zu abonnieren. In dieser Anordnung wurde die „Berliner Zeitung" als besonders gefährlich eingestuft, jeder Soldat, der mit einer **Ullstein**-Zeitung angetroffen wurde, mit hohen Arreststrafen belegt.

Als 1894 durch die Erfindung der Autotypie (Druckstock mit durch Raster entstandenen Halbtönen) die Massenvervielfältigung von Photographien möglich wurde, schuf **Ullstein** einen neuen Zeitschriftentyp: die Illustrierte. Erstes Erzeugnis dieser Art war die „Berliner Illustrierte Zeitung". Erstklassige Photoreportagen, Fortsetzungsromane, Politik und Sport, Mode und Gesellschaftsplaudereien, garantierten den überdurchschnittlichen Unterhaltungswert dieses aktuellen Journals, für das so bekannte Persönlichkeiten wie Arthur

Der Verleger Leopold Ullstein

Schnitzler und Gerhart Hauptmann, Thea von Harbou und Ricarda Huch schrieben.

Ein Jahr vor seinem Tod verwirklichte **Ullstein** sein letztes Großprojekt: die Schaffung eines populären Massenblattes, das demokratische, der Linken zugeneigte Tendenzen vertreten sollte. Am 20. September 1898 erschien die Erstausgabe dieser Zeitung, die „Berliner Morgenpost". Gemeinsam mit der „BIZ" entwickelte sich die „Morgenpost" zur tragenden Säule des Ullstein-Verlages. Bereits zwei Monate nach der ersten Ausgabe hatten 40.000 Berliner das Blatt abonniert; 250.000 waren es im Jahre 1900. Als **Leopold Ullstein** 73jährig starb, beschäftigte sein Unternehmen 1.600 Mitarbeiter und verbrauchte jährlich 4.528 Tonnen Papier.

Nach **Leopold Ullsteins** Tod entwickelten seine sechs Söhne den Verlag zum größten Zeitungsimperium Europas. Sie dehnten ihre Verlagstätigkeit später auch auf wissenschaftliche Fachliteratur und Belletristik aus. 1933 wurde der Verlag aufgrund des Reichsschrifttumsgesetzes

vom 1. Oktober 1933 ,gleichgeschaltet' und 1934 schließlich ,arisiert'. Mit Hilfe einer Scheinfirma, der „Cautio GmbH", erwarb das Reichspropagandaministerium im Juni 1934 den **Ullstein**-Verlag für sechs Millionen Reichsmark, was etwa einem Zehntel seines tatsächlichen Wertes entsprach.

In der Feuilleton-Redaktion der „Berliner Zeitung" arbeitete über viele Jahre Adolph Kohut, der in seinem lexikalischen Werk „Berühmte Israelitische Männer und Frauen" (Leipzig 1910) **Ullstein** als einen jener Verleger würdigte, „welche ihre Redacteure und Mitarbeiter nicht wie Kulis behandeln, sondern die dem Fleiss, Eifer und Talent die gebührende Würdigung" (397) zuteil werden ließen. UKW

255/H
Unger, Leopold
(17.5.1801–23.3.1869)
Unger, Betty geb. **Wolfenstein**
(2.6.1809–1.11.1896)

Als Levin Aron Unger wurde **Leopold Unger** 1801 in Brätz geboren. Er lebte seit 1815 in Berlin, arbeitete als Kommissionär hauptsächlich für die Firma Güterbock & Söhne und machte sich als vereideter Getreidemakler später selbständig. 1832 heiratete er die Kaufmannstochter **Betty Wolfenstein** aus Wriezen (Brandenburg). Das Ehepaar wohnte in der Neuen Friedrichstraße 21. UKW

256/W1
Veit, Philipp
(3.10.1758–26.10.1838)
Veit, Caroline geb. **Veit**
(25.11.1775–10.8.1857)
Veit, Uhde Philipp
(9.6.1799–22.8.1863)
Lehmann, Therese geb. **Veit**
(28.10.1804–25.11.1833)
Veit, Joseph
(8.11.1745–5.8.1831)

Veit, Bella geb. **Heymann**
(8.11.1745–28.8.1838)
Jacoby, Lea geb. **Veit**
(ohne Daten)

Links neben der Grabstätte der Familie **Beer** (Nr. 22) wurde der Erbbegräbnisplatz der Familie **Veit** angelegt. Hier liegen die Brüder **Joseph** und **Philipp Veit** mit ihren Ehefrauen und einigen ihrer Kinder begraben.

Die Familie **Veit** kam um 1740 aus Wien nach Berlin, wo der Baumwollfabrikant Juda Veit Singer zu den ersten Juden gehörte, denen der ständige Aufenthalt in Preußen gestattet wurde. Außer **Philipp** und **Joseph Veit** hatte Juda Veit Singer noch vier weitere Kinder.

Philipp Veit erwarb ein hohes Ansehen und Vermögen als Farbwarenhändler. Er gehörte der Börsenkorporation und der Berliner Kaufmannschaft an. 1796 heiratete er seine Nichte **Caroline**, Tochter seines Bruders Salomon, der 1809 als erster Jude Mitglied der Stadtverordnetenversammlung wurde. **Philipps** Sohn, **Uhde Philipp**, betrieb einen Kommissionshandel, wurde Mitglied der Korporation der Kaufleute und trat später als Bankier in die Firma „Gebrüder Veit & Compagnie" ein. Die Tochter von **Philipp Veit**, **Therese**, heiratete 1831 den späteren Eisenbahndirektor Joseph Lehmann (vormals Levy). Dieser gründete gemeinsam mit **Moritz Veit** (Nr. 257), seinem Schwager, die Verlagsbuchhandlung „Veit & Komp.", in der er über viele Jahre als „einflußreicher Herausgeber des ‚Magazins für die Literatur des Auslandes'" fungierte (Jüd. Trauungen, 380). **Jacob Veit** gründete mit seinen Brüdern Salomon, Simon (der erste Mann von Dorothea Schlegel) und David das bereits erwähnte Bankhaus, das „in der Vermögensschätzung von 1814 auf 100.000 Taler taxiert" wurde (Wenzel, Jüd. Bürger, 35) und bis in

Moritz Veit

unser Jahrhundert hinein in Berlin bestand.

Der Grabstein für Bella Veit ist stark verwittert, soll aber folgende Grabinschrift getragen haben: „nach einem langen Leben voll harter Prüfungen, die sie mit Mut getragen" (Jüd. Trauungen, 490). UKW

257/A
Veit, Moritz
(15.9.1808–5.2.1864)
Veit, Johanna geb. **Elkan**
(25.9.1807–24.12.1880)

Das wohl bedeutendste Mitglied der Familie **Philipp Veit** (Nr. 256) war der Buchhändler, Schriftsteller und Politiker **Moritz Veit**. Überaus fruchtbar wirkte er auf vielen gesellschaftlichen Gebieten, und seine Leistungen wurden „mit goldenen Lettern ins Buch der Zeitgeschichte eingetragen" (JGB, Nr. 6/1927, 140).

Mit dem Ziel, eine Dozentur in Philosophie, Geschichte und Philologie zu erhalten, studierte er an den Universitäten von Berlin und Jena. Während seines Studiums arbeitete er als Journalist und Literaturkritiker und gab seit 1830 den „Berliner Musenalmanach" heraus. Da Dr. phil. **Moritz Veit** als Jude wenig Chancen für eine wissenschaftliche Karriere sah, eröffnete er 1834 eine Verlagsbuchhandlung. Er verlegte die Werke bedeutender zeitgenössischer Literaten und Wissenschaftler, zu denen nicht nur Juden, wie Gabriel Riesser, **Leopold Zunz** (Nr. 274) und **Michael Sachs** (Nr. 221) gehörten, sondern auch Goethe, Chamisso, Ranke, Fichte und Savigny. Auch der Briefwechsel zwischen Schiller und seinem Freund Christian Gottfried Körner, sowie Banke's Bücher zur preußischen Geschichte erschienen bei „Veit & Kompanie".

Wie seinen Onkel Salomon Veit, der einzige Jude in der Berliner Stadtverordnetenversammlung von 1809, zog es auch **Moritz** in die Politik. Während er im Frankfurter Paulskirchen Parlament 1848/49 dem äußersten rechten Flügel angehörte (vgl. Engelmann, 142), schloß er sich als Mitglied des preußischen Abgeordnetenhauses (1859–1861) der „altliberalen" Richtung an (JGB, Nr. 6/1927, 140). Als unbesoldeter Stadtrat und Stadtverordneter setzte sich **Moritz Veit** für „die Abstellung alter Unbilden gegen die Rechte seiner Glaubensgenossen" ein (Winniger, 1247). Auch innerhalb der Jüdischen Gemeindeverwaltung bekleidete er wichtige Ämter. Neun Jahre war er Gemeindeältester (1839–1848) und seit 1853 Vorsteher der Repräsentantenversammlung. Besonders das jüdische Bildungswesen lag **Veit** am Herzen. Gemeinsam mit **Leopold Zunz** rief er das Zunz'sche Lehrerseminar ins Leben. Bei dessen Eröffnung am 18. November 1840 betonte **Veit** die Notwendigkeit jüdischer Religionsschulen und pries die Berliner Jüdische Gemeinde „als Metropole der Bildung und Aufklärung für die deutschen Juden" (Holzmann, 54). Selbst **Veits** massive finanzielle Unterstützung konnte nicht verhindern, daß

das Seminar im März 1850 wieder geschlossen wurde. Als Mitglieder des Schul- und Talmud-Tora-Vorstandes wagten er und sein Freund **Michael Sachs** eine erneute Initiative zur Schaffung einer „Stätte zur Heranbildung von Elementar- und Religionslehrern sowie von Vorbetern" (Holzmann, 83). Im Oktober 1859 nahm schließlich die „Lehrer-Bildungs-Anstalt des Talmud-Tora-Institutes der Jüdischen Gemeinde zu Berlin" in der Rosenstraße 12 ihren Lehrbetrieb auf.

Als hochangesehener Mann, „bei dem das Privatinteresse aufging in dem Gemeinsinn" (JBB, Nr. 1355, 275), verstarb **Moritz Veit** im Alter von 55 Jahren. UKW

258/W3
Familie Veit Simon

Steht man vor dem hinteren Eingangstor des Schönhauser Friedhofes so sieht man zu seiner Linken die Grabstätte der Familie **Veit Simon**. Viele Mitglieder dieser Familie sind hier beigesetzt worden, für ebensoviele wurden nur Gedenktafeln angebracht, weil sie in einem der nationalsozialistischen Konzentrationslagern ihren Tod fanden und ihre sterblichen Überreste niemals gefunden wurden. Die Familie **Veit Simon**, der viele bekannte Persönlichkeiten – unter anderen der Jurist und Bankier Hermann Veit Simon – angehörten, verdankt ihren Namen der Verbindung zweier bekannter jüdischer Familien in Berlin. Der Kaufmann Hirsch Simon heiratete 1817 die Tochter des Farbwarenhändlers **Philipp Veit** (Nr. 256), Jette, deren Nachkommen von da an den Doppelnamen **Veit Simon** trugen. UKW

259/L4
Waldenburg, Louis
(31.7.1837–14.4.1881)

Waldenburg, Alwine geb. **Jaffé**
(10.5.1839–1.11.1903)
Waldenburg, Henriette geb.**Furl**
(8.10.1812–17.4.1887)

Louis Waldenburg, in Filehne (Posen) geboren, begann 1857 das Medizinstudium an der Berliner Universität und wurde zu einem der führenden Spezialisten für Erkrankungen der Atemwege. Bereits während seiner Ausbildung fiel er durch eine wissenschaftliche Studie auf, für die er 1859 mit der „Goldenen Medaille" der medizinischen Fakultät ausgezeichnet wurde („De origine et structura membranum, quae in tuberculis capsulisque verminosis involucrum praebant"). **Waldenburgs** Experimente, bei denen er nicht selten zu Forschunszwecken Tierkörper zerlegte, faßte er 1860 unter dem Titel „De origine et structura cystidum verminosarum" zusammen, eine Forschungsarbeit, für die ihm die Doktorwürde zuerkannt wurde.

Bevor er sich 1861 als Spezialarzt für Hals- und Brustkrankheiten endgültig in Berlin niederließ, forschte er mehrere Monate an der Universität Heidelberg. Seit 1865 Privatdozent, ab 1871 außerordentlicher Professor erfreute sich **Waldenburg** größter Beliebtheit bei seinen Studenten und Fachkollegen. Die Titel vieler seiner Abhandlungen mögen für uns heute befremdlich klingen, fanden damals jedoch ungeteilten Beifall in der medizinischen Fachwelt: „Über Blutaustritt und Aneurysmenbildung (Sackartige Erweiterungen der Schlagader) durch Parasiten bedingt" (1860), „Über Struktur und Ursprung der wurmhaltigen Cysten" (1862), „Die Inhalation der zerstäubten Flüssigkeiten, sowie der Dämpfe und Gase in ihrer Wirkung auf die Krankheiten der Atmungsorgane" (1864).

Waldenburg leitete von 1864 bis 1868 als Redakteur die „Allgemeine Medizinische Generalzeitung" und von 1868 bis zu seinem Tod die „Berliner Klinische Wochenschrift". Auch auf technischem Gebiet machte er sich sehr verdient. Er entwickelte Apparaturen für die Laryngoskopie (Kehlkopfspiegelung) und konstruierte 1873 das erste tragbare Beatmungsgerät. **Waldenburg**, der schon früh die Wichtigkeit von Lungenheilstätten erkannt und deren Einrichtung maßgeblich vorangetrieben hat, erlag selbst im Alter von nur 53 Jahren einer Lungenentzündung. An seine Stelle als dirigierender Arzt der Inneren Abteilung an der Königlichen Charité (seit 1877) trat der ebenfalls auf dem Schönhauser Friedhof beerdigte **Hermann Senator** (Nr. 238).

Bis zum „letzten Atemzug" blieb **Waldenburg** tief in seinem jüdischen Glauben verwurzelt. Er soll noch in seiner Todesstunde den *Tallith* (Gebetsmantel) angelegt und „voll Inbrust mit ersterbender Stimme das Schma Jisroel" gesprochen haben (JGB, 1.6.1927). An seiner Seite wurde seine Ehefrau **Alwine** und seine Mutter **Henriette** beigesetzt. UKW

260/W 1
Wallach, Heinrich Moritz
(22.2.5535/1775–13.7.5595/1835)
Wallach, Susanne geb. **Leffmann**
(18.5.5533/1774–25.11.5612/1851)

Heimann Wallach nahm 1812 die Vornamen **Heinrich Moritz** an. Er war der Sohn von Moses David Wallach, dem in Nowawes bei Potsdam eine Kattunfabrik gehörte. Wie viele jüdische Handelsleute gehörte auch er der Korporation der Kaufmannschaft an und war Mitglied der Börsencommission. Als außerordentlicher Beisitzer wirkte er 1823/24 in der Gesellschaft der Freunde und war 1826 Sekretär dieser gemeinnützigen Einrichtung. **Wallach** bewohnte ein Haus in der Heiligegeiststraße 15 und handelte mit Stoffen aus ungefärbtem Baumwollgarn. Auf seinem Grabstein steht:

Wahre Liebe errichtete diesen Stein.
Ein bleibendes Denkmal setzte der
Verstorbene
sich in den Herzen Aller, die ihn
kannten.
UKW

261/K
Warschauer, Adolph
(13.10.1855–26.12.1930)

Als Historiker und Archivar hat sich **Adolph Warschauer** besonders der Sammlung von Fakten, Daten und Urkunden in den östlichen Provinzen Preußens angenommen und die Grundlagen für deren umfangreiche Archivierung gelegt. **Warschauer** stammte aus Kempen und war von 1882 bis 1912 Leiter des preußischen Staatsarchivs in Posen, seit 1903 gleichzeitig Professor der Geschichte an der dortigen Akademie. 1912 wurde er als erster Jude in Preußen Direktor des Danziger Staatsarchivs. Im 1. Weltkrieg leitete er die deutsche Archivverwaltung beim Generalgouvernement in Warschau. **Adolph Warschauer** war eine Autorität auf dem Gebiet der polnischen und Posener Geschichte, über die er zahlreiche Aufsätze veröffentlichte. Sein Buch „Die städtischen Archive in der Provinz Posen" enthält umfangreiches Quellenmaterial zur jüdischen Geschichte dieser Region.

Warschauers Grabstein trägt die Inschrift *„Aber er bleibt uns"* und fällt durch seine einfache, strenge Form auf. Ein sich nach unten verjüngender Stein findet seinen oberen Abschluß in drei Zacken, die einer Krone ähneln. RK

Ohne Nummer
Wassermann, Salomon
(26.4.1793–12.10.1867)

Die Provinz Posen führte erst seit März 1817 amtliche Geburtslisten für Juden, und so brauchte **Salomon Wassermann** ausnahmsweise keine Geburtsurkunde vorzulegen, als er sich 1849 um die Bürgerrechte in Berlin bewarb. **Wassermann** kam in Grätz zur Welt, lebte viele Jahre in Magdeburg als Wollhändler. Auch in Berlin, wo er in der Landsberger Straße 34 wohnte, übte er diesen Beruf aus. UKW

262/L1
Weigert, Hermann Elias
(26.2.1819–6.2.1908)
Weigert, Anna geb. **Werther**
(14.6.1832–28.5.1879)

Im schlesischen Rosenberg kam **Hermann Elias Weigert** zur Welt, ging um 1845 nach Berlin und gründete die Firma Weigert & Neumann, die Wollen- und Baumwollwaren herstellte. UKW

263/A
Weisbach, Wolf
(? – 4.1871)
Weisbach, Lea geb. **Papenheim** (?)
(25.2.1822–7.2. ?)

Am schmalen Weg zwischen den Gräberfeldern A und C steht der schön gestaltete Grabstein für **Wolf** und **Lea Weisbach**. Der breite Rahmen, der die Inschrifttafel umgibt, ist in schwungvollen Linien gearbeitet. Er trägt am Sockel zwei Mäander und im oberen Bogen einen Davidstern. Wie das Symbol der segnenden Hände zeigt, war **Wolf Weisbach** Mitglied der Priestergruppe. Über den Angaben zu **Lea Weisbach** sieht man eine Muschel. UKW

264/L1
Weyl, S. Lessmann
(10.2.1799–4.1.1880)

Der auf dem Titelbild abgebildete umgestürzte Grabstein, um den ein Baum herumgewachsen ist, befindet

Bernhard Wolff

sich unweit des Friedhofseingangs im Gräberfeld L1. UKW

265/l1
Wiener, Gustav
(30.5.1844–21.5.1912)
Wiener, Cäcilie geb. **Jaffé**
(7.12.1818–16.11.1910)
Der Arzt **Gustav Wiener** erhielt den Titel Sanitätsrat. UKW

266/L1
Wolff, Bernhard
(3.3.1812–11.5.1879)
In den meisten Nachschlagewerken wird als Geburtsjahr von **Bernhard Wolff** das Jahr 1811 angegeben, doch sein Grabstein auf dem Schönhauser Friedhof trägt das Datum 3. März 1812.

Bernhard, eigentlich **Benda Wolff**, wurde als zweiter Sohn des Bankiers Marco Wolff und seiner Frau Rosa in Berlin geboren. Sein Studium an der Universität Halle schloß er als Dr. med. ab. Nicht ermitteln ließ sich, ob er auch als Arzt praktiziert hat. Anfang der 40er Jahre eröffnete **Wolff** das Berliner „Literatur Comptoir", erwarb die Berliner Bank-, Börsen- und Handelszeitung und spezialisierte sich als Teilhaber der traditionsreichen Vossischen Buchhandlung auf die Übersetzung englischer und französischer Fachliteratur. Am 1. August 1848 erschien die erste Ausgabe der „National-Zeitung". Gemeinsam mit einigen Gesinnungsgenossen hatte **Wolff** dieses „Organ der gemäßigten Liberalen" gegründet, wurde dessen Geschäftsführer und später auch Mitbesitzer. Die vielfältigen politischen und wirtschaftlichen Informationen, die **Wolff** für die Herausgabe seiner Zeitung benötigte, bot er auch auswärtigen Zeitungsverlagen an, um seine eigenen Kosten niedrig zu halten. Damit legte er den Grundstein zum Wolff'schen Telegraphenbüro (WTB), das erst ein nationales, später weltweites Handelsnetz für Informationen unterhielt. Zur Zeit der Reichsgründung war WTB die offizielle deutsche Presseagentur. 1864 verkaufte **Wolff** sein Unternehmen an die Continental-Telegraphen-Companie, blieb aber bis 1871 Generaldirektor. Danach widmete er sich ganz der „National-Zeitung" und dem Studium der Literatur. An den Folgen eines Schlaganfalles 1876 und einer Gicht- und Nierenerkrankung starb **Wolff** im Alter von 67 Jahren. In den Grabreden für **Bernhard Wolff**, von denen eine der nationalliberale Abgeordnete **Eduard Lasker** (Nr. 19) hielt, wurde besonders hervorgehoben, daß der Verstorbene „mit der größten Bescheidenheit bei umfassender Bildung die vollste Menschenliebe und Humanität, die ganze Weisheit eines ‚Nathan' besaß". (AZJ, Nr. 22, 1879, 342 f) UKW

267/W1
Wolff, Jeremias Jacob
(3.2.5530 ? –21.7.5609)

Nicht mehr existierender Grabstein für den Geh. Hofrat Dr. Wolff

Der Grabstein für **Jeremias Jacob Wolff** ist heute auf dem Schönhauser Friedhof nicht mehr vorhanden. Eine Photographie im Jüdischen Gemeindeblatt vom 1. Juni 1927 belegt, daß **Wolff** direkt neben **Alfred M. Goldschmidt** (Nr. 85) beigesetzt worden ist. **Wolff** war *„dreiundfünfzig Jahre im Dienst der leidenden Menschheit"* tätig (Grabsteininschrift). Als königlich preußischer Geheimer Sanitätsrat wirkte der in Harzerode geborene **Wolff** über dreißig Jahre als Arzt am Jüdischen Krankenhaus. UKW

268/W3
Wolff, Michael
(22.4.1771–8.4.1856)
Wolff, Kela (Caroline) geb. **Itzig**
(25.12.1782–8.11.1864)

Das Grab von **Michael Wolff** liegt unmittelbar neben der Erbbegräbnisstätte der Familie **Joseph Mendelssohns**. Im Alter von siebzehn Jahren

zog **Wolff** von seinem Geburtsort Dessau nach Berlin. Hier fand er eine Anstellung als Buchhalter im Bankhaus von Mendel Oppenheim, dessen Teilhaber er später wurde. Das Bürgerrecht der Stadt Berlin wurde ihm und seiner Frau **Kela (Caroline)**, einer Tochter des friderizianischen Bankiers Daniel Itzig, am 6. September 1802 verliehen. UKW

269/W2
Wolff, Nathan
(1785–11.3.1845)
Wolff, Henriette geb. **?**
(1787 – ?)

Bevor **Nathan Wolff** um 1823 seinen ständigen Wohnsitz nach Berlin verlegte, war er in seiner Vaterstadt Märkisch-Friedland als Manufakturwarenhändler tätig. Auch in Berlin, wo er in der Bischofstraße 26 wohnte, übte er diesen Beruf aus. UKW

270/B
Wolfsohn, Heymann
(4.4.1810–20.7.1897)
Wolfsohn, Rebecca geb. **Hauff**
(20.3.1810–9.4.1880)

In der Ehrenreihe, neben den medizinischen und literarhistorischen Koryphäen **James Israel** (Nr. 119) und **Leopold Zunz** (Nr. 274), fand **Heymann Wolfsohn** seine letzte Ruhestätte. **Wolfsohn** war einer der verdientesten Rabbiner der Berliner Jüdischen Gemeinde und – wie die Worte auf seinem Grabstein belegen – war er „sein ganzes Leben ein Vorbild von Kraft und Streben". UKW

271/W1
Wulffs, Daniel Israel
(20.3.1777–28.8.1848)
Wulffs, Sara geb. **Wolff**
(9.10.1785–16.4.1875)

Dort wo die Ehrenreihe auf die nördliche Friedhofsmauer stößt *empfing die Erde ihren Anteil von Daniel Israel Wulffs"* (Grabinschrift).

Der Kaufmann **Wulffs** wohnte am Neuen Markt 4, gehörte als Mitglied der Börsenkorporation und später der Berliner Korporation der Kaufleute an. UKW

272/H
Wulfsheim, Solm
(24.4.1809–6.3.1870)
Wulfsheim, Lina geb. **Landé**
(24.3.1814–6.4.1898)

In seiner Heimatstadt Berlin studierte **Wulfsheim** Medizin und Chirurgie. Die staatliche Zulassung zur Ausübung des Arztberufes erhielt er am 14. März 1835. Der Minister des Inneren erließ am 17. April 1832 ein Reskript (veraltet für: amtlicher Bescheid, Verfügung), das auf eine Initiative **Wulfsheims** zurückzuführen war. Auf Grundlage dieses Erlasses, der es jüdischen Medizinanwärtern erlaubte, ihre Militärpflicht als Kompanie-Chirurgen zu erfüllen, trat **Wulfsheim** in das 1. Kürassier-Regiment in Breslau ein. Am 2. Mai 1839 heiratete er die Kaufmannstochter **Lina Landé**. Sie wohnten in der Breitestraße 7, besaßen aber auch ein Grundstück in Berlin-Mitte, Auguststraße 48. UKW

273/K
Zachart, Martin
(27.9.1823–18.4.1916)
Zachart, Sara geb. **Kirstein**
(13.1.1833–12.6.1913)

Auf dem schmalen Streifen zwischen den Gräberfeldern A und K steht das Grabmal eines Mannes, dessen Name sich auf vielen Grabsteinen des Schönhauser Friedhofes – meist klein am Sockel eingemeißelt – wiederfindet: der Steinmetzmeister **Martin Zachart**. Ob er identisch ist mit jenem Martin Zachart, der am 19. Juli 1847 als Buchbindergeselle die Berliner Bürgerrechte erhielt, ist nicht erwiesen, wenn auch das im Judenbürgerbuch verzeichnete Geburtsdatum (JBB, Nr. 2697, 489) mit dem auf dem Grabstein übereinstimmt. In den vielen Jahrzehnten seines Wirkens – **Zachart** starb 92jährig – hat er die Einflüsse des Historismus und des Jugendstils aufgenommen und in seiner ‚Grabmalkunst' verarbeitet. Mit der Grabinschrift *„Seine Werke folgen ihm nach"* wurde sein fruchtbares Schaffen gewürdigt.

Sein eigenes Grabmal besteht aus einer querrechteckigen Granitwand, die von schneckenförmig eingerollten Voluten und einer Inschrifttafel bekrönt wird, deren Giebel mit Ornamenten und Akroterien reich verziert ist. UKW

274/B
Zunz, Leopold (Jomtof Lipmann)
(10.8.1794–17.3.1886)
Zunz, Adelheid geb. **Bermann**
(2.4.1802– ? 1874)

„Die Weisen leuchten wie des Himmels Glanz, und die für das Heil der Gesamtheit gewirkt haben, wie die Sterne für und für." Dies sind die letzten Worte der hebräischen Grabinschrift für den Philosophen und Gründer der modernen Judaistik **Leopold Zunz**.

Zunz wurde in Detmold in Westfalen geboren. Sein Philosophiestudium beendete er 1818 mit der Dissertation „Etwas zur rabbinischen Literatur" – einer Arbeit, die sich mit der jüdischen Kultur des Mittelalters beschäftigte. Ein Jahr später veröffentlichte er unter dem Pseudonym L.L. Hellwitz seine Schrift „Die Organisation der Israeliten in Deutschland" (Magdeburg 1819). Zu Beginn der 20er Jahre hatten **Zunz** und **Lazarus Bendavid** (Nr. 26), der Leiter der Freischule, eine Reform des jüdischen

Schulwesens angeregt. **Zunz**, der sich von 1826 bis 1829 als Direktor der Gemeindeknabenschule einen guten Ruf erworben hatte, wurde 1837 beauftragt, das Einrichtungs- und Lehrkonzept einer Bildungsanstalt für jüdische Lehrer zu erarbeiten. Zur Einweihung dieser Institution, dem „Zunz'schen Seminar", sprach er im November 1840 die folgenden Worte: „Unsere Tätigkeit ist der Gesundheit der Seele, nicht dem blendenden Aussehen, sie ist der geistigen Freiheit, nicht knechtischer Dressur, sie ist der Sicherung der kommenden Tage, nicht augenblicklicher Lust gewidmet." Die Anstalt, der **Zunz** bis zu ihrer Auflösung im März 1840 als Direktor vorstand, sollte „zur Erhaltung des heiligen Feuers (dienen), welches die vereinzelten Kohlen in Glut, das harte Metall der Herzen in Fluß bringe" (Holzmann, 55/56). Die Poesie dieser Worte gibt einen Eindruck von **Zunz'** schriftstellerischem Talent, das er nicht nur in den Dienst der „Haude & Spenerschen Zeitung" und der von ihm 1823 gegründeten „Zeitschrift für die Wissenschaft des Judenthums" stellte. Er schrieb auch eine Vielzahl wissenschaftlicher, politischer und belletristischer Bücher, von denen **Moritz Veit** (Nr. 257) unter anderen die hochgelobte Biographie über „Raschi", einem Bibelkommentator des 11. Jahrhunderts, „Die Prinzipien der Demokratie" und „Zur Geschichte und Literatur" (1845) verlegte. Seine Veröffentlichungen „Die synagogale Poesie des Mittelalters" (1855), „Der Ritus des synagogalen Gottesdienstes" (1859), „Literaturgeschichte der synagogalen Poesie" (1865) und nicht zuletzt seine 1839 begonnene deutsche Bibelübersetzung, machten **Zunz** auch auf religiösem Gebiet zu einem bedeutenden Autor.

1848 hielt **Zunz** eine Rede an den Gräbern der Märzgefallenen und widmete eine Schrift „Den Hinterbliebe-

Leopold Zunz – der Begründer moderner Judaistik

nen der Märzhelden Berlins". Die Revolutionstage, in denen die Deutschen für ihre Freiheitsrechte kämpften, hielt er für den geeigneten Zeitpunkt, auch die Gleichberechtigung der Juden in Staat und Gesellschaft voranzutreiben. Da **Zunz** seine wesentliche Aufgabe in der Erforschung der jüdischen Geistes- und Kulturgeschichte sah, stellte er am 25. Juli 1848 beim Kultusministerium den Antrag, innerhalb der Philosophischen Fakultät der Berliner Universität ein Ordinariat für jüdische Wissenschaft (Literatur und Geschichte) einzurichten. Sein Antrag wurde abgelehnt.

Adelheid Zunz unterhielt in ihrem Hause einen Salon, der nahezu fünf Jahrzehnte ein beliebter Treffpunkt der jüdischen Intelligenz Berlins war. Sie verstarb 72jährig, während **Leopold Zunz** im biblischen Alter von 92 Jahren *„zu seinem Volk eingesammelt wurde"* (Grabinschrift). UKW

Literatur

Achterberg, Erich/Müller-Jabusch, Maximilian: Lebensbilder deutscher Bankiers, Frankfurt/M. 1963

Adler, H.G.: Die Juden in Deutschland, München 1987

Allgemeine Deutsche Biographie (ADB), Bd. 1–56, Leipzig 1875–1912

*Allgemeines Lexikon der bildenden Künstler,*Thieme/Becker, Bd. 1–36, Leipzig 1907–1947

Allgemeine Zeitung des Judentums (AZJ), div. Jahrg.

Ausst.Kat.: Max Liebermann in seiner Zeit, Nationalgalerie Berlin, Berlin 1979

Ausst.Kat.: Und lehrte sie Gedächtnis, Ephraim-Palais, Berlin 1988

Ausst.Kat.: Synagogen in Berlin, Berlin-Museum 1983

Ausst.Kat.: Giacomo Meyerbeer – Weltbürger der Musik, Preußischer Kulturbesitz, Museum Dahlem, Berlin 1991

Baschwitz, Hermann: Rückblick auf die 100jährige Geschichte der Gesellschaft der Freunde, Berlin 1892

Benz, Wolfgang (Hrsg.)*:* Die Juden in Deutschland 1933–1944, München 1988

Berlin und seine Bauten, Berlin/München 1981

Berliner Maler-Selbstzeugnisse, Berlin, 1964

Bloch, Peter: Erinnerungen an James Israel. In: Winau, Rolf (Hrsg.): James Israel, Wiesbaden 1985, 7–95

Bruer, Albert A.: Geschichte der Juden in Preußen 1750–1820, Frankfurt/M. – New York 1991

Busch, Günther: Max Liebermann, Frankfurt/M. 1986

Dähn, Brunhilde: Berlin Hausvogteiplatz, Göttingen–Zürich–Frankfurt/M. 1968

De Vries, S.Ph.: Jüdische Riten und Symbole, Wiesbaden 1981

Diepgen, P./Heischkel, E.: Die Medizin an der Berliner Charité, Berlin 1981

Dorn, Wolfram: Geschichte des deutschen Liberalismus, Gütersloh 1966

Dubnow, S.M.: Die neuste Geschichte des jüdischen Volkes 1789–1914

Encyclopaedia Judaica, Berlin 1927 ff

Engelmann, Berndt: Deutschland ohne Juden, Köln 1993

Etzold, Alfred/Kirchner, Peter/Knobloch, Heinz: Jüdische Friedhöfe in Berlin, Berlin 1991

Feder, Ernst: James Simon in: X. Jahrbuch Leo-Baeck-Inst. London 1965

Flatau, Joseph Jacob: Über Hopfenanbau, Berlin 1861

Freund, Ismar: Die Emanzipation der Juden in Preußen, Berlin 1912

Friedländer, Max J.: Festschrift zum 100jährigen Bestehen der Firma Gebr. Friedländer, Berlin 1928

Friedländer, Max J.: Erinnerungen und Aufzeichnungen, Mainz 1967

Galliner, Nina (Idee); div. Autoren: Wegweiser durch das jüdische Berlin, Berlin 1987

Geiger, Ludwig: Geschichte der Juden in Berlin, Berlin 1871

Glazer, N.N.: Zunz, Jude-Deutscher-Europäer, Tübingen 1974

Goldschmidt, Levin: Ein Lebensbild in Briefen, Berlin 1898

Gotzmann, Andreas: Die religionsrechtlichen Grundlagen des jüdischen Friedhofes. In: Deutsche Kunst – und Denkmalpflege 48, 1990, 61–72

Haberland, Georg: Aus meinem Leben, Berlin ohne Datum

Hamburger, Ernest: Juden im öffentlichen Leben Deutschlands, Tübingen 1968

Hartung-von Doetinchem, D./Winau, Rolf: Zerstörte Fortschritte, Berlin 1989

Hensel, S.: Die Familie Mendelssohn, Berlin 1879

Heppner, Ernst: Juden als Erfinder und Entdecker, Berlin 1919

Heymann, Aron Hirsch: Lebenserinnerungen, Berlin 1909

Hirschfeld, Etty: Die Altersheime und das Hospital der Jüdischen Gemeinde, Berlin 1935

Holzmann, M.: Geschichte der jüdischen Lehrer-Bildungsanstalt, Berlin 1909

Horwitz, M.: Moritz Veit und das jüdische Schulwesen, Berlin 1868

Jacobson, Jacob (Hrsg.): Die Judenbürgerbücher der Stadt Berlin 1809–1851; Mit Ergänzungen für die Jahre 1791–1809, Berlin 1962 (JBB)

Jacobson, Jacob: Jüdische Trauungen in Berlin 1759–1813; Mit Ergänzungen für die Jahre 1723–1759, Berlin 1968

Jüdisches Gemeindeblatt (JGB), div. Jahrgänge

Jüdisches Lexikon, Enzyklopädisches Handbuch des jüdischen Wissens, 4 Bde., Berlin 1927–1930

Jüdische Nationalbiographie, siehe Winninger, S.

Kaznelson, Siegmund: Juden im deutschen Kulturbereich, Berlin 1959

Knobloch, Heinz: Herr Moses in Berlin, Berlin (DDR) 1979

Knobloch, Heinz: Berliner Grabsteine, Berlin 1987

Kobler, F.: Juden und Judentum in deutschen Briefen aus drei Jahrhunderten, ohne Ort 1935

Kobler, F.: Jüdische Geschichte in Briefen aus Ost und West, ohne Ort 1938

Kohut, Adolph: Berühmte israelitische Männer und Frauen, 2 Bde., Leipzig 1910

Landau, R.: Geschichte der jüdischen Ärzte, Berlin 1895

Lesser, Ludwig: Chronik der Gesellschaft der Freunde, Berlin 1842

Lexikon der Juden in der Musik, Berlin 1940

Lexikon des Judentums, Gütersloh 1967

Liebermann, Max: Die Phantasie in der Malerei, Schriften und Reden, Frankfurt/M. 1978

Liebermann von Wahlendorf, Willy Ritter: Erinnerungen eines deutschen Juden 1863–1936, Meran 1936, Nachdruck München 1988

Lindau, G.: Paul Wilhelm Magnus, Berlin 1915 (Botanische Gesellschaft)

Loewenthal, Ernest G.: Juden in Preußen – Ein biographisches Verzeichnis, Berlin 1981

Melcher, Peter: Weissensee, Berlin 1987

Mendelssohn, Peter de: Zeitungsstadt Berlin, Berlin/Wien 1982

Mosse, Werner: Juden im Wilhelminischen Deutschland 1890–1914

Mosse, Werner: Deutsches Judentum 1916–1923

Neue Deutsche Biographie (NDB), Berlin 1953 ff

Nostitz-Papiere, (Katalog 621), mit einem Rückblick auf die 150jährige Geschichte der Firma J.A. Stargardt, Hamburg 1980

Oschilewski, Walter G.: Zeitungen in Berlin im Spiegel der Jahrhunderte, Berlin 1975

Rachel, Hugo/Wallich, Paul: Berliner Großkaufleute und Kapitalisten, 3 Bde., Berlin 1939

Rosenstein, Paul: Narben bleiben zurück, München 1954

Rosin, D.: 9. Bericht der Religionsschule, Berlin 1864

Saher, Hofrath von: Der praktische Hopfenanbau und Hopfenhandel, Frankfurt/O. 1861

Schmidt-Weißenfels, Eduard: Die Stadt der Intelligenz, Berlin 1895

Sellenthin, H.G.: Geschichte der Juden in Berlin, Berlin 1959

Silbergleit, Heinrich: Die Bevölkerungs- und Berufsverhältnisse der Juden im Deutschen Reich – Freistaat Preußen, Berlin 1930

Simmenauer, Felix: Die Goldmedaille, Berlin 1989

Simon, Hermann: Das Berliner jüdische Museum in der Oranienburger Straße, Berlin (DDR) 1988

Steckner, Cornelius: Museum Friedhof, Bedeutende Grabmäler in Berlin, Berlin 1984

Stern, Fritz: Gold und Eisen, Berlin–Frankfurt/M. 1978

Stern, Fritz: Programmheft zu „King-Kongo" von Gaston Salvatore, Grillo-Theater Essen, November 1991

Stern, Selma: Der preußische Staat und die Juden, Tübingen 1971

Streckfuß, Adolph: 500 Jahre Berliner Geschichte, Berlin 1886

Stützbecher, M.: Beiträge zur Berliner Medizingeschichte

Tetzlaff, Walter: 2000 Kurzbiographien bedeutender deutscher Juden des 20. Jahrhunderts, Lindhorst 1982

Toury, Jacob: Jüdische Buchhändler und Verleger, Leo-Baeck-Inst., Tel Aviv 1960

Toury, Jacob: Die politische Orientierung der Juden in Deutschland, Tübingen 1966

Toury, Jacob: Soziale und politische Geschichte der Juden, 1847–1871, Düsseldorf 1977

Treue, Wilhelm/Winau, Rolf: Berlinische Lebensbilder – Mediziner, Berlin 1987

Weidling, K.: Haude & Spener

Wenzel, Steffi: Jüdische Bürger und Kommunale Selbstverwaltung in preußischen Städten, Berlin 1967

Wessling, Berndt W.: Meyerbeer – Wagners Beute, Düsseldorf 1984

Wilhelm, Kurt: Von jüdischer Gemeinde und Gemeinschaft, Berlin 1938

Winninger, S.: Große Jüdische National-Biographie, Nachdruck 1979

Wolff, A.: Berliner Revolutionschronik, Berlin 1859

Wormit, Hans-Joachim: James Simon als Mäzen der Berliner Museen. In: Jahrbuch der Stiftung Preußischer Kulturbesitz, Bd. II, 1963

Zielenziger, Kurt: Juden in der deutschen Wirtschaft, Berlin 1930

Zimmermann, Reiner: Giacomo Meyerbeer, Berlin 1991

Zweig, Arnold: Juden auf der deutschen Bühne, Berlin 1928

PETER MELCHER

WEISSEN SEE

EIN FRIEDHOF ALS SPIEGELBILD
JÜDISCHER GESCHICHTE
IN BERLIN

HAUDE & SPENER

Peter Melcher

Weißensee

Ein Friedhof als Spiegelbild
jüdischer Geschichte in Berlin.

132 S., mit 100 z. T. ganzseitigen Abb.,
gebunden mit Schutzumschlag,
DM 39,80
ISBN 3-7759-0282-1

1880 eingeweiht, spiegelt dieser Friedhof
die Geschichte der Juden in Berlin von den
Assimilationsbestrebungen im
Wilhelminischen Deutschland über die
Kontroversen in der Weimarer Republik bis
zum 1942 beschlossenen Holocaust.
Melchers Text- und Bilddokumentation dieses
Friedhofs wird zum Anlaß, nicht nur über den
Beitrag Berliner Juden zur Kultur der Stadt
nachzudenken, sondern auch auf Wege der
Verständigung hinzuweisen